本書の特長

本書には要録を書けるようになるための3つのポイントが詰まっています！

1 「幼児期の終わりまでに育ってほしい姿」から記録の取り方まで丁寧に解説！

平成30年施行の要領、指針、教育・保育要領でうたわれている、幼児教育の基本に始まり、要録の重要なポイントを解説。更には毎日の保育の中での記録の取り方も含め、要録が理解できます。

2 5領域、10の姿を意識して書ける！

5つの領域に分かれた形で年齢別に紹介しているので、書きたい思いを表しやすくなります。5歳児では、それぞれに10の姿に対応したマークも掲載。10の姿をより意識してバランスよく記入することができます。

3 解説つきの個人例が36例！

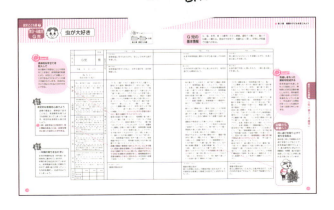

3歳のみ、5歳のみ、など1年齢のものから、3歳から5歳まで見通した文章、など多彩な子どもの実例を掲載。解説つきでもっとわかりやすく、目の前の子どもに即して書く力が身につきます。

Contents

はじめに …………………………………………………………………… 2

本書の特長 ………………………………………………………………… 3

第1章 ☆要録の書き方の基本☆ ………… 7
～幼児期の終わりまでに育ってほしい姿から 記録の取り方まで～

● 幼児教育の基本 ……………………………………………………… 8

● 要録の基本 …………………………………………………………… 14

　● 幼・保・認すべてに関わる内容 ………………………………… 14

　● 小学校につなぐためのポイント ………………………………… 16

　● 要録記入の基本事項 ……………………………………………… 18

● 要録に生かす記録 …………………………………………………… 22

　● Q&A で見る　保育所児童保育要録 …………………………… 28

　● Q&A で見る　幼保連携型認定こども園園児指導要録 ……… 30

　● なるほどコラム 1 …………………………………………………… 32

第2章 ☆子どもの育ちを書いてみよう☆ … 33

●学年の重点／個人の重点 ………………………………………… 34

●満3歳児 ……………… 35	●3歳児 ……………… 38
健康 ……………… 35	健康 ……………… 38
人間関係 ………… 36	人間関係 ………… 39
環境	環境 ……………… 40
言葉 ……………… 37	言葉 ……………… 41
表現	表現 ……………… 42

● 4歳児 ･････････････････ 43

健康	･･･････････････	43
人間関係	･･･････････	44
環境	･･･････････････	45
言葉	･･･････････････	46
表現	･･･････････････	47

● 5歳児 ･････････････････ 48

健康	･･･････････････	48
人間関係	･･･････････	53
環境	･･･････････････	58
言葉	･･･････････････	63
表現	･･･････････････	68

● なるほどコラム2 ････････････････････････････ 73

第3章　★ 実際の子どもを見てみよう ★ ･･･ 75

保育所

① A児	少し内気で慎重 ････････････････････････････	78
② B児	いつもと違うと戸惑う ･･････････････････････	80
③ C児	いろいろなことに興味をもっている ･･････････	82
④ D児	友達と関わることが好き ･･････････････････	84
⑤ E児	しっかり者 ･･････････････････････････････	86
⑥ F児	責任感がある ･･････････････････････････	88
⑦ G児	友達と協同して頑張っている ･･････････････	90
⑧ H児	次第に友達関係が広がっていった ･････････	92
⑨ I児	年下の友達とも関わる ･･････････････････	94
⑩ J児	科学に興味がある ･･････････････････････	96
⑪ K児	加配保育士がついている ････････････････	98
⑫ L児	クラスで中心的存在 ･･･････････････････	100
⑬ M児	他児との関わりに課題がある ･･･････････	102
⑭ N児	じっくり遊びに取り組む ･･･････････････	104
⑮ O児	人見知りもあるが安定している ････････	106
⑯ P児	自己主張がはっきりしている ･･･････････	108
⑰ Q児	外国にルーツを持つ ･･･････････････････	110
⑱ R児	特別な支援が必要な ･･･････････････････	112
⑲ S児	活発に行動する ･･･････････････････････	114
⑳ T児	療育施設に通所している ･･･････････････	116

㉑	U児	好奇心が旺盛	118
㉒	V児	リーダーシップがある	120
㉓	W児	思いを徐々に表現できるようになった	122
㉔	X児	自分の気持ちを表せるようになった	124

認定こども園

●満3歳児	①	A児	はじめての認定こども園	126
	②	B児	関わりをもとうとしている	127
●3歳児	③	C児	友達との関わりがうまくいかない	128
	④	D児	自信をもって生活している	129
●4歳児	⑤	E児	思いを言葉にするのが難しい	130
	⑥	F児	思いやりのある	131
●満3〜4歳児	⑦	G児	虫が大好き	132
●3〜4歳児	⑧	H児	こつこつ頑張る	134
●満3〜5歳児	⑨_1,2	I児	引っ込み思案、友達と遊びたい	136
●5歳児	⑩	J児	活発で遊ぶの大好き	140
	⑪	K児	相手の気持ちを理解しようと頑張る	142

●なるほどコラム3 …… 144

★お役立ち資料★ …… 145

●5つの領域　ねらい及び内容 …… 146

●幼児期の終わりまでに育ってほしい姿 …… 148

●保育所児童保育要録に関わる通知と、様式の参考例 …… 149

●幼保連携型認定こども園園児指導要録に関わる通知と、様式の参考例 …… 154

CD-ROMの使い方 …… 160

第1章

★ 要録の書き方の基本 ★

~幼児期の終わりまでに育ってほしい姿から
記録の取り方まで~

要録を書く際におさえておきたい
基本的な事柄をまとめました。
平成30年の幼稚園教育要領、保育所保育指針、
幼保連携型認定こども園教育・保育要領で
示された「幼児期の終わりまでに
育ってほしい姿」を意識して
要録を書けるようにしましょう。

Contents

●幼児教育の基本	8
●要録の基本	14
●幼・保・認すべてに関わる内容	14
●小学校につなぐためのポイント	16
●要録記入の基本事項	18
●要録に生かす記録	22
●Q&Aで見る　保育所児童保育要録	28
●Q&Aで見る　幼保連携型認定こども園園児指導要録	30

幼児教育の基本

要録を作成するために、平成30年施行の要領、指針、教育・保育要領で示された、幼児教育の基本について見てみましょう。

白梅学園大学大学院　特任教授　無藤　隆

乳幼児期の保育・教育の全体

　乳幼児期の保育・教育の全体を指して「幼児教育」と呼びます。これは幼稚園、認定こども園、保育所のすべてを含んでいます。

　幼児教育の中心は、その方法として環境を通しての保育、ということと、またそれを通して子どもの主体性を育てるということにあります。そのために、子どもはまず園の中で安心していられること（すなわち養護）から出発し、そこから園の環境のいろいろな物・人・ことへの出会いが生まれ、活動が充実し、面白くなっていきます。その活動の楽しさを見て、それを遊びと呼ぶのです。その遊びとは、子どもから関わり、子どもが作り出し、工夫し、熱中し、発想し、追求するものです。だからこそ、そこで主体性が発揮され、さらに育っていくのです。

子どもの育ちを2つの面から捉えよう

　この幼児教育を通して育まれる子どもの育ちは、「資質・能力」と「5つの領域」の2つの面から捉えることができます。

●資質・能力

子どもが気付き・できるようになることと、試し工夫すること、意欲をもって粘り強く取り組むことからなります。それらは子どもの充実した活動において一体的に表れてきます。同時に、それが乳幼児期全体を通して育っていく力でもあります。資質・能力とは、今子どもが遊びに集中して生じる学びが長い目での育ちへとつながることを捉える枠組みなのです。

●5つの領域

子どもの活動はいかなるものも特定の内容に関わって成り立ち、その内容に気付き、できるようになることから資質・能力は育ちます。とりわけ乳幼児期は5つの領域の項目をある程度様々な体験・活動においてカバーすることにより、発達の基本が成り立ち、全人的成長の基礎が養えるのです。

環境と援助の重要性

　このように資質・能力を各領域の内容において育成していくのですが、そのためにこそ、園環境の設定を通して子どもがそこに関わることを援助することが幼児教育（つまり保育）の基本となります。そのため、全体的な計画で教育課程としてどういうことを援助するかという基本を明確にし、指導計画においてその指導の過程を具体化すると同時に、子どもの活動の進展に応じていくことで、子どもの主体的なあり方を引き出し更に育てるようにしていきます。そのような基本的な育ちの上に小学校以降の学校教育が成り立つので、幼児教育での様子を簡潔にまとめ、要録などでその育ちを共有することとしています。

幼児期の終わりまでに育ってほしい姿とは

　5つの領域において、資質・能力がいかに育ってきているかを捉え、保育の改善を図るために、子どもの育ちの様子を具体的に見ていくためのものとして、幼児期の終わりまでに育ってほしい姿が示されています。特に年長の頃、つまり幼児教育の終わりの頃に焦点を絞って、資質・能力が各領域においてどの程度育つことが期待できるかを整理したものが、幼児期の終わりまでに育ってほしい姿です。それは完成形を示しているものではなく、乳幼児期全体を通して更に小学校期を通して育っていく子どものあり方を踏まえて、特に年長児を想定して描いています。保育者は自分の担当する子どもの様子を様々な活動を通して記述し検討することで、この10の姿に類した姿を描き出し、十全なのか、もっと補い力を入れるべき活動があるかなどを検討できます。

幼児教育まとめ図

平成30年改訂の要領・指針について、その目指すところを一覧にしました。
それぞれの関連性を確認しましょう。

カリキュラム・マネジメント／
全体的な計画を通して改善

幼児教育
環境を通して行なう教育・保育

5つの領域

健康

健康な心と体

表現

人間関係

豊かな感性と表現

自立心 協同性

道徳性・規範意識の芽生え

ねらい・内容

社会生活との関わり

10の姿

言葉による伝え合い

数量や図形、標識や文字などへの関心・感覚

自然との関わり・生命尊重

思考力の芽生え

言葉

環境

知識及び技能の基礎　　　　学びに向かう力、人間性等

思考力、判断力、表現力等の基礎

資質・能力

小学校以上	知識及び技能	思考力、判断力、表現力等	学びに向かう力、人間性等

「10の姿」で見取る際の視点

「10の姿」は保育者が子どもと関わり、子どもの様子を記録し、それを多くの活動を通してまとめ、そこから指導計画を練り直すためのものです。更には、保育者同士、保護者や子どもとの対話を深めていくために使ってみましょう。

1 健康な心と体

健康な心と体が育つように、子ども自らが健康的な生活を営もうとして、運動や安全な行動を進んで行なえるようにします。心身をしなやかに活用しているか、何のためにやるのかを考えます。充実感を感じ、やりたいことを実現できるようにしましょう。

2 自立心

生活習慣が身につき、自分でできるようになっていきます。自分がやりたいこととルールなどを両立させる工夫をしながら、更に主体として自分で判断・行動し、活動を楽しめるような「自立」を目指しましょう。

P.12へ

3 協同性

友達とは仲良くするだけでなく、共に一つの目的に向かって協力できるようになります。友達と一緒に考え、工夫し、実現していくことは、一人でできること以上に素敵な経験になることを実感できるようにしましょう。

4 道徳性・規範意識の芽生え

人に思いやりをもって、自分も友達もそれ以外の人も大事にするにはどうすればよいかを時には葛藤しながら折り合いを付けて考えます。決まりを守ることを大事にしながら、皆が生き生きと暮らせるように決まりを見直す力を育てましょう。

5 社会生活との関わり

家庭や地域には様々な人が社会の中で暮らしています。その人たちとふれあい、交流する機会をもちながら、その暮らしの場である街や施設を大事にする気持ちを育てます。また、そこで生きる力や社会生活に役立つ情報に気付いたり、利用したりするような力も育てましょう。

6 思考力の芽生え

いろいろな活動の中でやってみたいことを試したり工夫したり実現したりする中で、その仕組みに気付きます。様々な予想する力が育ち、必要に応じて利用できるようになり、更にどう工夫すればよいか、どうなっているかを話し合い、考えが広がります。そのようになっていくようにしましょう。

7 自然との関わり・生命尊重

自然への出会いのある遊びが幼児期に行なえることは、その後の生活の基礎として大事です。自然には水や砂、生きるもの、大自然など様々ありますが、様々な素材を試し工夫しながら、自然の不思議さに出会い、また感動する力が育つようにしましょう。

8 数量や図形、標識や文字などへの関心・感覚

数量・図形や文字の習得そのものを小学校のように教育するのではなく、子どもが遊びや生活の中で親しみ、気付き学べるようにしましょう。ジュース屋さんごっこで水の量を比べたり、芋掘りで大きさや重さの違いに気付いたりするなど、考えや気付いたことを言語化してみましょう。そうすることで、生活と遊びの中で意識化され気付くような経験ができるようにつながります。

9 言葉による伝え合い

絵本や子ども同士の対話を通して保育者が援助しながら、言葉による伝え合いができるようになっていきます。どういう言い方をすればよいかを考えたり、言葉の面白さに気付いたりして、言葉のリズムや音への興味が広がるような援助をします。

小学校へ…

10 豊かな感性と表現

身の回りの生活で出会う色・形や音、リズム、更に体などによる表現が広がりながら感性が豊かになります。そのことに気付き、また子どもが自分でも行なえる機会を用意しながら、また素材や道具を多様にすることで、表現の可能性が広がるようにしましょう。

要録の基本

要録の基本的な事項に加えて、小学校につなぐための大切なポイントや、実際の記入について見ていきます。

幼・保・認すべてに関わる内容

まず、要録を知るために押さえておきたい、すべての園種に共通の事柄について紹介します。

要録の様式の共通化

平成30年3月30日、幼稚園、幼保連携型認定こども園、保育所の要録について、幼稚園教育要領（改訂）、保育所保育指針（改定）を踏まえ新しく発出されました。今回の通知を踏まえた要録の作成は平成30年度からとなります。

幼稚園、認定こども園は学校教育施設であり、保育所は児童福祉施設であることに変わりありません。しかしながら、改定された保育所保育指針の第1章、総則に「幼児教育を行う施設として共有すべき事項」が入りました。すなわち、就学前の「幼児教育」としては、教育機関としての共通性が高く、同等に扱うことになりました。そのため、幼稚園、幼保連携型認定こども園、保育所における様式は従来の要録よりも共通化されています。

各園での要録の位置付け

しかしながら、幼稚園、幼保連携型認定こども園、保育所における要録の位置付けは多少異なるところがあります。これらの違いは、教育課程があるかどうかで変わります。

幼稚園・幼保連携型認定こども園

幼稚園幼児指導要録と幼保連携型認定こども園園児指導要録は、教育課程があることから、幼児の学籍、教育課程における指導の過程及びその結果の要約を記録し、その後の指導や外部に対する証明等に役立たせるための原簿となるものです。

保育所

保育所は、児童福祉施設であることから教育課程の編成は求められていません。しかし、保育所児童保育要録は、保育所と小学校との連携を確保するという観点から、保育所から小学校に子どもの育ちを支えるための資料として送付されるよう求めています。

育ちの連続性を明らかにする要録

　要録の目的は、学籍の記録の有無とは別に、育ちの連続性を明確にすることにあります。

それは、以下の①〜③の流れの中で捉えることができます。

① 幼稚園、幼保連携型認定こども園、保育所といった就学前の施設におけるそれぞれの活動（遊び）において子どもが様々な経験をしていること（5つの内容領域より見る）。

② また様々な経験を通して子どもが「学び」を得ていること（資質・能力がいかに育っているかを捉える）。

③ 活動の連続性は「学び」の連続性であり、結果として育っていることを明確にすること。

　育ちの連続性は、幼児教育として育ちつつある姿を小学校へとバトンを渡すことにあります。それぞれの施設での育ちの経過記録、また指導や保育の経過記録を通して、子どもの育ちの姿を具体的に「幼児期の終わりまでに育ってほしい姿」から書き出し、要録としています。要録を小学校に伝えることで、育ちつつある姿の連続性を確保することになります。

小学校につなぐためのポイント

草加市教育委員会子ども教育連携推進室長　嶋田　弘之

小学校での要録の受け入れられ方や、小学校の教員にも伝わるポイントについて、解説します。

10の姿でつなぐ保育所と小学校

　　保育所が育む子どもの方向性として、「幼児期の終わりまでに育ってほしい姿」が保育所保育指針に示されたように、小学校では学習指導要領において、幼稚園との接続に関する取り組みが示されました。要約すると、「入学後もこの姿に描かれた方向性を維持しながら、児童が生活や学習に自信をもって取り組めるよう、生活科を中心としたスタートカリキュラムを編成することである。」と記載されています。このことから、小学校はこの「幼児期の終わりまでに育ってほしい姿（10の姿）を児童一人ひとりの育ちとして保育所から引き継ぐこととなります。これが、義務教育以降の自立した生活者・学習者へと導いていく最初のステップとなります。

	1日目	2日目	3日目	4日目	5日目
スタートカリキュラム　4月第1週（例）					
ねらい	第1週　テーマ【 たのしいこと　いっぱい　○○しょうがっこう 】（児童に示す） ねらい：友達との生活や活動を通して、きまりの必要性や約束を考えながら楽しく過ごす				
業前		「いきいき　タイム」・あいさつ・健康観察			
活動内容		いきいきタイムがはじまるよ ・手遊び、リズム体操（学年合同） ※教務担当、音楽専科等との関わり	いきいきタイム（学年合同） ・6年生による校歌 ※6年担任、音楽専科等との関わり	おはなしたからばこ（読書活動） ・手遊び歌や読み聞かせ ※学習ボランティアとのかかわり	いきいきタイム（学年合同） 6年生と一緒「学校クイズ」 ※6学年担任との関わり
1		学活（0.5時間）（学年合同） ●「なかまづくり」ゲーム ・友達とゲームをする。 ◆ルールを守ってゲームをすると楽しく活動できることを知る。	音楽（0.5時間）（学年合同） ●みんなでうたおう ・友達と歌をうたう。 ◆友達と歌をうたう楽しさを味わう。	体育（0.5時間）（学年合同） ●いろいろなならびかた（ゲーム） ・先生や友達の出す条件に合せて並ぶ。 ◆指示を聞き、友達と協力して並び方を考える。	体育（0.5時間）（学年合同） ●いろいろなならびかた（ゲーム） ・ゲームをしながら、どう並べばよいか等を工夫する。 ◆学級、小集団でのきれいな並び方を知る。
1		生活（1時間） ●いちねんせいがはじまるよ ・ロッカー、トイレ、流し等の場所を知る。	国語（0.5時間） ●みつけたものをはなそう ・登下校途中に会った人や見付けたものを話す。 ◆話し方、発表の仕方、返事の仕方、話の聞き方を学ぶ。	生活（1時間） ●ともだちとなかよくなろう ・校庭で友達と遊ぶ。 ◆友達と仲よく遊ぶためのきまりや約束を考える。	生活（1時間） ●ともだちと がっこうを あるこう ・保健室・校長室・職員室の他、音楽室・体育館など場所を知るとともに、会った先生にあいさつをしたり、話しかけたり、関わったりする。 ◆学校に関わっている人やその仕事に関心をもつ。
2	□学校行事 （1時間） ・靴箱・ロッカー・傘立ての場所を保護者や引率児童と一緒に確認する。	・個人で管理する場所や共有する場所の使い方を考える。 国語（0.5時間） ●みつけたものをはなそう ・教室や廊下などで見つけたものを友達、先生、皆に話す。 ◆相手や状況に応じた話し方や発表の仕方などに関心をもつ。	生活（0.5時間） ●がっこうにいこう ・自分と関わる人に気付く。 ・通学路の様子、安全を守っている人に関心をもつ。 道徳（0.5時間） ●たのしい しょうがっこう ・学校に関わる人、自分たちに関わる人を知る。 ◆相手の状況に応じて適切な関わり方を振り返り、これからの関わり方を考える。	・校庭での遊び方を知る。 図工（0.5時間） ●いっぱいかこう ・好きな食べ物や乗り物などを描く。 算数（0.5時間）	国語（0.5時間） ●みつけたものをはなそう ・保健室・校長室・職員室の他、音楽室・体育館などで見つけたものを話す。 ◆話し方、発表の仕方、返事の仕方、話の聞き方を考える。
3	学級活動（1時間） ・先生の話をきく。 ・気持ちのよい返事をする。 ・下校の準備をする。 ◆あいさつや返事などの生活習慣を知る。	図工（0.5時間） ●いっぱいかこう ・楽しかったことや見つけたものなど、描きたいものを想像しながら描く。 ◆クレヨンを大事に使うことを学ぶ。 生活（0.5時間） ●いちねんせいがはじまるよ ・帰りの支度をする。 ・やるべきことを自覚したり、どうすればよいかを考えたりしながら帰りの支度の仕方を知る。	生活（0.5時間） ●みんなで がっこうを あるこう ・保健室、職員室の場所を知る。 ◆クラスで歩くときの廊下や階段の歩き方を学ぶ。 国語（0.5時間） ●おはなしをきこう ・手遊びをする ・読み聞かせをきく ◆読み聞かせの内容や感想を話し、友達と交流する。 ・帰りの支度	●なかまをつくろう ・図工で描いたものの形や種類などに着目して、仲間分けをする。 ・ものの形や種類などに着目して、仲間分けをする。 国語（0.5時間） ●じぶんのなまえをかこう ・自分の名前をさまざまな筆具で書く。 ◆鉛筆の持ち方を学ぶ。 ●おはなしをきこう ・読み聞かせをきく。 ◆文字を使って相手に伝えたいことを考える。 ・帰りの支度	国語（0.5時間） ●いってみたいところとやってみたいことをはなそう ・クラスや友達と一緒に行ってみたいところややってみたいことを話す。 ◆自分の考えたことを発表する声、話し方などを自分なりに考える。 算数（0.5時間） ●いくつあるかな ・前日の仲間分けしたものを数えたり、あわせたりする。 ・ものの個数を数えたり、あわせた数を数えたりしながら数で表すよさを味わう。 ・帰りの支度
4	■家庭との連携	通学班編制・一斉下校 ◆安全な登下校の仕方を知る。	学年下校 ◆安全な登下校について学ぶ。　◆安全を守っている人を知る。　◆保護者との連携を図る。		

※スタートカリキュラムの例（『草加市幼保小接続期プログラム』より抜粋）

小学校に役立つ
指導に関する記録のポイント

引き継ぎの際、最終年度の保育要録の子どもの育ちに関わる事項の記録が重要な資料となります。作成に当たり、小学校等の一年生児童の適切な指導に生かせる資料となるよう、特に、次に示す2つのことを意識して記録しましょう。

●内面の育ちを捉える

1つ目は、子どもの生活や活動の様子を、幼児期の終わりまでに育ってほしい姿に子どもの内面の育ちがどう表れているかを、様々な場面で具体的に捉え記録することです。例えば、5歳児後半の幼児は、一日の生活を見通し『もっと遊びたいけど、続きは明日』といったように、「気持ちを切り替え、次の活動に移っていく姿」が見られます。こういった姿を踏まえて、自分がしなければならないことを自覚し、行動するといった「自立心」の育ちを記録していきたいものです。

このような内面の育ちが見られる子どもは、小学校の生活でチャイムの合図で着席することや当番活動で自分の思いよりもやるべきことをするといった場面で、力の育ちを発揮することができます。例えば、この「自立心」の育ちを要録から引き継いだ小学校の教員が、この姿を小学校でも評価します。入学間もない児童は、その後の生活や学習に対して自信と期待を膨らませるでしょう。

●保育者の指導の様子

2つ目は、子どもの内面の育ちを支えた保育の過程や保育士の支援等を合わせて記録することです。子どもが一日の生活に見通しをもてるような工夫や、『もっと遊びたい』という意欲を持続させるためにはどのような支援を行なったか経過を記録します。小学校の教員は、それをスタートカリキュラムでの指導に取り入れることができ、円滑な接続へと導いていくことができます。

要録記入の基本事項

記入する際に、押さえておきたい基本的なポイントをまとめました。

●入所（学籍等）に関する記録

外部に対する証明の元となります。原則としては、入園時と、変更があった場合に記入します。

●保育所

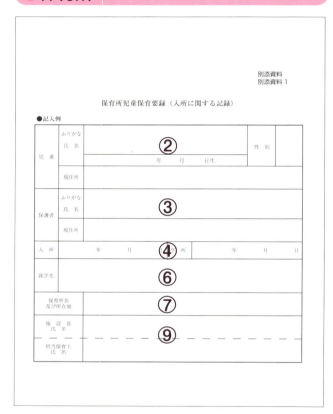

記入のヒント

- **●常用漢字、現代かなづかいで書く**
  名前、住所はこの通りではありませんが、基本的には常用漢字と現代かなづかいを使用します。

- **●修正テープ・修正液を使わない**
  誤って書いた場合は、二重線を引き、訂正者の認印を押してから訂正します。

- **●黒または青のインクで書く**
  黒または青のボールペンで書きます。園名、氏名などはゴム印を用いてもかまいません。

●幼保連携型認定こども園

保管のヒント

- **●原本は園で保管する**
  園長の印を押した原本は園で保管します。

- **●保存場所・期間**
  「学籍等に関する記録」は20年間、「保育に関する記録」「指導等に関する記録」「最終学年の指導に関する記録」は5年間、鍵のかかる場所に保存します。

第1章 要録の書き方の基本

① 学級と整理番号（認定こども園のみ）

書く時期 年度の初め

クラス名を、最終クラスが右端にくるように書きます。（2年保育の場合は左の欄を空けて書く）
整理番号は、園で統一したものを記入し、年度途中で転園児が出た場合は、欠番にしておきましょう。

● 記入例

年度 区分	平成 年度	平成28年度	平成29年度	平成30年度
学　級		ひよこ	こあら	ぞう
整理番号		6	5	7

② 児童（園児）の氏名、生年月日、性別、現住所

書く時期 入所（園）時、変更があった場合は都度記入する

氏名は楷書で書き、上にふりがなを書きます。現住所は都道府県名からアパートやマンション名などもすべて記入します。変更があった場合は、二重線を引き、下に新たな住所を記入します。

● 記入例

児童	ふりがな 氏　名	ひかりの　くに　お **光 野 国 男**	性別	男
		2012 年 10 月 9 日生		
	現住所	○○県△△市●●町3丁目2-14 クローバーハイツ1204		

③ 保護者の氏名、現住所

書く時期 入所（園）時、変更があった場合は都度記入する

子どもの場合と同じように、保護者（親権者）のことを記入します。住所は「児童の欄と同じ」でも構いません。

● 記入例

保護者	ふりがな 氏　名	ひかりの　　まなぶ **光 野　　学**
	現住所	児童の欄と同じ

④ 入所、卒所、（入園、転入園、転・退園、修了）

書く時期 入所時、転入園時、転・退園時、卒所時

入園、修了：公立幼稚園、認定こども園では市町村の定めた日（基本的に4月1日と3月31日）を、私立保育所などでは、園が定めた日を記入します。
転入園、転・退園：転入・退園する場合はその日を、転園する場合は他園に転入する前の日を記入します。
転入園、転・退園に関わることは、⑤⑥の欄にも記入しましょう。

● 記入例

入所	2016年 4月 1日	卒所	2019年 3月 31日

入　園	平成 28 年 4 月 1 日
転入園	平成　年　月　日
転・退園	平成　年　月　日
修　了	平成 31 年 3 月 31 日

⑤ 入園前の状況（認定こども園のみ）

書く時期 入所（園）時

保育所等での集団生活の経験がある場合、園名、所在地、保育期間などを記入します。
また、転入してきた場合、前にいた園のことを同様に記入します。

● 記入例

入園前の状況	家庭保育から入園

⑥ 就学先（進学先等）

書く時期 卒所（修了）時、転園時

進学する小学校の名称と所在地を記入します。転・退園の場合も同様です。

● 記入例

就学先	△△市立星野森小学校 ○○県△△市●●町9-20

⑦ 保育所（幼保連携型認定こども園）名及び所在地

書く時期 入所（園）時

公立保育所であれば都道府県名から、私立保育所・認定こども園などでは、法人名から記入します。
所在地も都道府県名から書きます。ゴム印でもかまいません。

● 記入例

保育所名及び所在地	社会福祉法人　ひかり会　虹の国保育所 ○○県△△市●●町 5-4

⑧ 年度及び入園（転入園）・進級時の園児の年齢（認定こども園のみ）

書く時期 進級時

書く学年での年度と、4月1日時点での年齢を月数まで記入します。

● 記入例

年度及び入園（転入園）・進級時の園児の年齢	平成 28 年度	平成 29 年度	平成 30 年度	平成 年度
	3歳6か月	4歳6か月	5歳6か月	歳 か月

⑨ 施設長（園長）氏名、印・担任保育士（担当者）氏名、印

書く時期 年度初め

年度初めの施設長（園長）名、担当名を記入します。変更する際は、その都度後任の名前を記入します。満3歳未満の園児については担当者の氏名、満3歳以上の園児については学級担任者の氏名を記入し、押印します。

● 記入例

施設長氏名	月山 まゆみ	月山 まゆみ	月山 まゆみ	
担当保育士氏名	日野 かえで	森下 寛美	花田 順子	

●保育に関する記録
●指導等に関する記録
●最終学年の指導に関する記録

1年間の指導の過程とその結果をまとめ、次の年度の指導に役立つようにします。

●保育所（様式の参考例）

●幼保連携型認定こども園（様式の参考例）

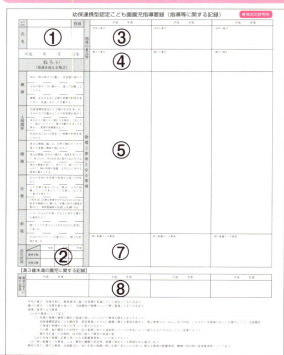

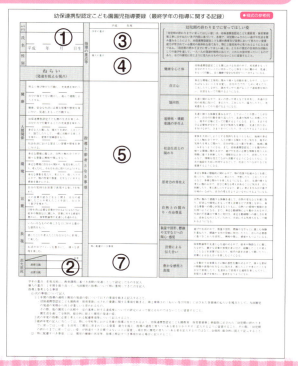

● 第1章　要録の書き方の基本

① 氏名・性別・生年月日

書く時期 年度の初め

P.17の②で書いたのと同じように、氏名・性別・生年月日を記入します。

● 記入例

ふりがな	ひかり の くに お
氏 名	光野国男
生年月日	2012 年 10 月 9 日生

② 出欠状況（認定こども園のみ）

書く時期 年度末

教育日数：1年間に教育した日数を記入するようにします。原則として園で編成した教育課程の日数と同じ日数であり、また同じ学年のすべての子どもが同じになるようにします。ただし、年度途中での転・入園、退園などの場合は、入園した日以降、退園した日までの教育日数を記入します。

出席日数：教育日数のうち、実際に出席した日数を記入します。

● 記入例

出欠状況		28年度	29年度	30年度
	教育日数	256	240	253
	出席日数	180	213	244

③ 最終年度（学年）の重点

書く時期 年度の初め

年度の初めに、全体的な計画（教育課程）に基づいて長期の見通しとして設定した、学年で定めた指導の重点・ねらいを記入します。

④ 個人の重点

書く時期 年度末

1年間を振り返り、その子どもに対して特に意識して、重点的に指導してきた点を記入します。

⑤ 保育の展開と子どもの育ち（指導上参考となる事項）

書く時期 年度末

1年間の保育者の指導の過程と、子どもの資質・能力がいかに育っているかを捉え、その発達の姿について記入します。5つの領域のねらいを視点として、その子どもの育ちの向上が著しいことや、園生活を全体的、総合的に捉えた子どもの育ちの姿を書くようにします。また、次の年度の指導に必要と考えられる配慮事項等について記入します。その際、他の子どもとの比較や一定の基準への達成度ではないことを念頭に置き、子ども一人ひとりがどのように育ったのか、個人内での評価をするようにしましょう。

※最終年度について
最終年度の記入については、小学校等における指導に生かされるようにするために、「幼児期の終わりまでに育ってほしい姿」を活用して資質・能力の育ちを捉え、やはり指導の過程と育ちつつある姿を記入します。「幼児期の終わりまでに育ってほしい姿」は到達すべき目標ではないので、全体的、総合的に捉えて記入します。

⑥ 最終年度に至るまでの育ちに関する事項（保育所のみ）

書く時期 年度末

子どもの入所時から最終年度に至るまでの育ちに関して、記入します。とりわけ、最終年度における保育の過程と子どもの育ちの姿を理解する上で、特に重要と考えられることを記入します。

⑦ 特に配慮すべき事項

書く時期 年度末

脱臼などけがのことやアレルギー除去食のことなど、健康の状況について、特別に問題があれば記入します。アレルギーが解除となった場合は、そのことも忘れずに書くようにしましょう。なければ、空白ではなく、「特になし」「特記事項なし」などと記載します。

⑧ 満3歳末満の園児に関する記録（認定こども園のみ）

書く時期 年度末

次の年度の指導に特に必要と考えられる育ちに関する事項、配慮事項、健康の状況等について記入します。乳児は、2回同じクラスに在籍することもあります。そのために4つの欄があります。

要録に生かす記録

要録には、日々の保育での記録が欠かせません。記録の取り方や、記録を資質・能力や幼児期の終わりまでに育ってほしい姿を活用するためのポイントを紹介します。

大阪総合保育大学大学院　教授　大方　美香

日々の記録を整理して、要録に生かそう

今回の改訂では、5歳までの育ちを連続させていくことの重要性について明確にしています。日常のカリキュラム編成と、日々の保育の中で育ちの連続性が保障されていると、日々の記録の積み重なりが、最終的に、整理された子どもの姿として要録に書かれることになります。そのためにも、日々、子どもたちに何が起こっているのかを丁寧に見取り、遊びの中で何を経験しているのか、何を学びとして得ているのかを読み取りましょう。

①まずは、子ども像を確認しよう

子どもの育ちは幼児期を通して、「資質・能力」と「5つの領域」の2つの面から捉え、経過記録をつけます。

まず、自分の園の子ども像と教育目標（保育目標）を確認しましょう。「幼児期の終わりまでに育ってほしい姿」とは、コインの裏表の関係であり、互いに切り離せない関係にあります。

更に、「遊び（活動）を通して」という大前提はそのままに、各園のカリキュラム編成における遊び（活動）の中で経験してほしいことと、5つの内容領域で資質・能力がいかに育っているかを捉えることも同様に表裏一体の関係にあります。

要録に書かれている5つの領域のねらいや「幼児期の終わりまでに育ってほしい姿」は新しいことではなく、むしろ就学前の保育における終わりの姿として、参考にします。どのような遊び（活動）を一人ひとりの子どもは「好きな遊び」として選択し、何に気付き、できるようになってきたのか、何を試し工夫してきたのか、意欲をもって粘り強く繰り返し遊んできたのかという経過を記録し振り返ります。

乳児期全体を通して育つ力であり、資質・能力は夢中になって遊ぶ中で子どもが「学んでいること」です。この学びの芽生えが育ちとしてつながることが、経過記録として大切です。

②日常の保育から振り返ろう

　そのためには、各学年で日常の保育から振り返り、記録していることが大切です。その遊びがどのように変化してきたのか、年齢による違いは何か。子どもの育ちは、必ずしも右肩上がりではなく、逡巡したり、葛藤したり、乗り越えたり、また、同じ遊びに夢中になり、繰り返すことで主体性が身についていきます。その過程も記録としては大切です。

③遊びの中の学びを見よう

　次に、その遊びの中で何を経験しているのかという内面性の学びを観察し、読み取りながら記録することが大切です。それには、ドキュメンテーション、フォトカンファレンス、エピソード記録等の方法があります。単に何をしていたかではなく、遊びの中での学びをより可視化していくことが記録になります。

記録の種類

●ドキュメンテーション

　一人ひとりの子どもと対話することを通して描き出します。プロセスが見えやすいため、他の保育者や保護者等と共有しやすいのが特徴です。ボードや掲示板など、多様な見せ方をすることもできます。

●フォトカンファレンス

　保育中の写真を基に、子どもの思いなどについて同僚と語り合います。ひとつの場面について語るため、子どもの遊びにおける学びの姿をイメージしやすくなります。実践の意義を捉えやすくなり、また事例や子どもへの思いを共有しやすくなります。

●エピソード記録

　保育の中であったこと（エピソード）を、具体的に記述していきます。その中から見える子どもの思いや自らの関わりを振り返るきっかけにもなります。いつ、誰が、どこで、何を、なぜ、どのようにしていたのか（5W1H）を押さえると分かりやすくなるでしょう。

●「環境」の捉え方

　子どもの遊びの中での経験を見ていく際に重要になるのは、保育者による「環境」の捉え方です。「環境」とひと口で言っても、保育で意図する言葉の意味には幾つかあります。まず、物的環境、環境構成、保育室環境という「もの」や「場所」としての環境があります。一般に、保育環境と呼ばれます。また人的環境を指すときの環境もあります。保育者の関わりや援助、ことばがけ、雰囲気、存在などや、子ども同士の関係、異年齢の関係、園内で出会う人や、家庭・地域の人がこれにあたります。これらは、5つの領域における「環境」とは異なるということを押さえておきましょう。

環境により変わる経験や学び

　例えば、ままごと遊びの保育環境があった場合、何を見取る必要があるでしょうか。子どもは園や家庭でご飯作りなどを見てきた経験がある場合は、それを再現し、表出する「経験を通しての育ち」をまず見取ることができます。子どもは何を再現しているのか、何に気付き、何を経験し、何を学んでいるのかという、子どもの内面性にも目を向ける必要があります。そしてその表出や表現は、環境構成により変わります。

●子どもが気付いたり発見したりする中での知識・技能の獲得

　ここで触れる「知識・技能」は、早期教育としての知識や技能の獲得とは違います。本来、5領域のねらいや内容・内容の取扱いに記載されている子どもの思いを大事にしながら、「気付く・考える・試す・工夫する・表現する」力を育む保育の中で、経験を通して獲得していく知識・技能を指します。これまで大事にしてきた「子どもの思い・目当て（目的意識）」「心情・意欲」「人と関わる力」と密接に結びついています。

●記録に役立つ資質・能力の考え方

今回の改訂において記載された「資質・能力」は、遊び（活動）の中で体験してきたことを積み重ねた結果として、一人ひとりの子どもの中でいかに育っているかを捉え示したものです。ですから、「資質・能力」という考え方は、日々の保育における育ちの目安となります。またカリキュラム編成においても今は何を育てる時期か、クラスとして、また一人ひとりとして考える目安になります。また遊び（活動）を見取る際に、そのような力が本当に育っているのかということを確認する視点にもなります。

保育の中で、「育つ力」という見えない内容を整理し、見やすく概念整理したものが「資質・能力」の3つの柱と考えられます。この3つの柱の枠組みは、保育をしながらいつも振り返って見直し、改善するという評価のプロセスにもなります。特に「資質・能力」の3つの柱に示されている力が発揮されている点に着目して記録を取りましょう。

●記録の重要性

記録の重要性は、保育を振り返り、子どもの何がどう変化したかを確認し、更に必要な援助を保育者が行なえるようにすることにあります（環境構成含む）。これは決してやらせ保育ではなく、子どもが遊び（活動）の中で、「気付いたり、できるようになったりすること→また試したり、工夫したり考えたりすること→意欲をもって更に粘り強く取り組むこと」とつながっていくために、保育者はどのように関わればよいか、どう構成すればよいかを考えることです。

記録を取る際に大切なことは、まず事実として今何が起こっているのかを丁寧に見取り、後で振り返ることができるように分かりやすくポイントを記載しておくことです。

> 実践してみよう

遊び（活動）を創り出す力、遊ぶ力からの記録

子どもたちの遊びについて、記録するための視点を紹介します。

●遊びの深まりから見てみよう

子どもたちの遊びが、どの段階にあるか見極めながら記録をとってみましょう。

①見て楽しみ遊んでいる段階
何もしていないように見えますが、友達の遊びや行為をじっと見ながら「学んでいる」姿も大切にします。子どもに寄り添って、タイミングよく誘い掛ける援助が必要です。

→

②なんとなく遊んでいる段階
もっと遊びが楽しくなるにはどうしたらよいかを考え、子ども同士の関係を保育者が仲立ちしながら遊びの楽しさを広げていくような援助が必要となります。

→

③楽しんで遊んでいる段階
遊びの楽しさや、遊びのイメージ、子どもがどんなことをしたいのかといった思いを表出しやすくする援助が必要です。

→

④夢中になって遊んでいる段階
「直接的な関わり」「ことばがけ」「保育環境の工夫」を含んだ援助をすることで、より遊びが発展していきます。

●特に注意したい姿

以下の姿に注意して、記録をしていきましょう。
- 遊びながら新たなイメージが広がっていく（深まっていく）姿
- 遊びながら気付いたり、試す姿がある／自分で試しながら他児の様子を見るなどする中で、気付いたり、更に試したりする姿
- 気付いたことを生かして、新たな試行錯誤が生まれる姿
- 「次はこうしたい」「もっと○○したい」という新たな思い・目当て・目的が生まれている姿
- 他児と一緒にやりたいというあらたな思いやあらたな遊びへの目的が生まれている姿

> 要録作成に役立つ

「資質・能力」「幼児期の終わりまでに育ってほしい姿」のポイント

要領・指針の文言の中には、幼児教育の中で育まれる子どもの育っている様子を端的に表した言葉が多く詰まっています。その中から特に「資質・能力」と「幼児期の終わりまでに育ってほしい姿」で使われている言葉の要素を抜き出してご紹介します。これらの言葉を使って、上手に子どもの育ちを伝えていきましょう。

●「資質・能力」のポイント

知識及び技能の基礎	思考力、判断力、表現力等の基礎	学びに向かう力、人間性等
豊かな体験を通して、	気付いたことやできるようになったことなどを使い、	心情、意欲、態度が育つ中で、よりよい生活を営もうとすること。
●感じる	●考える	●興味をもつ
●気付く	●試す	●積極的に関わる
●分かる	●工夫する	●粘り強く取り組む
●できる　など	●表現する　など	●挑戦する　●協力する　など

第1章　要録の書き方の基本

● 「幼児期の終わりまでに育っててほしい姿」の具体的な視点

健康な心と体

- 充実感をもって自分のやりたいことに向かっていく
- 自分のやりたいことに心と体を十分に働かせる
- 見通しをもって行動する
- 自ら健康で安全な生活を作り出す

自立心

- 環境に主体的に関わる
- 様々に活動を楽しむ
- しなければならないことを自覚する
- 自分の力で行なうために考えたり、工夫したりする
- 諦めずにやり遂げて達成感を感じる
- 自信をもって行動する

協同性

- 互いの思いや考えなどを共有する
- 共通の目的の実現に向けて、考えたり、工夫したり、協力したりする
- (友達とともに)充実感をもってやり遂げる

道徳性・規範意識の芽生え

- (友達と様々な体験を重ねる中で)してよいことや悪いことが分かり、自分の行動を振り返る
- (友達と様々な体験を重ねる中で)友達の気持ちに共感したりし、相手の立場に立って行動している
- きまりを守る必要性が分かり、守ろうとする
- 自分の気持ちを調整し、友達と折り合いを付けている

社会生活との関わり

- 人との様々な関わり方に気付いている姿、相手の気持ちを考えて関わっている
- 自分が役に立つ喜びを感じている姿、社会とのつながりなどを意識している
- 遊びや生活に必要な情報を取り入れている
- 情報に基づき判断したり、情報を活用したりする
- 情報を役立てながら活動している

思考力の芽生え

- 身近な事象(環境)に積極的に関わる
- 物の性質や仕組みなどを感じ取ったり、気付いたりする
- 考えたり、予想したり、工夫したりする
- 友達の様々な考えに触れる
- (友達の様々な考えに触れ)自分と異なる考えがあることに気付く
- (友達の様々な考えに触れ)自ら判断したり、考え直したりする
- (友達の様々な考えに触れ)新しい考えを生み出す喜びを感じる
- (友達の様々な考えに触れ)自分の考えをよりよいものにする

自然との関わり・生命尊重

- 自然に触れて感動する体験をしている姿、自然の変化などを感じ取っている
- 好奇心や探究心をもって考え言葉などで表現している
- 自然への愛情や畏敬の念をもっている

数量や図形、標識や文字などへの関心・感覚

- 遊びや生活の中で、数量や図形、標識や文字などに親しむ体験を重ねている
- 標識や文字の役割に気付いたりし、自らの必要感に基づきこれらを活用している

言葉による伝え合い

- 先生や友達と心を通わせている
- 絵本や物語などに親しむ
- 豊かな言葉や表現を身に付け、経験したことや考えたことなどを言葉で伝えたり、相手の話を注意して聞いたりしている
- (更に経験したことや考えたことなどについて)言葉による伝え合いを楽しんでいる

豊かな感性と表現

- 心を動かす出来事などに触れ感性を働かせる
- 様々な素材の特徴や表現の仕方などに気付いている
- 感じたことや考えたことを自分で表現している
- 友達同士で表現する過程を楽しんでいる
- (感じたことや考えたことを)表現する喜びを味わい、意欲をもっている

27

Q&Aで見る！
保育所児童保育要録

たかくさ保育園　村松幹子

保育所の要録は、平成30年より幼稚園・認定こども園の要録と様式の共通化が図られています。小学校以降の育ちにうまくつなげていくためのポイントを確認しましょう。

Q1 保育所の要録はどのように見直されたのですか？

A1 保育所保育での育ちがより適切に表現されるように見直されました。

　平成20年の保育所保育指針の改定・告示によって保育所も在園中の子どもの育ちを記載した資料を小学校に送付することになりました。要録は、小学校入学後の子どもの育ちを支えるための資料として小学校との連携を図るにあたって大きな役割を果たしてきたと言えます。

　今回、10年ぶりに改定・告示された保育所保育指針はその記載内容が大きく整理されて示されました。学校教育の一翼を担う施設としての保育所が、遊びを通して養護と教育を一体的に展開するというその特性が更に大切に書かれています。今回、この保育所保育指針の改定に伴い、要録も見直されました。

　まずは、要録の位置づけ、目的が明確にされました。様式の冒頭に「本資料は就学に際して保育所と小学校が子どもに関する情報を共有し、子どもの育ちを支えるための資料である。」と明記されました。その上で保育所保育における子どもの育ちがより適切に表現されるように様式の見直しもされたのです。

Q2 指導に関する記録のポイントは何ですか？

A2 養護と教育を一体として書いていきます。

　これまでの様式では「養護に関わる事項」と「教育に関わる事項」の欄は別々になっていました。養護と教育が一体的に行なわれる保育所にとっては、この養護と教育に関わる欄を一体とすることで書くべきことが分かりやすくなりました。「5領域のねらい」「幼児期の終わりまでに育ってほしい姿」についても様式に記載されていますので、それを捉えて保育所保育の最終年度に遊びを通して子どもに何が育まれてきたのかを記載しましょう。「こんな遊びをしてきた」とか、「～ができるようになった」などのような表面的なことではありません。子どもの得意なことや特徴的な活動の例を通して、全体的な育ちの姿を書いていきましょう。

　また、「最終年度に至るまでの育ちに関する事項」の欄にはこれまでの育ちの経過やその背景の中での最終年度の姿であることを理解し、特に重要であると考えられることを記載しましょう。

　保育所入所以来、発達の連続性の中で育ってきた子どもたちは保育所全体で見守られてきました。この要録の新たな様式を通して、改めて保育所内の子どもを捉える視点が共有されることが期待されます。そのことは、とりもなおさず、保育の質の向上へとつながっていくのです。

> Q&Aで見る！

幼保連携型認定こども園園児指導要録

文京区立お茶の水女子大学こども園　宮里　暁美

認定こども園は、幼稚園と保育所の機能を併せ持ちます。したがって、幼保連携型認定こども園園児指導要録についても、幼稚園と保育所、両方の機能が盛り込まれたものになります。そこには共通の部分がある一方で、認定こども園独自の部分がありますので、十分に理解して記入するようにしましょう。

Q1 幼稚園と共通の部分はどこでしょうか？

A2 「10の姿」や資質・能力の考え方を用いて育ちつつある姿を捉える点です。

　最終学年において「10の姿」を活用し、その子の中に育まれている資質・能力を捉えて、育ちつつある姿を記入するという点で共通しています。その際、10の姿全てについて記入しようとしたり、スペースを全て埋めようとしたりする必要はありません。
　情報量が多すぎると読み取ることも困難になり、その子ども独自の姿が浮かび上がらなくなります。「こんなことに夢中だった」「このような経験を重ね、このように育った」「このように援助をしたことで、○○になった」など、具体的にポイントを絞って記入するようにします。保育者が自らの実践の過程を振り返り、読み手である小学校の教員に伝えていくという意識をもって作成しましょう。

第1章　要録の書き方の基本

Q2 認定こども園で特に考えなければいけないのはどこでしょうか？

A2 満3歳未満の園児について、意識しましょう。

満3歳未満の園児に関する記録の項目は、認定こども園独自の枠組みです。日々の記録や連絡帳、児童票への記入など、詳細な記録の積み重ねを基にしながら、その子ならではの育ちの姿をまとめていきます。しかし、要録に記載できるスペースはあまり大きくはありません。限られたスペースに記入するので、約100字程度でその子の特徴と成長した点を記入する必要があります。また、その際に養護的な援助や育ちの記載のみにならないように気を付けましょう。

養護的な配慮は児童票に記入するようにし、「要録」の限られた文字数の中には、遊びの中の育ちや学びの芽生えについて記入するようにします。

要録を記入することで、育ちの中に一貫して流れるものを見出すことができます。遊びの中の学びは、0歳児から5歳児まで、つながっていく育ちなのですから。

なるほどコラム1

縦軸と横軸で遊びを見通して要録を書こう

● 幼児教育において育みたい資質・能力は、何か特定の活動をすれば必ず育まれるというものではありません。子どもの遊びは、ひとつの活動の中でも、3歳であれば自分なりに楽しみ、遊んでいたのが、5歳であれば友達と協力したり工夫したりすることを楽しみながら遊ぶなど、年齢の発達によって、それぞれおもしろさを感じ遊び込む場面が違います。またたとえ同じ年齢であったとしても、子ども一人ひとりの興味・関心によって遊びの受け止め方が違い、様々に学びが広がっていったりします。

保育者は、その深まり、広がる活動の中でどのように環境を構成し、また援助していくことでその広がりを助け、学びを得るきっかけとなります。

平成30年施行の幼稚園教育要領、保育所保育指針、幼保連携型認定こども園教育・保育要領で示された資質・能力の考え方や、幼児期の終わりまでに育ってほしい姿を参考にすることで、バランスよく遊びの中での子どもの学びを見取ることができ、遊びの発展に役立ちます。

このように子どもたちの学びを見取る力は、要録を作成するときにも役立ちます。

砂遊びや秋の自然物に関わる活動を例にとりながら、遊びが広く深まっていく様子と、子ども一人ひとりの興味・関心をもとに様々に育ちが見られる様子を見てみましょう。

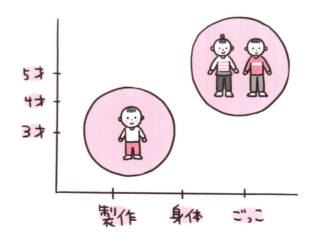

第2章

★ 子どもの育ちを書いてみよう ★

満3歳児から5歳児まで、文例を多数紹介します。5つの領域を中心として分かれているので、その年齢で書きたいことがよく分かり、自分の書きたい文章を探すのにぴったりです。

Contents

●学年の重点、個人の重点 ・・・ 34

●満3歳児 ・・・・・・・・・・・ 35
　健康 ・・・・・・・・・・・・・ 35
　人間関係 ・・・・・・・・・・ 36
　環境
　言葉 ・・・・・・・・・・・・・ 37
　表現

●3歳児 ・・・・・・・・・・・・ 38
　健康 ・・・・・・・・・・・・・ 38
　人間関係 ・・・・・・・・・・ 40
　環境 ・・・・・・・・・・・・・ 42
　言葉 ・・・・・・・・・・・・・ 44
　表現 ・・・・・・・・・・・・・ 46

●4歳児 ・・・・・・・・・・・・ 48
　健康 ・・・・・・・・・・・・・ 48
　人間関係 ・・・・・・・・・・ 50
　環境 ・・・・・・・・・・・・・ 52
　言葉 ・・・・・・・・・・・・・ 54
　表現 ・・・・・・・・・・・・・ 56

●5歳児 ・・・・・・・・・・・・ 58
　健康 ・・・・・・・・・・・・・ 58
　人間関係 ・・・・・・・・・・ 63
　環境 ・・・・・・・・・・・・・ 68
　言葉 ・・・・・・・・・・・・・ 73
　表現 ・・・・・・・・・・・・・ 78

学年の重点 の文例

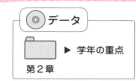

- **満3歳児**
  - 保育者との安定した関わりを通して、日常生活に必要なおおよそのことを、自分でしようという気持ちをもつ。
  - 身の回りのことなど自分でしようとしたり、保育者や友達と一緒に関わる中で言葉が豊かになったりする。

- **4歳児**
  - 自分の思いや考えを出しながら友達と一緒に生活する楽しさを感じる。
  - 様々な遊びや生活の中で友達の思いに気付き仲間とのつながりを深めていく。

- **3歳児**
  - 基本的生活習慣を身につける。
  - 好きな遊びを通して友達との関わりを楽しむ。

- **5歳児**
  - 友達と共に過ごす喜びを味わい、自分たちで遊びや生活を通して、充実感を味わう。
  - 様々な体験を通して相手の立場を考えたり認め合ったりして、友達との関わりを深める。

個人の重点 の文例

- **満3歳児**
  - 保育者の仲立ちで友達と一緒に遊ぶ楽しさを味わう。
  - いろいろな遊びを楽しみながら根気強く取り組み、やり遂げたときの充実感を味わう。
  - 友達や保育者との信頼関係を築きながら、自分の思いを伝えられるようになる。

- **4歳児**
  - 自分の興味のあること以外のことでも見通しをもって取り組もうとする。
  - 自分なりに見通しをもって、生活することを楽しむ。
  - 身近な自然や行事、出来事に興味や関心をもつ。

- **3歳児**
  - 友達と様々な活動に参加し、見通しをもって集団生活を楽しむ。
  - 保育者の仲立ちの中、友達に自分の思いを言葉で表現していく。
  - 見通しをもって、積極的に身の回りのことを行なう。
  - 生活や遊びに見通しをもちながら、友達と一緒に遊ぶことを楽しむ。

- **5歳児**
  - 友達とのつながりを深め、思いを伝え合いながら遊びを進める。
  - 自分に自信をもち、いろいろな活動に意欲的に参加する。
  - 友達に言葉で思いを伝えたり、相手の思いを聞いたりしようとする。

満3歳児 健康 を中心とした文例

遊びと生活が入り交じる時期です。保育室を歩いたり、服をハンガーに掛けたり、あらゆる生活活動が新鮮な身体活動として受け止められます。「運動遊び」ではない、日々の生活のいたる所に体を動かす要素があることを意識しましょう。また、入園までの集団生活の有無が大きく生活に関わってくることにも留意したいですね。

体を動かして遊ぶ様子

- 戸外ではフープやミニハードルを使い両足ジャンプをしたり、鉄棒にぶら下がったりして積極的に体を動かして遊んでいる。
- 体を動かす遊びには消極的だったが、保育者と一緒に行なったり、本児のペースで行なったりすることで、やってみようとする姿が生まれ、できたことは自信につながっている。
- 運動面では、保育者ができる活動を増やしつつ、自信につなげたり、やる気が起きるように働き掛けるとやってみようとする。

食事どきの様子

- 食事にやや偏りはあるが、保育者が援助をすると全量食べることができる。
- 給食を食べ終わったり、着替えができたりすると「ぜんぶたべたよ」「もうきがえたよ」と自分から保育者に満足した気持ちを言葉で表現する。保育者に褒めてもらうことで更に主体的に活動する姿が見られる。
- 手の操作性が育ち、上握りで持っていたスプーンを、徐々に下握りから鉛筆持ちできるようになってきている。

生活習慣での様子

- 脱いだ服を畳もうとしたり遊んだ後のおもちゃを片付けたりする。食事も好き嫌いなくよく食べる。
- 生活習慣面は認められることで身につく姿があるので、意欲をもって行動できるよう認めていき自立につなげていく。
- 座り方が横向きになることはあるが、生活リズムは整っており、排せつ、着替えなどの生活習慣も自立している。
- 生活面はほぼ自立している。母子分離がなかなか進まず、3月でもまだ泣いてしまう姿が見られる。登園時、保育者が笑顔で迎えることでドアの前で保護者とスムーズに別れることができる日が増えてきている。

満3歳児 **人間関係**を中心とした文例

書きたいポイント
まずは保育者との関わりの中で心地良さを感じられるようにすることが大切です。周囲への興味の高まりは、この安心感があってこそです。その安心感を基盤として見られるようになる、関わっていこうとする姿勢を丁寧に見取ります。

🌸 トラブルが起きたときの様子

- おもちゃの取り合いなどで友達ともめることがあるが、保育者がそばにつくことで安心して自分の思いを相手に伝えて理解しようとしている。
- おもちゃを友達に貸してあげることができず、トラブルも多かったが、友達との関わりもうまくなり、おもちゃを貸してあげる姿も見られるようになった。

🌸 他の子どもと関わる様子

- 他の子どもが遊んでいる中に自ら入り、同じように遊びを楽しむ姿が見られる。
- 入園当初から泣くことなく登園し、他の子どもがしている遊びを見ている姿があった。1学期末頃から他の子どもと関わり遊ぶようになっている。

- 友達と遊ぶことを喜び積極的に関わる中でトラブルになると我慢したり泣いたりしてしまうが、保育者を介して思いを言葉で伝えることができ、思いを言葉にする経験をすることで自信にもつなげていく。

🌸 少しずつ他の友達と遊ぶことが増えている様子

- 友達と遊ぶ姿が少しずつ増えてきているが、保育者と遊んだりひとり遊びをしたりすることが多い。保育者を仲立ちにしながら友達ともたくさん遊んでほしい。
- 集団生活が初めてで、みんなと同じ活動をすることを嫌がっていたが、保育者と一対一で無理なく関わっていくことで、少しずつ活動に入り、楽しさも感じられるようになってきた。

満3歳児 **環境**を中心とした文例

書きたいポイント
身近な物に興味を持ち、じっと見ている子どもの姿があります。日頃から慣れ親しんだ環境の中で探索意欲が育まれ興味・関心を広げます。身近な物に関わる経験を繰り返すことで興味の幅を広げていく様子を大切にします。

🌸 生き物に興味をもつ様子

- 虫に興味をもち、形や動きを観察したり、つかまえたりして喜んでいる。

🌸 様々な物に関心を示している様子

- いろいろなことに関心を示し関わる中で、気持ちが高ぶると周囲が見えなくなり言いたい事があふれ興奮するような姿が見られることがある。保育者が応答し、対応することで気持ちが落ち着いてくる。

🌸 集中するのが難しい様子

- 絵本や話など、集中して聞くことが苦手で、部屋の中を歩き回ることが多かった。保育者が文字の少ない絵本にしたり、簡潔に話すようにすると聞くことができるようになる。
- 遊びに集中できず保育者に寄り添い話をしたり、泣いて甘えたりたりする姿があるが、様々な遊びを知らせて経験することで、好きな遊びを見つけられるようになる。
- 関心がない遊びになると歩き回ったりその遊びから離れたりする姿があるが、保育者が仲立ちとなることで友達と遊ぶ楽しさを感じたりいろいろな遊びに関心をもってきたりしている。

満3歳児 言葉 を中心とした文例

書きたいポイント
自分の気持ちを表現できるようにすることを大切にします。子どもが話したくなる雰囲気づくりを整え、自らの気持ちを表現している姿を、肯定的に捉えましょう。

🌸 言葉で伝えている様子
- 物事の前後を捉え、流れに沿って話すことができるようになってきている。
- 自分が経験したことを言葉を使って保育者に伝えることができる。
- 自分の気持ちをはっきりと相手に伝えることができるようになってきた。
- 言葉を発することが増え、他の子どもとの関わりの中でも、やり取りをするようになってきた。

🌸 ごっこ遊びでの様子
- 他の子どもとごっこ遊びをすることが多く、役を決めながらなり切って遊び、やり取りができるようになった。

🌸 文字や記号に興味をもつ様子
- 文字に興味があり、絵本の文字や他の子どもの名前シールを見て、親しんでいる。

🌸 個別に伝えているときの様子
- 保育者の話を理解できずに固まってしまうことがある。丁寧に分かりやすく伝え、一対一の関わりをもつように配慮する。
- 一斉の話では理解しにくく、聞こうとしないことが多いので、個別にもう一度伝えることで他の友達と一緒に行動することができる。

満3歳児 表現 を中心とした文例

書きたいポイント
感性を育んでいくことが中心となります。感じたことや考えたことを自分なりに表現しようとする様子を意識して記載するようにしましょう。

🌸 イメージをもっている姿
- 虫や動物のまねをして園庭を歩くなど、自分なりに気付いたり感じたりしたことを体で表現している。
- 石や葉っぱなど自然物を見つけては「これ○○みたい」とイメージして、保育者や友達に伝えることができるようになった。

🌸 楽器遊びを楽しむ姿
- 歌いながら楽器遊びをすることを好み楽しんでいる姿が見られる。時には段々声が大きくなりリズムも自分中心になることが多かったが。保育者が「アリさんみたいに歌おうね」と、子どもがイメージしやすい言葉で声掛けするうちに、力まず歌いながらリズムも打てるようになってきている。

🌸 表現が苦手な様子
- 自分のことを話したり、踊ったりするような表現が苦手だった。保育者が「できているよ」「それでいいよ」と声を掛け働き掛けることで、自信をつけてきている。

🌸 絵本を楽しむ姿
- お気に入りの絵本を保育者に読んでもらうと、保育者の模倣をする姿が見られるようになる。人形を相手に身振り手振りをつけて本を読む姿が見られる。

🌸 手形をつけて喜ぶ様子
- 雨水でぬれているテラスを歩いて、乾いた場所に足形がつくことに気付き、繰り返しおもしろさを楽しむ姿が見られた。雨が降るたびにあちこちに足形や手形をつけて喜んでいた。絵の具で手形遊びをしたときにも、紙いっぱいに手形をつけて楽しんでいた。

3歳児 健康 を中心とした文例

書きたいポイント

砂場で何かを作ったり、道具を使って遊んだりするとき、いつもと違うことに気付く、泥を混ぜて遊ぶなど試す姿が見られます。大切にしたいことは戸外で遊ぶことの楽しさ、心地よさを味わうことです。気持ち良いことに気付く体験の積み重ねが、未知との出会いや試行錯誤を促していきます。

🌸 生活習慣

- 食事・排せつ・着替えなどおおむね自立しているが、スプーンの持ち方など保育者が声を掛け、援助が必要な場合もある。
- 几帳面な姿が見られ、衣服の汚れを気にしたり、手洗い・うがいや汗の始末などを丁寧に行なっている。
- 脱いだ服を畳む習慣がついていない。保育者が声を掛けると手順を守り自分でしようとする姿が見られる。

🌸 食事での姿

- 食事面では、野菜が苦手で手が止まってしまうことがあったが、保育者が援助することで徐々に自分で食べられるようになった。
- 食事どき、苦手な物があると手が止まってしまい、うつむいて黙り込んでいることがある。保育者はその都度声を掛ける必要がある。
- 食事どき、好きな物は意欲的に食べられるが、そこで手が止まってしまい保育者に食べさせてもらうのを待っている姿が見られる。
- 食事準備の際にテーブルクロスを敷くなど当番活動を楽しみ、自分から進んで行なっている。活動の手順（見通し）を知り友達と一緒に楽しんでいる。
- 家庭での就寝時間や起床時間が遅いため、朝食を食べずに来たり、父に抱かれて来たりしている。登園してすぐに活動に取り組むことが難しいため、家庭で協力してもらうように声を掛ける必要がある。

🌸 園庭での遊びを楽しむ様子

- 園庭での遊びが好きで遊具や大縄などいろいろなことをやってみようと試そうとする姿が見られる。
- 室内より園庭での遊びを好む姿が見られる。遊びを通して他の子どもとの関わりが見られるようになってきている。

3歳児 人間関係 を中心とした文例

第2章 子どもの育ちを書いてみよう

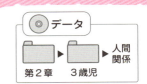

書きたいポイント

自分の思いを主張し、受け入れられたり受け入れられなかったりする経験が増えてきます。積極的に関わろうとする意欲を注視します。またこの時期は、年長児の遊ぶ姿を見て参加したつもりになっている様子もよく見られます。そこでは年長児の姿をしっかり見て学んでいる姿も大切にしましょう。

❀ トラブルがあったときの関係

- 友達と一緒にいることの楽しさに気付き始め自分から関わりにいこうとする。相手の気持ちはまだ理解できず、そのことからトラブルになることも多い。
- 自分の思いを通そうとすることで、トラブルになる場面や葛藤見られるが、乗り越えながら友達と一緒に遊びや活動を楽しんでいる。

❀ 好きな遊びからの広がりの様子

- 好きな友達と一緒に行動することが楽しく、自分の気持ちと思いが違っていても相手に合わせて同じことをしようとしている。ブロックなど好きな遊びでは自分の気持ちとの葛藤が見られ、通そうとしている。ブロックなど好きな遊びの中で友達との関わりや折り合いのつけ方への配慮がいる。
- 一人で遊ぶことが多く見られる。保育者が仲立ちになり、本児が作ったブロックの作品などを友達に見せることでクラスの友達から認められるようになり自信をつけてきている。少しずつ自分から友達に声を掛けるようになり一緒に遊んでいる。

❀ 気持ちを切り替えて落ち着いている様子

- クラスが変わり環境が変わったため、少し落ち着かない様子もあった。園庭で前のクラスの友達と関わることで、遊びに夢中になり集中できていた。
- 進級当初、環境の変化から泣いてしまうことがあったが、保育者と一緒に朝の用意をすることで気持ちを切り替え遊びにも入れるようになった。

❀ 友達を誘って遊ぶ様子

- １学期の中頃から、自ら他の友達を誘い、一緒に遊ぶ姿が見られた。
- １学期の初めから落ち着いて特定の子どもと関わって遊ぶ姿が見られた。徐々に他の子どもにも目を向けるようになり、友達が泣いたり困ったりすると声を掛ける姿が見られた。
- 一人で電車遊びをすることが多かったが、他の子どもを誘い、一緒に遊ぶ姿が見られるようになった。

3歳児 環境 を中心とした文例

書きたいポイント　自然にふれ合う中で、試す、気付く、やってみるなど物との関わりを様々に楽しみます。その経験を繰り返し、一層遊びがおもしろくなります。

積極的に興味・関心を見せる様子

- 様々なことに興味・関心があり、積極的に活動することができる。
- パズルやままごとで遊ぶことを好み、友達と仲良く遊ぶ姿が見られる。
- 初めてのことに対しても興味をもち、多様な活動に意欲的に参加している。
- 好きな遊びや関心のある遊びには積極的に活動する姿がある。苦手なことやたくさんの人の前では緊張する姿が見られる。保育者が仲立ちとなったり、友達と一緒だとやってみようとしたりする姿がある。

虫が好き

- 虫が好きで、探求心も旺盛である。虫探しに没頭してしまい、次の活動に移ることができないときがある。次の活動への見通しがもてるように配慮が必要である。

自然に触れる姿

- 夏の太陽のまぶしさや暑さ、雨のときの空の暗さや雷雨の激しさなど、身近な自然事象に気付き、様々なことをつぶやく姿が見られた。散歩中、自分の影の存在に気付き、園に帰り着くまで影を気にしながら歩く姿が見られた。うろこ雲を見つけては、こいのぼりの模様に似ていることを発見したり、感じる心や豊かな感性が育っている。
- 紅葉した木の葉を集めて作った「葉っぱのお風呂」に入り、匂いや色、感触を楽しみながらお風呂ごっこを楽しむ姿が見られる。紅葉したツルを体に巻き付けたり、友達と森の中をイメージしたお姫様のお出掛けごっこを楽しんだりした。身近な自然物を使って考えて遊ぶ力が育っている。自分で考えたり工夫したりして遊ぶ面白さに気付いたり、発見したり、意欲的である。
- 雪がたくさん積もった日、自分から友達や保育者を誘い、雪だるま作りを楽しんだ。翌朝、少し小さくなり崩れかけた雪だるまを発見して、砂場遊具のブルドーザーで雪山の工事ごっこをしたり、アイスクリーム屋さんをして楽しんだりした。新たな遊びを考え出す柔軟な発想力がある。

自然栽培での様子

- 園の菜園を散策することが好きで、イチゴの色付きやキュウリの生長、綿の実の変化などに気付き、保育者に発見を伝えたり「一緒に見よう」と誘ったりする姿が見られる。葉や実の手触りや匂いなど、じっくりと感じ、思ったことを言葉にして保育者や保護者に伝える。収穫したり食べたりすることを喜ぶ姿が見られる。
- 四季折々の草花に興味や関心があり、見たり匂いを嗅いだりして探索したり、摘んで飾ったりして楽む姿が見られる。初夏にアサガオが初めて咲いた日、一番に発見して開花を喜んだ。5歳児が花殻を摘んで色水作りをしているのを見つけ、「おはながいたいっていってる」と話し掛ける姿があり、花への共感や思いやりの気持ちの芽生えが見られる。

3歳児 **言葉** を中心とした文例

書きたいポイント
もっと話したくなり、自らの経験を振り返って語るようになります。生活道具の名前や「あっち」「こっち」などの場所、絵本の音や言葉にも気付き始めます。子どもと保育者との間で、対話する力の芽生えが見られる様子も大切に見取ります。

🌸 対話を楽しむ

- 発言力があり言葉もたくさん知っているので、大人との会話を楽しむことができる。
- おしゃべりが好きでいろいろな表現を言葉で表すことができる。

🌸 保育者が仲立ち

- 本児が言いたいことを適切に表現できないときは、保育者が仲立ちしながら話を続けられるように心掛けている。

🌸 徐々に言葉で伝えるようになる様子

- 園生活に慣れるまでは積極的に話そうとはせず、泣くことや身振りで表現することが多かった。保育者が不安を受け止め気持ちが落ち着いた後に言葉で伝えるように心掛ける。話せたときには「自分で言えたね」と褒めていくことで、少しずつ自信をもって話すようになった。

🌸 言葉を覚えるのがうれしい様子

- 友達の名前を覚えたことがうれしく、落とし物を見つけては「これは誰のもの？」と保育者に質問する。名前が分かると、大きな声で「〜さんの帽子落ちてたよ」と友達に知らせている。文字への興味もあり、自分の名前の文字を見つけると「あいちゃんの"あ"があった」と教えてくれる。

🌸 少しずつ思いを伝える様子

- 思いをうまく言葉で伝えられなくて友達との意思疎通ができない時がある。保育者の声掛けや一緒に思いを伝える機会をもつことで、少しずつ気持ちを話す姿が増えてきた。
- 自分の思いを言葉にして伝えることが難しく、保育者が仲立ちしながら少しずつ自分の思いを言葉として伝えることができる。
- 少しずつ自分の思いを言葉で伝えられるようになってきたが、相手が話した言葉（単語）にこだわり一方的に自分の思いを話している姿がある。

🌸 トラブルがあったときの様子

- 困ったことやトラブルがあったときには、自分の気持ちを言葉で表すことが難しく泣いて訴えることが多い。保育者が気持ちを代弁することで伝えられるようになってきている。
- 友達とトラブルになったときには、自分の思いを言葉にすることは難しい。保育者が気持ちを受け止め落ち着いてからだと相手に自分の思いを伝えることができる。
- 困ったことやけんかなどのトラブルがあったときにも少しずつ、自分の気持ちを言葉で伝えられるようになってきている。

3歳児 表現 を中心とした文例

書きたいポイント
ものを仲立ちとして、友達と遊びます。心を動かす出来事に数多くふれることで、気付きや感じる経験を楽しむ機会が増え豊かな感性が磨かれることになります。その蓄積から体験を様々な方法で表すようになります。

🌸 音楽に親しむ姿

- リトミック遊びでは、曲調に合わせてリズムにのりダンゴムシや色水を体で表現することができる。
- リトミックや歌など音を使っての遊びが好きで拍を意識しながら体を動かしたり楽器を鳴らしたりすることができる。塗り絵では様々な色を使って丁寧に塗ることができる。
- 園の行事などにも一生懸命自分なりに取り組む。リトミックでは経験したことを思い出しながら、体を動かすことを楽しんでいた。
- ステージコーナーがお気に入りで、衣装を着けて音楽に合わせて踊ることを楽しんでいる。音の鳴るステッキを振って踊り、上手にリズムを取っている。お客さんに見てほしいと保育者を誘いに来るなど積極的に行動する姿が見られる。
- 音楽会では、曲に合わせたリズム打ちを楽しんだ。特にトライアングルが気に入っていて「いちばんきれいな音がずーっと聞こえるから」と楽器の音色の特徴を捉えていた。楽器を大事に扱ったり、指揮者をしっかり見るなど、夢中になって取り組む姿が印象的であった。

🌸 製作遊びに親しむ姿

- 製作や折り紙で遊ぶことが好きで自分で考えて作ったり、本を見て作ろうとしたりする。
- 製作活動が好きで、最後まで根気よく取り組む。はさみでは連続切りができるので、細かい表現もできるようになった。のりの使い方も丁寧できれいに作る姿が見られる。きちんと仕上げたいという思いが強いため、「これでいい？」と保育者に聞きに来ることも多い。本児の良さを認めながら自由で伸び伸びとした表現ができるように援助していきたい。

🌸 経験から遊びにつながる姿

- 七夕の会で見たブラックライトで光るパネルシアターに感動し、もう一度見たいと毎日話していた。家庭でも毎晩夜空の星探しを楽しんでおり、感性の豊かさを感じる。3学期になっても星が好きな気持ちが続いており、星型のシールを選んだり、自由帳に星を描いたりすることが多い。

🌸 絵画遊びに親しむ姿

- 絵画が得意で細かいところまで丁寧に描いている。そのため時間が掛かってしまうことがある。
- 絵を描くことが好きで、伸び伸びと力強く描く。1学期は家族の絵が多かったが、2学期になると、仲のいい友達を描くことが増えた。一緒に遊んで楽しかった気持ちを絵や言葉で表現する。顔だけではなく手足を描くことで動きのある豊かな表現へと変化した。

4歳児 健康 を中心とした文例

第2章 子どもの育ちを書いてみよう

書きたいポイント

体を動かして遊ぶ際、夢中になって遊び込むには好きな友達と一緒であることが大切です。協同しながら遊びを深める様子を見取りましょう。また、外から帰ったら手を洗うといった、生活習慣面での簡単な見通しをもてるようになるなど、自立への芽生えも見逃さないようにしたいですね。

道具を使った運動遊びに親しむ様子

- 秋の運動会後、短縄跳びに興味をもち取り組む。縄を回して跳ぶという一連の動きが難しかったが、保育者と一緒に走り縄跳びをしたところうまく跳ぶことができ、楽しくなっていった。3学期、5歳児を見習いながら後ろ跳びにも挑戦し、こつこつと練習することで3月には軽やかに跳べるようになった。
- 鉄棒、縄跳びなど用具を使っての遊びが得意で、伸び伸びと体を動かしいろいろな技にも意欲的に取り組む姿が見られる。
- 縄跳びやフープなどの運動遊びや集団遊びが好きで、自分から積極的に取り組む姿が見られる。
- 鉄棒が好きで、春からぶら下がりや足抜き回りを楽しんだ。鉄棒が得意な友達が、前回りをしたり逆上がりに挑戦したりする姿を見て心が動き、保育者に援助を求めてきた。逆上がりは足を振り上げることが難しかったが、手にまめができるまで頑張り、できるようになった。これをきっかけとして自信につながり、何事にも積極的な姿が見られる。

鬼ごっこなど集団遊びを楽しむ様子

- 異年齢児でする鬼ごっこが好きで、自分から参加している。初めのうちはルールも何となくの理解で、保育者を頼りにしながら警泥や氷鬼などに参加していた。ルールや鬼との駆け引きが分かってきて面白くなると、自分から友達や保育者を誘って積極的に遊ぶようになった。
- 鬼ごっこや集団遊びなど体を動す遊びを好んでしている。鉄棒や縄跳び、竹馬なども積極的に取り組んでいる。

ちょこっと解説　遊びに取り組む姿勢を書く

4歳児は友達や5歳児の影響を受けながら遊びを通して健康な心と体や協同性が育まれる時期です。興味のある遊びに、誰とどのように取り組み楽しんできたか、どのような力が育ってきたか、エピソード記録を基に記述します。

意欲的に遊ぶ姿

- 3歳児のときから毎日徒歩で登園しており、体幹やバランス感覚が育っている。走るフォームもきれいで、かけっこが好きである。5歳児のリレーに興味をもち、運動会後は4歳児もリレーに参加できるようになり、うれしくてバトンを持って繰り返し走っている。5歳児になることを楽しみにしている。
- 体を動かすことが大好きで、園庭ではじっとしていることなく運動をしている。特に鉄棒が大好きで、様々な種類にチャレンジするなど意欲的である。
- 運動は得意ではないが、一生懸命取り組み、何度も挑戦することで伸びてきている。
- どの活動にも意欲的である。コマ回しでは、あともう少しのところで諦めようとする姿があったが、保育者の促しや友達の励ましを受けて挑戦し続けることができている。
- 運動遊びなどは自分からしようとはしないが、明確な目標を投げ掛けると意欲的に取り組む姿が見られる。

43

4歳児 人間関係 を中心とした文例

書きたいポイント
遊びや生活に粘り強く取り組むことが大切です。そのためには、やり遂げた達成感を数多く体験していることが大切です。それも、自分一人ではなく友達と達成することで、より一層充足する気持ちが高まります。

異年齢児との関わり

- 同じクラスの友達に限らず、異年齢の友達に対しても優しい気持ちをもっている。転んだ子や泣いている子を見かけたら「どうしたの？」と声を掛けることができる。
- 年下の子や困っている子がいると優しく接して手を貸したり、教えてあげたりすることができる。
- 同学年だけでなく、他学年の子どもとも進んで関わることができる。

他の子どもを助ける様子

- 他の子どもが困っている姿を見かけると分からないことを教えてあげたり、保育者を呼びにきて助けてあげようとしたりする姿が見られる。
- 保育者や他の子どもの話をよく理解して聞いていたため、前日したことなどを他の子どもに教えることができていた。

人間関係の広がり

- 特定の友達と遊ぶことが多かったが、遊びや行事を通して他児との関わりが深まり、いろいろな子どもと遊べるようになる。
- 友達に優しく穏やかである。特定の子どもにこだわり遊ぶ姿があったが、行事や遊びを通して他児とも関われるようになる。
- 進級当初は特定の子どもや保育者とて遊ぶ姿が多かったが、徐々に交友関係が広がっていった。最近は自ら興味をもった遊びに友達を誘い掛け、遊び方やルールを分かりやすく伝えながら遊び始めている。
- 4月当初は特定の子どもとばかり遊んでいたが、徐々に交友関係が広がっていき、現在は特定の子ども以外とも遊ぶ姿が見られる。
- 初めは保育者と一緒にいることが多かったが、気の合う友達を見つけ、いろいろなことに挑戦し、できることが増えていったことで、自信をもって過ごしている。

● 第2章 子どもの育ちを書いてみよう

環境 を中心とした文例

書きたいポイント
興味をもって繰り返し遊び込む中で、仕組みを発見し、「こうしたら、こうなる」という因果関係への気付きの芽生えがあります。友達と一緒に行なうことで、更に遊びが深まり、新しいアイディアも付け加えながら遊びを深める姿を大切にします。

🌸 自然・動植物への興味・関心

- 自然物に興味・関心があり、園庭で見つけた草花を生けることを楽しんでいる。
- 進級当初、大好きなダンゴムシを探したり、集めたりすることに熱中していた。年長児の姿をよく見ていて、植木鉢の下に多く生息していることに気付く。たくさん見つけることができたので、クラスの友達からも「虫探し名人」と認められて喜んでいた。

ちょこっと解説　興味から共有へと広がる「自然」
身近な自然は、子どもたちの興味を誘い、様々な事象への関心を高めます。自然との触れ合いをきっかけに周囲の人（年長児、クラスの友達）と感動や情報を共有する体験へと広がっています。

🌸 栽培への興味・関心

- 自然事象や栽培物に興味があり、雲の形や育てている野菜の生長を観察し、「今日の雲はこんな形をしている」「野菜が昨日よりも大きくなっている」などの報告をしている。
- 野菜の世話など進んで行ない、つぼみが出たり実がなったりすると保育者や友達に伝えていた。苗が伸びてきた際には、棒（支柱）を立てたいとアイディアを出す姿もあった。
- 栽培活動に対して積極的で、毎日様子を見たり水やりをしたりするなど生長を楽しみにしている。
- 季節の変わり目など植物が色付いたり実を付けたりするなどの変化に気付き喜ぶ姿がある。葉や実を集め、砂を使ってままごと遊びを楽しんでいる。

🌸 飼育物との関わり

- 飼育しているチョウやメダカをよく観察しており、掃除やエサやりなど積極的に世話をする姿が見られる。
- メダカの世話をすることをきっかけに、遊びと遊びの間の気持ちの切り替えができるようになったり、メダカを介した友達との関わりが深まったりしている。
- 卵を抱いているザリガニに関心をもち生まれてくることを楽しみに観察していた。生まれた赤ちゃんを触りたがったが、まだ小さ過ぎることを説明すると真剣な表情で聞き、「赤ちゃんが死んじゃったらかわいそう。大きくなるまで待つ」と話す。命を大切に思う気持ちが芽生えていることをうれしく思う。

4歳児 言葉 を中心とした文例

書きたいポイント

自分の気持ちを保育者に尋ね始め、確かめる時期です。子ども同士の対話が生まれ、また自分の思いを聞いてもらうことで人の話をよく聞く姿勢が生まれる姿があります。相互に伝え合う喜びを味わえるようにしましょう。

🌸 言葉で伝えている様子

- イメージしたことを相手に分かりやすく順序立てて伝えることができる。
- 言葉で気持ちを伝えられるようになり、他の子どもに手を出す場面がなくなった。
- 友達と一緒に遊ぶ中で「ここはこうした方がいいよ！」「もっと○○しよう」など積極的に意見を伝え、遊びが展開していく楽しさ、共通のイメージを実現していく喜びを味わっている。
- 自分の思ったことや感じたこと、考えたことなどをはっきりと自分の言葉で伝えることができる。

🌸 やり取りが難しいときの関わりの様子

- ダメなことや嫌なことははっきり言えるが、友達と楽しく遊んでいると興奮し過ぎて歯止めが利かなくなることがあるため、落ち着けるように声を掛けている。
- 気持ちが高揚すると、吃音になりやすく、言葉が不明瞭なことがある。保育者が話したいという気持ちを保育者が受け止め、ゆっくり話すことを促すと自分の思いを言うことができる。
- 話し合いで自分の意見を発表することはできるが、自分の思いが強過ぎて、他児の思いに耳を傾けにくいことややり取りすることが難しいときがある。
- 物事の流れや原因を相手に分かりやすく伝えることが難しいため、保育者が本児の話を聞きながら他の子どもへの伝え方を知らせていった。

4歳児 表現 を中心とした文例

第2章 子どもの育ちを書いてみよう

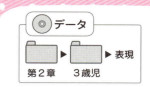

書きたいポイント　様々な素材を見立てて遊ぶ子どもたち。その中には、思いもよらない方法で遊びに取り入れる姿も見られます。みんな一緒に遊ぶ中で、イメージを広げていけるようにしましょう。

🌸 歌・音楽にふれる様子

- 音に合わせて体を動かすことが好きで、リトミックや歌など積極的に取り組んでいる。
- リトミックやリズム遊びなど積極的に参加している。栽培している野菜の大きさ・形に気付き、友達と一緒に手を大きく広げて葉っぱを表現する姿が見られる。
- 楽器遊びなどでは保育者の合図を見ながらリズムを取っている姿が見られる。
- 入園当初、緊張感が見られた。保育者とわらべうたで遊んだり季節の歌を口ずさみながら散策したりすることで、心を開き笑顔が見られるようになった。次第に友達ともわらべうたで遊ぶようになり、声を合わせる心地良さや歌に合わせて体を動かす面白さを感じるようになった。
- みんなで歌をうたうときや音楽を聴いて遊ぶときは、リズムを感じて楽しそうに体を動かしている。イメージしやすい歌詞や簡単な童謡は覚えて楽しそうに歌っている。新しい歌や抽象的な歌詞の歌は覚えにくいため、イメージしやすい歌を選曲することで、冬の音楽会では自信をもって歌うことができた。
- 中学生の姉が日常聴いている曲を、聴いたり歌ったりしていることから、歌やダンスが好きで音程やリズムが取れている。歌は非常に上手で、友達や保育者から認められ、自信となっている。アニメやヒットソングを歌い始めると、歌の好きな友達が集まってきて一緒に楽しんでいる。

🌸 製作遊びでの様子

- 絵画や製作が苦手だったが、手先を使った遊びの経験を重ねることで、はさみの操作もスムーズになってきている。
- 自分で考えて製作をすることより、決められたものを作ることに意欲をもつことができる。
- 空き箱等を使った製作が好きで、1年を通して様々なものを作って楽しんだ。秋にドングリを転がすスロープ作りを試し、考えた。牛乳パックをつないでジグザグ道コースは繰り返し試行錯誤しながら4日掛けて最後まで作り上げた。友達と、自分で作ったスロープで遊んだことがうれしく、その後も遊具作りに取り組んでいる。

🌸 積み木で構成して遊ぶ様子

- 積み木が得意で、夏には平面構成から立体構成へと興味が移り、慎重に積み上げて身長以上の塔を作ったり、高架の道路を作ったりした。他児も積み木をする姿に憧れ、面白さにひかれて参加するようになった。協同することで崩れてしまうことも増えたが、気にせず友達と試し作り直す姿が見られる。

🌸 絵を描くことが好きな様子

- 絵を描くことが好きで、1枚の紙にいろいろなものを描いて楽しんでいた。秋に園でお祭りごっこをした経験を描いた時、屋台の周りにたくさんの友達を描き、その楽しそうな絵を友達から褒められたことが自信となり、目的をもって描くようになった。時間を掛けて丁寧に描き、絵の話もすてきである。

5歳児 健康 を中心とした文例

書きたいポイント

この頃になると、見通しをもって夢中になって遊んだり、やらなければいけないことを自覚して行動するようになります。身のこなしなども巧みになるため、自分がやりたいことに挑戦する粘り強さも出てきます。生活の面では、1日の時間の流れを意識したり、手洗い・うがいなども意味が分かって行なったりするなど、日々の生活の意味も分かりながら行なうようになる、育ちの姿を大切にしましょう。

🌸 ルールのある遊びを楽しむ姿

- ドッジボールやサッカーなど、球技を好み、友達と誘い合って試合を楽しんでいた。その中で、ルールを確認し合ったり、教え合ったりして、みんなで楽しもうとする姿が見られた。
- 園庭で体を動かして遊ぶことを好み、特に鬼ごっこやリレーが好きである。鬼ごっこではルールを変化させてよりおもしろくする工夫や、リレーでは走る順番など、チームで作戦を立てる姿が見られた。

〈健康な心と体〉 〈道徳性・規範意識の芽生え〉

🌸 大縄跳びを楽しむ姿

- 大縄跳びでは友達と回数を数えながら跳ぶことを楽しんでいた。以前は一人遊びが多かったが、この遊びを通して友達との関わりが増えてきた。

〈健康な心と体〉 〈協同性〉

🌸 挑戦して遊ぶ姿

- 雲ていや鉄棒、縄跳びなどに活発に取り組み、雲ていの一段抜かし・二段抜かし、連続逆上がり、縄跳びをしながら大縄を跳ぶなど、新しい技に次々と挑戦して楽しんでいた。
- 池をつくるために、少し離れた蛇口から、といを使って砂場に水を引く工夫を毎日続けて行なっていた。といをつなぐクラフトテープを布製にしたり、ブロックを使って高さを徐々に低くするようにしたり、うまくいかなくても諦めずに、友達とアイディアを出し合って挑戦する姿が見られた。
- プールでは水に顔をつけられなかったが、水中じゃんけんや水中トンネル遊びで、トンネルに見立てたフープを少しずつ深くしていくなどの遊びを通して、潜ることができるようになった。

〈健康な心と体〉 〈自立心〉 〈協同性〉

🌸 手先を使って遊ぶ姿

- 折り紙遊びが好きで、自分から進んで手裏剣やこま、昆虫などの難しい折り方に挑戦していた。友達に折り方を教える姿も見られ、「折り紙博士」とみんなから認められたことによって自信がつき、他の場面でも積極性が見られるようになっている。

〈健康な心と体〉 〈思考力の芽生え〉

ちょこっと解説

得意なことを知らせる
自分なりの目標をもって取り組み、充実感と満足感をもって友達との良い関係を築いていく姿が伝わってきます。子どもの得意なことを知らせることは、小学校での指導に役立ちます。

🌸 片付けをする姿

- トイレのスリッパが乱れているのを見てきちんとそろえたり、活動後に床に付いた絵の具を丁寧に拭き取ったりするなど、進んで自分たちの生活を気持ちよくしようとする姿が見られた。

健康な心と体
自立心
道徳性・規範意識の芽生え

🌸 体調の変化に気付きにくい姿

- 体調が優れないときも自分では気付きにくいことがあった。保育者は顔色や様子に気を付けてこまめに声を掛け、触れて熱いと感じたときには、検温を促すようにしていた。次第に、自分でも元気が出ないときには、自ら保育者に訴えてくるようになってきた。

🌸 食事

- 野菜など苦手な食材が多かったが、畑で野菜を育て自ら調理することを通して、少しずつ食べられる野菜が増えてきた。特に苦手だったピーマンが食べられるようになってから、他の食材を自ら食べてみようとする姿が見られるようになってきている。

健康な心と体
協同性

ちょこっと解説 課題と援助の様子を知らせる
自ら健康で安全な生活をつくり出すための個別の課題と具体的な援助を記入することによって、小学校で継続してほしい支援が伝わります。

健康な心と体

5歳児 健康

🌸 生活習慣

- 生活習慣が身についており、着替え袋やロッカーの中など身の回りを常に整理整頓することができる。
- 持ち物の管理は苦手な面が見られた。保育者が具体的な声掛けをして一緒に片付けるなど、寄り添うことを繰り返す中で、少しずつ、意識してできるようになってきた。

健康な心と体

ちょこっと解説 自立を促す指導を続けられるように
生活習慣の確立は主体的に物事に取り組む基盤であり、「自立心」につながります。幼児期にできていたこと、支援が必要なことを小学校に伝え、自立を促す指導を継続させることが大切です。

🌸 排せつ

- 排尿の間隔が短いので、食事前や園外保育、クラス活動の前には、個別に声掛けをして、トイレに誘うようにしする。徐々に、自分で活動の見通しをもつことができるようになり、活動中にトイレに行くことは少なくなってきた。

ちょこっと解説 指導と変容してきた様子を知らせる
小学校への引き継ぎとして子どもの具体的な姿を伝えることが大切です。これまでの指導と変容してきた内容を伝えることで、小学校でのより良い指導を生み出す資料となります。

健康な心と体
自立心

5歳児 健康を中心とした文例

❀ 体を動かして遊ぶ様子

- 体を動かすことを楽しみ、できるようになったことを喜び、意欲をもって運動遊びをする。
- 体を動かすことが好きで、高いところに登ったりして楽しむ。
- 戸外に出て遊ぶことを喜び、三輪車に乗って過ごすことが多い。
- 体を動かすことが好きで、地道に努力して目標を達成しようとする。また、負けず嫌いで悔しさもバネにして頑張ることができる。
- 気の合う同性の友達と一緒にブランコや鉄棒、鬼ごっこなどの体を十分に使った遊びを好んで行なう。
- サッカーをするなど、戸外で体を動かして遊ぶことを好む。
- 外での遊びを好み、ルールのある遊びでは鬼を、ドッジボールでは外野をやろうとする。
- 友達数人と一緒に、ドッジボールや鬼ごっこなど誘い合って楽しむ。

健康な心と体　自立心　協同性

❀ 粗大遊びに取り組む様子

- 今までできなかった竹馬が、練習を重ねてできるようになったことが自信につながり、他の粗大運動に自分から取り組む姿が見られるようになっている。
- 粗大活動が好きで、自分から様々な目標をもって取り組んでいる。大縄を友達と一緒に跳んだり、鬼ごっこなどを楽しんだりしている。
- 運動面では負けず嫌いな面があり、粗大運動やリレーなど全力で取り組んでいる。今は友達と逆上がりに挑戦している。
- 粗大遊びは得意ではないが、友達に誘われると一緒に取り組もうとする姿がある。
- 体を動かすことが好きで、園庭での運動遊びで生き生きと活動している。自分で新しい遊びや運動を自由に考え出しては、友達を誘って楽しんでいる。

健康な心と体　自立心　協同性

❀ 鉄棒にふれる姿

- 走ることや鉄棒など体を動かすことが好きで、自分から誘って集団遊びにも積極的に参加している。
- 戸外では友達と鬼ごっこをしたりはん登棒をしたりと、体を動かす遊びを好んでしている。鉄棒には苦手意識があるが、少しずつ鉄棒に慣れるところから進めている。

健康な心と体　協同性

第2章　子どもの育ちを書いてみよう

🌸 根気強く取り組む様子

- とび箱や鉄棒など自分で目標をもって、できるようになるまで何度も根気よく取り組む。
- 戸外で活発に体を動かし、運動遊びが得意である。跳び箱や鉄棒など自分なりに目標をもって毎日コツコツと取り組み、できるようになる喜びや充実感を味わう。
- 友達と一緒に縄跳びやフープを使って意欲的に体を動かす。毎日取り組む中で長い時間跳んだり回したりするコツに気付き、友達や保育者と競争することを楽しむ。
- 友達がこまを回せるようになると、憧れをもち、やりたいことに向かって毎日繰り返し自分で回そうとする。うまくいかなくても何度も根気強く挑戦するようになる。
- 縄跳びが苦手だったが根気強く頑張り、できるようになった。友達に得意げに見せて褒められるととてもうれしそうにしている。

ちょこっと解説　取り組む姿を具体的に
「自分で目標をもつ」「できるようになるまで」「何度も繰り返し」など、その子なりに取り組む姿を具体的に表現することで、根気強く取り組んでいる様子が分かりやすくなるでしょう。

健康な心と体
協同性

5歳児　健康

🌸 目標に向けて頑張る様子

- 戸外で進んで体を動かすよりもゆったり遊ぶことを好むが、苦手意識のあったことも、自分なりにチャレンジしようと頑張る姿が見られる。
- 体を動かすことが得意で、運動面での興味や関心の幅が広い。できるまで諦めないでいろいろなことに積極的に取り組もうとする。
- 運動が得意で、鉄棒の逆上がりができたこと、縄跳びのあや跳びができたことなどが自信となって次の意欲につながっている。
- できるかどうか分からなくても、興味を持ったことには最後まで諦めずに取り組む。苦手な鉄棒も逆上がりには何度も挑戦し、できるようになった。
- ジャンプ遊びで友達から褒められた。この自信がバネとなって苦手だった跳び箱が跳べるようになり、逆上がりにも積極的に取り組む姿が見られる。
- 運動遊びが得意で、自分の目標を達成するごとに、次の目標を決めて取り組んでいる。
- 進んで戸外の遊びに参加し、自分なりに目標をもち、逆上がりや竹馬などができるようになる。友達ができるように自ら援助をしている様子が見られる。
- 逆上がりや雲ていなど目標を決めて繰り返し練習をする姿が見られた。
- 目標を決めて自主的に鉄棒、雲てい、縄跳びに挑戦する姿が見られた。
- 雲ていや鉄棒など繰り返し練習することで、できるようになり、自信へとつながる。

ちょこっと解説　運動遊びを通して
子どもたちが自分なりの目標に向かって繰り返し取り組む力、その結果得られる達成感や自信は、様々な運動遊びを通して豊かに経験できますね。

健康な心と体
自立心

51

5歳児 健康 を中心とした文例

🌸 身の回りのことを意欲的に行なう様子

- 自分の持ち物や身の回りの物などを丁寧に片付けたり、清潔にしたりなど、保育者に言われなくても自分で判断し行動できる。
- 当番活動にも意欲的で周りの友達が気付かないところにも自分で気付き率先して掃除したりする。
- 毎日食後は保育室の掃除をすることを理解し、自分からほうきでごみを集めたり雑巾をしっかり絞って床や机を拭いたりと自分の役割を見つけて意欲的に掃除を行なう。
- ある程度きれいになると自分で終わりを決めて後始末も丁寧にするなど、保育者の指示がなくても見通しをもって自分から行動する。
- 身の回りの整理整頓や玩具の片付けの方法を保育者が示して知らせることで、片付け方を理解し、丁寧に行なう。

（健康な心と体）（道徳性・規範意識の芽生え）

🌸 手洗いなど、身の回りのことを行なう姿

- 手洗いやうがいなど、意味が分かって丁寧に行なうことができる。
- 手洗いや、整理整頓は自分で分かってできるように分かりやすく声を掛けたり、ボードやノートで視覚的に自分で確認できるようにすることで、主体的にできるようになってきている。

（健康な心と体）

🌸 食事場面

- おしゃべりに夢中になり、給食を食べ切るのに時間が掛かっていた。夏頃から食べるペースも速くなり、以前は苦手だったお団子もクッキングを通して食べられるようになる。水分をあまりとらないので声掛けが必要である。
- 野菜が苦手で自分から進んで食べようとしない。クラスで野菜を栽培し、自分で収穫したという経験から、口にしなかったものを食べようとするようになる。
- 入園時は好き嫌いが激しかったが、成長するにつれ体をよく動かして、食事も好き嫌いなくたくさん食べるようになる。
- マイペースでよく噛んで食べるため、完食までに時間が掛かってしまうことが多かった。食べ物の好き嫌いが減り、食事のマナーを守って食べる。

（健康な心と体）（協同性）

🌸 睡眠に関する様子

- 覚醒が低く、活動に入りにくい様子も見られるが、何事にも参加し、体を動かすことを楽しむ。
- 睡眠時間の不規則さもあり、登園時間がまばらである。覚醒も低いまま登園し、表情も乏しくなりがちである。

ちょこっと解説 環境も含めて丁寧な引き継ぎを
覚醒が低い原因は、睡眠不足だけではありませんが、いずれにしても覚醒が低いと園での様々な活動に辛さを感じたり、十分に楽しめなかったりすることも少なくありません。子どもの特性上のことや背後の環境なども含め、就学に向けて丁寧な引き継ぎが必要ですね。

（健康な心と体）（協同性）

🌸 体調管理

- 体温調整が難しく、夏は汗が出にくいために暑さに弱く機嫌も悪くなる。
- 体温調整が苦手で震えたり、青ざめたりすることも多い。

（健康な心と体）

5歳児 人間関係 を中心とした文例

● 第2章 子どもの育ちを書いてみよう

友達同士での関わりを深める中で、楽しく遊んだり生活したりするためには決まりを守った方がおもしろいと感じたり、相手の立場に立って考えられるようになることで、友達や年下の子どもへの思いやる心が育まれたりします。高齢者など、園内だけではない多様な人との関わりも大切にしましょう。

🌸 異年齢児とふれ合う姿

- 年下の友達に自分から関わり、その子の気持ちを聞きながら相手のペースに合わせて世話をする。
- 異年齢保育では、乳児クラスの世話をすることを喜び、自分から声を掛けて関わろうとする。同年齢より年下の子どもとの関わりの方が自分の気持ちを出しやすく、できることを自分からしてあげたり、周りの大人に認められたりすることで自信につながった。
- 年下の友達の世話をすることを喜び、親しみをもって接する。自分ができることが人の役に立つことで満足感を抱き、より意欲的になる。
- 相手の立場になり困ったことを一緒に解決してあげたり、クラスで過ごしている時間でも乳児クラスに行って着替えや午睡の準備を手伝ったりなど、相手の気持ちをくみ取って率先して行なう。
- 年下の友達に自分から関わり、困っているときには助けてあげたり身の回りのことを手伝ったりなど世話をする人の役に立つ喜びを味わう。

- 年下の子に対しても思いやりの気持ちをもって関わることができる。
- 周りが困っていたりすると、「大丈夫？」「やってあげようか？」など思いやりの気持ちをもつ。
- 年下の子の世話をしたり、気に掛けてあげられる。
- 年下の子どもとの交流に初めは戸惑っていたが、繰り返し行なうことで自分から誘う姿が見られる。

ちょこっと解説 関わりの中での育ち

世話をするだけでなく、世話をすることを通して人の役に立つことの喜びや、周りに認められることで自信や意欲につながったことが見える文章です。

5歳児 人間関係 を中心とした文例

優しく寄り添う様子

- 年下の子どもや友達に優しく、困っている子がいるとその気持ちに寄り添うことができる。
- 友達に優しく教えてあげることができ、友達ができるようになったことを自分のことのように一緒に喜び共感したり、友達の気持ちに寄り添い、思いやりをもって声を掛けたりすることができる。
- よく気が付いて思いやりがあり、友達の気持ちに寄り添うことができる。自分の経験と重ね合わせて話をしたり、困ったときはアイディアを提案したりすることができ、友達に安心感を与えている。
- 友達の嫌がることをせず、いつも笑顔で穏やかである。保育者や友達との関わりも十分にでき、自分の気持ちを素直に伝えられる。

協同性　道徳性・規範意識の芽生え

友達と関わる姿

- 大人には人見知りをするが、同年齢の友達の中では、少しずつ自分の思いを伝えられるようになってきている。また、友達の思いに耳を傾けたり話し合いをしたりして遊びを展開することができるようになった。
- 関わりの中で友達を認めたり自信をもって行動できる。積極的に挨拶をすることができる。
- いつも元気で明るく、面白いことを言っては周りを楽しませてくれる。たまに調子に乗って、友達の邪魔をしたり行き過ぎた行動をすることもあるが、声を掛けるとすぐに理解できる。
- 保育者や友達との関わりも十分でき、自分の気持ちを素直に伝えられる。相手を思いやり、人によって伝え方や表現を変えて自分の思いを伝えよう、話を聞こうとしている。
- 友達数人と一緒に、ドッジボールや鬼ごっこなど誘い合って楽しむ。
- ひとりでいることを楽しむように過ごすことが多かったが、自分から集団遊びの輪の中に入るようになる。やりたい遊びに友達を誘い、一緒に遊ぶこともあった。
- 保育者が仲立ちとなり友達と関係を築いている。
- 友達に必要とされていることに喜び、お世話をしようとしたり、気に掛けて優しく接することができる。
- 困っている友達に声を掛けたり手伝ったりする。
- 友達の頑張っている姿やすてきなところに気付き、言葉で伝えることができる。
- 話し合いの場面では自分の意見を主張するが、相手の意見も取り入れ、より良い結論になるよう調整することができる。
- 共同製作では、友達と互いの意見を受け入れたり、試行錯誤しながら協力したりして、出来上がったときは喜びを共有していた。

協同性

状況を理解して行動する

- みんなで何かに取り組むときに、「自分が」という思いが強かった。いろいろな経験をする中で、状況を理解し考えながら行動できるようになってきた。

協同性　道徳性・規範意識の芽生え

第2章 子どもの育ちを書いてみよう

🌸 気の合う友達と遊びを楽しむ様子

- 気の合う友達と遊びを進めている。また、年下の友達にもお世話をする姿が見られる。
- 気の合う友達と一緒に遊びを楽しむ中で、自分の気持ちを伝え合って遊ぶ姿が見られる。
- 自分から友達に「○○しよう」と誘い掛け、ルールを展開しながら遊ぶ姿がある。
- 友達と遊びを共有して一緒に楽しみ関わる姿がある。

協同性

5歳児　人間関係

🌸 友達とうまく関わりをもてないときの様子

- 友達と関わりをもつが、遊びの中での複雑なルールの理解や共有をすることが難しく、一方的に怒ってしまうことがあるので、その都度伝えるようにしている。
- 自分がしようとすることに対して、そこに相手の動きや思いがあることを感じにくいため、「○○ちゃんはどう思うかな」と伝えている。
- クラスの友達と関わって遊んでいるが、自分の思いを曲げられずに、折り合いをつけにくいことがあったときは、寄り添って安心できるようにしている。

協同性

🌸 友達との間に徐々に関わりが増える様子

- 周囲に影響されず、一人でいることを楽しむように過ごすことが多いが、共通の遊びを通して、友達との関わりも見られるようになる。
- 特定の友達と過ごすことが多かったが、遊びを通して関わる友達も増えるようになる。
- 自分の思うようにいかないときに友達を批判することもあるが、落ち着くと状況を理解し謝ることができる。
- 入所当初はひとりで遊ぶことが多かったが、好きな遊びを通して友達との関わりが増え、遊びの幅が広がった。
- 自分の思いをなかなか出すことができず、我慢してしまうこともあった。「自分の気持ちを話していいんだよ」などと声を掛け話せる機会をつくることで、友達に自分の思いを話せるようになってきている。
- みんなで一つのことに取り組むときに、主張したいことがあっても言い出せないことが多かった。保育者に促されて発表したことを褒められてから、心に秘めた思いを活動の中で少しずつ表現できるようになる。

協同性

55

5歳児 人間関係 を中心とした文例

🌸 遊びの関わりの姿
- 特定の友達と遊ぶことが多いが、誘われると他のいろいろな子どもと関わり遊ぶ姿が見られる。
- 他の子どもと関わって遊ぶことが好きで、相手の気持ちに寄り添い話をしている。 【協同性】

🌸 トラブルがあったときの様子
- 進級当初は落ち着きがなく、保育者がいないところで他児が嫌がるようなことをしてトラブルになることが多かったが、慣れてくると落ち着いて過ごせるようになる。
- 他の子どもとトラブルがあったとき、我慢してしまうことがあるため保育者と話をして思いを聞く時間が必要だったが、少しずつ言葉で訴えることができるようになってきている。 【協同性】

🌸 状況を理解して行動する様子
- 周りの状況を見て行動できるため、他児に声を掛けてくれることが多い。
- 自分のことだけではなく、周りの状況を見て他児に声を掛けることができる。
- みんなで何かに取り組むときに、「自分が」という思いが強かった。いろいろな経験をする中で、状況を理解し考えながら行動できるようになってきている。 【協同性】

🌸 やり遂げる力
- 毎日明るく、元気に活動に参加するが、褒められると気分は上がるが、苦手と思うことには消極的で、できないと落ち込み泣いている。
- やるべきことが分かればやり遂げる力がついてきている。
- 何でも知りたがり、分からないことは積極的に追求する。少し難しいことにも挑戦してやり遂げようとする。みんなの疑問に答えてくれることもあり、頼りにされている。 【自立心】【協同性】

決まりを守って遊び、生活する様子

- 約束や決まりを守り、またそれらを友達に伝えられる。
- 鬼ごっこやかけっこが好きで、友達とルールを決めて楽しむ姿が見られる。
- ドッジボールや鬼ごっこなどの集団遊びでも気の合う友達を誘い合い、ルールもしっかりと理解し、子どもたち同士で遊びを進めることができる。
- 保育者の話をよく聞いて理解し、片付けや頼まれたことなど素早く行なうことができる。また自ら必要だと感じた保育者の手伝いも積極的に行なう。
- 園での生活に見通しをもち、積極的に取り組んでいる。片付けや当番など、自分でできることが喜びになり、友達の役に立っているという自覚が情緒の面でも安定につながる。
- 自分なりに憧れや見本になる友達と関わり体を動かしたり、ルールのある遊びなどを一緒に楽しむ。
- 園の当番活動など、自分の役割に責任をもち、グループの友達と積極的に取り組む。

5歳児　人間関係

一人で遊ぶ姿

- 友達に興味をもち、「いっしょにあそぼう」と声を掛けて関わろうとする姿も見られるが、自分の好きなように遊んでいる。
- 特定の友達はおらず、自分のやりたい遊びの中で友達と一緒に楽しむ。
- 戸外では鬼ごっこなど友達とルールのある遊びを楽しんでいるが、室内ではひとりで黙々とブロックを作るなどして楽しむ。

自立心

人見知りな様子

- 恥ずかしがり屋で人見知りをする。初対面の挨拶はしっかりできるが、それ以降の会話は相手の様子をうかがいながら慎重にしている。

自立心

初対面でも受け入れる様子

- その人との関わりの深さよりも、自分の思いや行動を受け入れてくれる人が大好きである。初対面でもすぐに打ち解けて愛想もいいため、人に好かれる。

協同性

5歳児 環境 を中心とした文例

書きたいポイント

思考力が大きく伸びて育つ姿を大切にしましょう。例えば、空き箱を使った製作でも遊びが広がります。これまでの素材にふれてきた多様な経験を統合し、必要な材料に気付き判断しながら遊びを進める様子も見られるようになります。できるだけ意識しながら数量、文字、図形にもふれていきたいですね。地域の催しや図書館、社会とのつながりも意識して取り入れましょう。

🌸 自然物に親しむ様子

- 花を摘んだり、自然に親しみをもって遊びに取り入れたりして楽しむ。
- 自然事象に関心をもち、周りと共感して楽しむ。
- 自然物に親しみ、探したり、発見したりしたことを伝え合い楽しむことができる。
- 自然物に触れ、採ったり、観察して発見したりして楽しむ。
- 砂場遊びや自然物を使って遊ぶのが大好き。散歩先の公園で草花や枯れ木などを使ってままごとをしたり、身近な虫を図鑑で調べたりして遊ぶのが好きである。

ちょこっと解説
学びの基礎を体験する
自然に親しむ子どもたちの「観察力」「発見する力」「更に深く知りたいという意欲」などは、全て学びの基礎であり、幼児期に環境を通してしっかり体験してほしいですね。

`自然との関わり・生命尊重` `思考力の芽生え`

🌸 生き物へ関心をもつ姿

- 昆虫に興味があり、散歩先で探したバッタを図鑑で調べたり、友達と共有したりして楽しんでいる。
- 魚や恐竜に関心が強く、図鑑で調べたことを友達と共有して楽しむようになる。
- 動物園への遠足では、事前に動物の生態を図鑑で調べ、実際の動物を見たときは、じっくり観察し、様々な発見を友達と共有していた。
- カブトムシの飼育では、どんな餌を好むのかに興味をもち、友達と相談して、いろいろな果物を与え、探究心をもって観察していた。

ちょこっと解説
身についた力が伝わるように
どのような体験を通して、何に興味や関心をもち、その結果、「生き物を大切にする気持ちが育った」「接し方が分かった」など、どのような力が身についたかが伝わるような記述になると望ましいでしょう。

`自然との関わり・生命尊重` `協同性`

🌸 虫や小動物に触れる姿

- 保育室で飼っているカタツムリに興味をもち、毎日家庭から野菜を持ってきてあげたり、糞の始末をしたりなど、接し方を考え愛着をもって世話をする。
- 虫や小動物が好きで、友達と一緒に園庭で虫を探し、生態や飼い方など疑問に思ったことを図鑑で調べることを楽しむ。生き物に対する知識も豊富で特徴を捉えて、友達に説明をする。
- 昆虫に興味があり、園庭や散歩先で虫探しに夢中であった。見たことは図鑑で確認し、更に昆虫に対する知識を深めていった。
- 身近で観察できる動植物に対する興味や関心が強い。細かなところまで観察してきては図鑑で調べたり、動植物の絵本を読んだりすることが好きである。

`健康な心と体` `自然との関わり・生命尊重`

● 第2章 子どもの育ちを書いてみよう

🌸 伝統行事

- 地域のシニアボランティアに親しみをもち一緒にしめ縄作りを楽しんだ。そのことをきっかけに、正月の飾りについて自分から質問をしたり、鏡餅やお年玉など自分の知っていることを友達や保育者に伝えたりと、伝統行事に対する興味関心を膨らませていた。

- 身近な伝承行事の由来に関心をもって話を聞いたり、文字や数字への興味が高まり、遊びの中で使おうとする。

［社会生活との関わり］［数量や図形、標識や文字などへの関心・感覚］

5歳児 環境

🌸 自然事象や野菜に触れる姿

- 栽培で育てている野菜などの重さを量ったり、大きさや形を比べたりと、友達と一緒に物の性質や仕組みについて関心をもっている。
- 自然事象に興味をもち、「寒くなったから冬やな」など季節の移り変わりに気付いたり、栽培物の生長に気付いたりし周りに伝えようとしている。
- 季節の変化を感じながら自然と触れ合うことを喜び、遊びに取り入れている。
- クラスで栽培していた花や野菜に、水やりなどの世話を進んで行なった。植物の背丈が伸びたなど、植物の成長に気付き、喜びを他児に伝えたりしている。
- 自然物に関心があり、草花の成長や変化をよく観察している。木々の葉っぱが青くなった、茶色くなったと四季の変化を見つけては楽しんでいる。葉の色と四季の関係について得意げに説明する。

- 空模様を眺めるのが好きで、よく見上げては観察している。雲のいろいろな形、流れの速さ、夕焼けの様子など、知識も豊富で友達に説明している。

［自然との関わり・生命尊重］［言葉による伝え合い］［豊かな感性と表現］

🌸 身近な遊具に関わる

- 初めはできなかったあやとりだが、友達に教えてもらいながら何度も取り組んだり、本を見ながら1本ずつ指を動かしたりすることで自分でできるようになった。それがうれしくて登園すると、すぐにあやとりをするなど充実感をもってやり遂げる。
- 友達とお互いの思いや考えなどを共有し相談しながら用具を組み合わせて、アスレチックを作るなど、共通の目的の実現に向けて遊びを発展させることを楽しむ。
- 乗り物に興味をもち、特に電車が好きである。ごっこ遊びでは、本児のもつ知識を遊びに取り入れることで遊びの発展につながった。
- ブロックや積み木など、図案や見本を見ながら作り、完成すると友達と見せ合って喜び合ったり、作り方を教えてあげたりしていた。

［思考力の芽生え］［協同性］

🌸 絵本

- 絵本が大好きで、好きなものは繰り返し読んでいる。保育者や友達に好きな絵本の話を聞かせたり、絵本の絵をまねて上手に描くのが得意である。

［言葉による伝え合い］［豊かな感性と表現］

59

5歳児 環境 を中心とした文例

🌸 経験を取り入れたり工夫したりして遊ぶ姿

- 経験したことを遊びに取り入れて、友達と再現して楽しむ姿がある。

- 繰り返し遊んだ経験から相手の行動を予測したり、うまくいくコツに気付いたり、新しい考えを出したりなど勝つための作戦を考えリーダーシップを発揮しながら、ドッジボールやリレーなどチーム対抗の活動にも意欲的に取り組む。
- 組み立てて遊ぶ中で、置き方によって崩れ方が違うことに気付き、試行錯誤しながら組み立てていこうと集中して遊ぶ。
- 自由表現発表会に向けて、グループで話し合う機会には、自分の意見を率先して友達に伝え、同じ目標をもって活動することを楽しむ。その中で、衣装や振付などどのようにしたらお客さんが驚くか、考えて工夫し自ら行動していた。

［協同性］ ［思考力の芽生え］ ［豊かな感性と表現］

🌸 分類したり構成したりする遊びに親しむ様子

- ブロックなどの細かいパーツで複雑なものを構成するのが得意である。自分がイメージした物が完成するまで、集中して取り組む。途中で終わりにするときには、予め時間を知らせておくことや、途中でも置いておく箱を準備することで、見通しをもって終わるようになる。
- 積み木などの構成遊びでは、自分がイメージしたように積み重ねたり並べたりしながら形を構成することを楽しんでいる。
- 傾斜を作って玉を転がす楽しさを感じ、長い距離を転がすための物の性質や仕組みに興味をもち工夫をして毎日試して遊ぶなど、目的をもつと集中して取り組むことができる。
- ブロックなどの構成遊びを好み、指先を使いながら細かいパーツを組み立て、イメージ豊かに空想の乗り物などを作って、友達とイメージを共有しながらごっこ遊びに発展させる。
- 身の回りの整理整頓など自分から気が付き、ほうきや雑巾を使っての掃除も進んで行なう。遊び終わったときの玩具の片付けも種類ごとに分類したり、落ちている物を最後まで拾ったり、自分が使っていない物も丁寧に片付けるなど、日々の生活の中で決まりを守って過ごす。
- 積み木を使って立体的なものを作ったり、傾斜を作り、玉を転がす工夫をしたりなど、試しながら新しい考えを生み出し、集中して自分がしたい遊びを繰り返し楽しんでいる。

ちょこっと解説
遊び方の工夫
玩具を使って楽しむ姿から、イメージが膨らんだり、試行錯誤したり、目標をもって集中して取り組むなどへの発展的な遊びが分かります。

［自立心］ ［思考力の芽生え］ ［数量や図形、標識や文字などへの関心・感覚］

第 2 章 子どもの育ちを書いてみよう

🌸 文字や数に興味を示す様子

- 文字に興味を示し、絵本をじっくりと読んでいる。カルタでは読み手になったり、友達に手紙を書いたりなど遊びの中で読んだり書いたりすることを十分に楽しむ。
- 大縄で友達や保育者が同じリズムで跳んでいる姿を見て刺激になり、回っている縄を見てタイミングを見計らい、自分で入って連続で跳ぶようになる。数が増えていくことに喜びを感じ何度も繰り返す。

- 数に興味があり、数えることが得意である。当番活動の中では、同じグループの友達の人数を数えて、教材や給食を配ることができる。

5歳児　環境

- 絵本に親しみ、自分で文字に興味をもったり自分なりに書いたりすることを楽しんでいる。
- 丁寧に文字を書いたり、数字に興味をもち遊びの中に取り入れたりして自信をもって楽しんで取り組んでいる。
- 文字に全く興味がなかったが、周りの友達の影響で文字を書きたがるようになる。自分の名前を書く練習をして書けるようになり、とても喜んでいる。

- 絵本の文字やポスターの数字などに興味をもち、まねようと何度も紙に書いて練習している。アルファベットにも興味をもち、保育者にこれは何かと聞いたりする。
- 絵本をよく見ており、文字に興味をもち、少しずつ読めるようになってきた。やさしい絵本などを年下の子どもに読んであげたりする。

- 文字や記号に関心をもち、積極的に遊びに取り入れている。
- 秋に郵便屋さんごっこをして以来、文字に興味が出てきて、葉書の字を読もうとしている。
- 文字に対して苦手意識をもっていたが、文字のスタンプを使って、見本を見ながら押す遊びを通して、文字に関心をもつようになった。
- 自分の名前の文字が分かるようになったことがきっかけで、絵本の文字に関心をもち、今では拾い読みができるようになった。

- 園内のポスターや街中の看板を見て文字や記号に関心をもち、友達と一緒に読んだり数を比べたりして遊ぶ姿が見られる。
- 以前は文字に対して興味がなかったが、2学期頃からひらがなを読んだり書いたりすることが増える。
- 字や絵を描くことが得意で他の子どもに教える姿がある。

感覚の育ちを具体的に

興味・関心をどの程度もっているのか、それはどのような活動や遊びから推測されるのか。また、どのように生活や遊びに取り入れ、文字に対する感覚が豊かに育っているかを具体的に記述できると良いでしょう。

5歳児 環境 を中心とした文例

🌸 図形認識の様子

- 折り紙など、見た形を自分の方に反転して作ったりすることは苦手なようで苦戦するが、粘り強く取り組んでいる。
- 形を見ても自分に置き換えにくかったり、目で追うことは疲れたりする様子。
- 頭の中だけで考えるのは困難だが、視覚があると分かりやすい様子が見られる。

（数量や図形、標識や文字などへの関心・感覚）

🌸 標識に興味を示す姿

- 散歩途中の標識など、疑問に思ったことは人に聞いて解決している。また聞いたことはしっかり覚えていて、友達に教えてあげたりしている。

（数量や図形、標識や文字などへの関心・感覚）

🌸 環境の変化に戸惑う姿

- 環境の変化が苦手で、戸惑ったり、分からなかったりすると、服の袖を噛んで落ち着こうとする。
- 環境の変化やいつもと違うことに緊張や戸惑いを感じやすいが、運動会や発表会など人前での活動もやり遂げようとする力が芽生えている。
- 入園当初、新しい環境になじむのに時間が掛かった。他児と関わるのは楽しいが、自分が嫌だと思っても強く言えず、モジモジしてしまうところがあった。保育者が仲立ちして気持ちを伝えることでスムーズに過ごせるようになった。

（自立心）（協同性）

🌸 水に親しんで遊ぶ

- 水に触れるのが大好きで、プールでは泳いだり潜ったり、自由自在に遊ぶことができる。川遊びでも危険を避けながら、十分に楽しむことができた。

（自然との関わり・生命尊重）

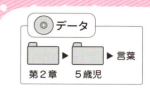

5歳児 言葉 を中心とした文例

第2章 子どもの育ちを書いてみよう

評価のポイント

話し合いも深まり、みんなの前で自らの考えを発表するようになります。また、特徴的なのは文字を記号、図柄として捉え、興味を持ち始めることです。お店屋さんごっこなどを進める中で、看板の文字にふれるなど、様々な場面で見られる姿を大切にします。

🌸 自分の言葉で伝える姿

- 集団の中で人の話をよく聞き、思ったことを自分の言葉で伝えることができる。
- 友達に対しても、自分の言葉でしっかり伝えられる。
- 経験したことや自分の意見を順序立てて伝えることができる。
- 進級当初、保育者や友達が話した内容を忘れてしまい、周りの動きを見て活動する姿があった。保育者が本児に伝言のお手伝いを依頼し、話を覚えて、園長等に伝言することを繰り返した。次第に伝えることが楽しくなり、話を注目して聞く態度や伝わる喜びの気持ちが育っていった。
- 語彙が豊かで、その場や人に応じ、言葉を選んで使うことができる。
- 友達の良いところに着目し、タイミングよく褒めたり励ましたりすることができる。多くの子どもが本児の言葉で勇気づけられたり自信をもったりした。プールで、あと一歩潜る勇気がもてず、葛藤している友達を励まし続け、初めて潜れたとき、自分のことのように喜び、周りの友達と認めの言葉を掛けたり拍手を送ったりしていた。
- 自分の考えたことを適切な言葉で相手に伝わるように話すことができる。

ちょこっと解説

具体例を挙げて記述する

大きく心が動く体験をしたときや友達と一緒に遊びを進めているときなどに、自分なりの言葉で思いが伝わった喜びを感じている場面があります。具体例を挙げて、言葉で表現する力が豊かに育った姿を記述するとよいでしょう。

`協同性` `言葉による伝え合い`

🌸 経験したことを友達に伝える

- 探求心が旺盛で、様々な事象に関心をもち、調べたり書いたり、発表したりすることを楽しんでいる。
- 調べたことやグループで相談したことを、友達と一緒なら発表することができるようになる。
- 保育者の話や指示をきちんと聞いて行動することができる。指示通りに動けない友達をフォローしてあげるなど、広い視野で行動することができる。
- 自分の体験した休日の様子、おもしろかったこと、気付いたことなど相手が理解できるように分かりやすく、順序立てて上手に話すことができる。

`協同性` `言葉による伝え合い` `思考力の芽生え`

5歳児 言葉 を中心とした文例

やり取りする様子

- 言葉でのやり取りはスムーズで、家庭での話など経験したことを話す。一方で、その場を切り抜けようと嘘で流そうとするところがある。
- 状況に構わず、自分の思ったことを話していることが多いが、会話はスムーズ。
- 会話がスムーズになってきて、周りの会話に入っていったり、こちらの質問にも的を射た答えができるようになってきたりしている。
- 進級当初、人前では恥ずかしさがあり、思ったことを十分に話すことは難しかった。4～5人のグループで、考えたことを出し合いながら遊びを進めていく経験を積むことで、安心して話ができるようになる。クラスの振り返りの時間でも、自信をもって、話しができるようになっていった。
- 何にでも興味、関心をもち、分からないことや疑問に思ったことをよく質問してくる。答える保育者にまた質問を投げ掛けるなど、やり取りを楽しんでいる様子がうかがえる。
- 園外保育で体験したことを話し合う場で、友達に分かるように言葉を選んで発言する。防災センターで体験したことが心に残り、再現して遊びに展開するときも、グループの中心となってアイディアを出したり、友達の意見を聞いたりして進めていた。友達と言葉で伝え合いながら遊びを創り出していく力が育っている。

ちょこっと解説　思いを出し合う場面を捉えて
5歳児は友達と心を通わせる中で、自分の話や思いが相手に伝わり、相手の話や思いが分かる楽しさを感じながら遊びを進めていく場面が見られます。思いを出し合って遊ぶ場面を捉えて、言葉で伝え合う力の育ちを記述します。

言葉による伝え合い　協同性

落ち着くと話すことができている様子

- 友達と関わる中で自分の意見と違うときに、強い口調で話すことがあるが、落ち着くと優しい言葉で伝えられる。
- 自分の意に沿わないことがあると乱暴な言葉で話してしまうことがあるが、場所を変えてゆっくり話を聞くと気持ちを整理し、適切に話すことができる。

ちょこっと解説　一人ひとりの成長を捉えて
言葉の表出は、心と体の発達とも深く関わり、個人差もあります。環境や経験を通して幼児期にぐんと伸びる面でもあります。一人ひとりの成長を捉えて記しましょう。

言葉による伝え合い

言葉で思いを伝えることに苦手意識をもつ姿

- 言葉で思いを伝えることが苦手で、困っていることが自分から言えない場合も多いが、こちらの問い掛けに応答したり、「できない」「わからない」などが少しずつ言えるようになってきている。
- 思いはあるが、それを文章にすることが難しく、言いたいことが分かりにくい。また、困ったことがあっても、相手に思いを伝えられずに泣いて訴えることが多いが、保育者が時間を取って聞くことで少しずつ自分の思いを表している。
- 言葉で伝えられたことに対して、聞き取りが弱く伝わっていないところも多々あるが、改めて伝えたり視覚的に分かるようにすることで理解している。
- 人の話をしっかり聞くことはできるが、自分の思いを言葉で伝えることが苦手だった。発表会などで自信がつき、集団の中でも積極的に自分の思いを言えるようになっている。
- 頑固さから友達ともめることが多い。保育者が注意すると機嫌を損ねて立ち直りに時間が掛かることがある。きつく言うより気持ちに寄り添うことで落ち着けるようになる。
- 話そうとするが、場面によってはうまく言い表すことができず、話が分かりにくいところがあった。ゆっくりと話を聞き褒めることで、自分なりに表現しようとする気持ちが強くなる。
- 自分の思いなど言葉での表出が弱く、泣いたり怒ったりして訴えるが、威嚇する表出は減ってきている。
- 言葉で思いを伝えられないわけではないが、自分の思いをしっかりと伝えることはまだ苦手な様子なので、援助しながら伝えられるようにしている。

（言葉による伝え合い）

言葉で楽しませる様子

- 語彙が豊富で言葉が達者である。物覚えがよくものまねが上手で、いつも明るい雰囲気をつくっている。ごっこ遊びが好きで、お母さんや店員さんなどの会話を的確に表現して楽しんでいる。
- 言葉のリズム感を楽しむのが得意である。テレビの流行語から紙芝居の中のはやし言葉など、少しアレンジを加えてはやらせ、場を楽しませている。

（言葉による伝え合い）

表現がうまくいかずトラブルになる様子

- 思ったことをすぐに口にしてしまうところがあり、悪気はないが相手が傷付く言葉を発してしまう。
- 経験したことを積極的に伝え喜ぶが、トラブルになるとすぐに言葉が出ずに泣いて訴える。また、理由などを言葉で説明しようとするが文章にならず状況が分かりにくいことがあるので、落ち着いて話せるように場を設けている。
- 正義感が強く、良くないことをしている友達を見掛けると、駆けつけて強い口調で注意することがしばしばあった。その都度、保育者が両者の話を聞き、状況を絵に描きながら整理し、相手への適切な伝え方を示していった。声の大きさや口調は優しくなってきているが、引き続き見守りと助言が必要である。

（道徳性・規範意識の芽生え）（言葉による伝え合い）

5歳児 言葉 を中心とした文例

聞くのが難しい姿

- 人の話や指示を最後まで聞くことは難しいため、本児にも理解できるよう簡潔に伝えている。
- 大人や友達の話を最後まで聞くことは難しいこともあるが、声を掛けると気付いて聞こうとする。
- 経験したことなど、思いを言葉にできるようになってきたが、人の話をしっかり聞くことは難しい。
- 話をすることが好きで、自分の思ったことは積極的に発言する。保育者や友達の話に興味はあるが、最後まで聞き切らずに自分なりの解釈で捉え、勘違いの発言や行動がある。保育者の話を短くし、最後まで聞くルールを作ることで、意識して聞くようになってきている。

- 興味・関心のあることはしっかりと聞く姿勢を保てるが、説明や集団指示の場などでは集中して話を聞くことが苦手である。指示を理解しているか確認する必要がある。

`言葉による伝え合い`

意見について

- 友達に対して自分の意見が言えず、我慢をすることがある。本児の思いを丁寧に受け止め、保育者と一緒に言ったり、そばで見守ったりすることで少しずつ言えるようになってきている。
- 保育者の話をよく聞き、疑問に思ったこと感じたことなど、自分の意見をしっかりと主張することができる。
- 自分の経験した出来事など、人に伝えるときに文章にならず、言いたい内容が分かりにくいことが多い。
- 意見や発言を求められてもなかなか言葉を発しなかったが、体験を重ねる中で小声ながらも発言するようになった。
- 大人と会話をするのが好きで、園の来客者に人懐っこく話し掛ける。保育者同士の会話にも加わり、どうにか理解して何かしらの意見を言おうとする。

- 控えめではあるが、集団の中で自分の意見を伝えられるようになってきた。
- 縦割り活動を通じて、年下の友達と一緒に意見を考えたり、積極的に発言をしたりするなど自信がついてきた。

`言葉による伝え合い`

滑舌に関わる事柄

- 絵を描いたり、日常生活に必要な会話は積極的にするが、「か行」が「た行」になってしまう。
- 滑舌が少し気になるが、日常生活で支障があるほどではない。
- 話すことは好きだが、発音が不明瞭で聞き取りにくいこともある。
- 吃音があり、その出方には波がある。
- 吃音はあるが、最近あまり出なくなっている。

`言葉による伝え合い`

挨拶

- 恥ずかしがり屋なところもあるが、朝の挨拶を、担任以外にでも言えるようになってきた。
- 人見知りせず誰にでも気軽に話し掛け、挨拶もしっかりできる。
- 「おはよう」「こんにちは」の挨拶がきちんとできる。また「ありがとう」や「ごめんなさい」も状況に応じて気持ちを込めて言うことができる。
- 人懐っこく、園の来客者には進んで挨拶ができる。散歩の途中で会った人にも、元気に「おはよう」「こんにちは」と場面に応じた挨拶ができる。

`言葉による伝え合い`

物語の世界に親しむ姿

- 絵本や図鑑などに興味を示し、じっくりと見る時間を保障することで、文字を読んだり、分からない言葉があれば自分から保育者に尋ねたりする。本児の問いに答えると知った喜びを味わい、その言葉を友達に伝えることを楽しむ。
- 図鑑が好きで、文字や絵をじっくり見ながら自分なりに知ったことを保育者に一生懸命伝える。保育者がその都度共感することで、相手に伝わることを喜び満足感を味わう。
- 絵を描いたり文字を書いたりするのが好きで、自分が考えたストーリーをすらすらと文字にし、手作りの絵本作りを楽しむ。色合いを考えたり、配置を考えたりと自分なりに工夫しながら作ることを楽しむ。
- 絵本が好きで1学期には、2～3歳児向けの絵本であれば、ひらがなを拾い読みすることができた。絵本の貸し出しでは、1歳児の弟に家で読んであげる絵本を借りることもあった。異年齢児で過ごす時間に、得意な絵本の読み聞かせを頼むと、文脈を意識してすらすらと読めるようになっていった。
- 1学期、素話を短い話から始めたが、集中してよく聞いていた。絵がなくても言葉からイメージしてストーリーを楽しんでおり、3学期には長い素話も興味をもって聞けた。学校ごっこで『お話の時間』と称して、友達に素話をする姿も見られ、架空の世界を楽しむ心の育ちや豊かに言葉で表現する力の育ちを感じる。

ちょこっと解説

文字への興味・関心
文字を教えられて習得するのではなく、日常の中で文字への興味・関心を膨らませ、遊びや生活の中で身につけていった様子です。

[数量や図形、標識や文字などへの関心・感覚] [言葉による伝え合い]
[豊かな感性と表現]

5歳児　言葉

文字を使って伝える

- 文字に関心をもっており、手紙交換や絵本などにも積極的に楽しんでいる。
- 探求心が旺盛で、様々な事象に関心をもち、調べたり書いたり、発表したりすることを楽しんでいる。
- ひらがなに興味をもっており、絵本を読んだり自分の名前を書いたりして楽しんでいる。
- 文字が書けるようになったことがうれしくて、7月、紙に絵と短文を書いて、友達や保育者に手紙を渡すことを楽しんだ。3学期、劇遊びに取り組んだ充実感がその後も続き、劇のお話の絵本作りを始めた。初めに絵を描き、絵に合わせて話を書いていき、自分なりの表現で素敵な絵本が出来上がった。
- 絵や文字、数字などを書く遊びは好まないので、好きなキャラクターの塗り絵や点つなぎ、鉛筆の散歩など、喜んで鉛筆を持って遊ぶ機会を増やした。文字や言葉、数量形の認識には課題があるが、一定時間座って、周りを見ながら活動に取り組もうとする気持ちは育ってきている。
- 文字や数字に関心を示し、いろいろな言葉を覚えようとする。覚え立ての文字で手紙を一生懸命書いて、友達や保育者に渡すのが好きである。

[数量や図形、標識や文字などへの関心・感覚] [言葉による伝え合い] [豊かな感性と表現]

表現 を中心とした文例

書きたいポイント　仲間と分担しながら表現活動が広がっていき、時には言葉で感じたことを共有もします。領域「人間関係」「言葉」とも関連しつつ、子ども一人ひとりの表現する意欲が存分に発揮される様子を書き表しましょう。

❀ 歌うことを楽しむ様子

- 歌うことが好きで、歌詞にも興味をもち、よく覚えていて伸び伸びと大らかに歌っている。音楽会の取り組みの中で、園長の「友達の声を聴いて心を合わせましょう」という言葉が深く心に残ったようで、友達の様子を気に掛けながら歌うようになった。当日は「みんなそろってきれいだったね」とうれしそうに話していた。

（協同性）（豊かな感性と表現）

❀ 楽器に触れて楽しむ姿

- 様々な楽器に自由に触れるようにすることで、打楽器や鍵盤楽器など友達と一緒に鳴らすことを楽しみ、いろいろな曲に挑戦するようになる。また保育者が弾くピアノ伴奏に憧れをもち、「同じように弾きたい」とメロディーを書いたものを見ながら毎日繰り返し弾き、上達していった。

- 保育者が弾くピアノに興味を示し、自分から音階を聞いてきたり保育者の手元を見たりしながら鍵盤ハーモニカで繰り返し練習をし、自分なりの表現で友達に聞かせることを楽しんでいた。

- 保育者や友達が楽器を演奏している姿を見て、自分もできるようになりたい気持ちをもち、積極的に取り組む。打楽器や鍵盤ハーモニカなどを友達と組み合わせて合奏を楽しみ、みんなに披露する。

- 音楽会では音階のある楽器に挑戦し合奏を楽しんだ。自分で奏でた音が曲になっていくことがうれしく、楽器を楽しみたいために着替えや昼食に掛かる時間が短くなり、生活リズムにも良い影響を与えていた。

- 園外保育で集めたドングリと園庭のドングリの形の違いに関心をもったことから、友達と図鑑で調べるなど知的好奇心の芽生えが感じられる。その後、図鑑で紹介されていた楽器作りへと発展し、同じ容器でもドングリの大きさや数によって音が違うことも試しながら気付いていった。

ちょこっと解説
自由に触れる環境の中で
一斉活動ではなく、個々の遊びを楽しむ中にも学びや育ちがあることが分かります。憧れから行動に移し、習得したり上達したりする様子もよく見えてきますね。

（思考力の芽生え）（豊かな感性と表現）

第 2 章　子どもの育ちを書いてみよう

🌸 劇遊びでの様子

5歳児　表現

- 劇遊びなど、せりふを覚えて演じることを楽しみ、表情は乏しいが、本児なりに表現することを楽しむ。
- 劇遊びや合奏など、自信をもって表現することを楽しんでいる。
- 劇遊びでは「こうしよう」とアイディアをいろいろと出し、自分なりに表現することを楽しむ。
- 友達と一緒に表現したり、大道具の準備など友達と意見交換をしながら劇作りを進めていた。
- 体を動かすことが好きで、体操を考えるときには積極的にアイディアを出して、友達と相談して決めていた。相談して決めることを経験し、劇作りのときにも同様の姿が見られた。
- 生活発表会に向けた劇遊びでは、自分で考えたことがせりふになる喜びを感じ、自分のイメージを言葉や動きで表現し、発想豊かで友達と一緒に演じることを楽しんでいた。
- 生活発表会の劇遊びでは、ストーリーから自分がイメージした身振り手振りをつけながら表情豊かにせりふを言い、演じることを楽しむ。友達の姿を見て刺激になり、より意欲的に感情を出して役になり切っていた。

- 劇作りでは、お話の登場人物の心情を感じ取りながらせりふづくりや身振り表現を深めていった。演じることにも抵抗がなく本気でなり切る姿がクラス全体に良い刺激となった。発表会当日は、自分自身が楽しむと共に、緊張している友達を支える優しい面も見られた。
- イメージが豊かで、劇遊びはすっかり役になり切った。友達を誘って一緒にせりふのやり取りをするなど、表現することを楽しんだ。
- クラスで親しんできた絵本から劇遊びを作り、友達と一緒に楽しんだ。初めのうちはせりふにも自信がなく小さな声になってしまっていたが、友達と練習していく中で、大きな声で堂々と表現できるようになった。
- 劇遊びでは、友達とリズムに合わせて体を動かし、伸び伸びと表現していた。よく通る声でせりふを言ったり、ダンスを踊ったりするなど意欲的に楽しむことができた。
- 人前で表現するのが苦手で、プレッシャーに弱く硬くなってしまう。発表会では友達と一緒に練習を重ねていく中で、なり切ることや表現することの楽しさを味わうことができた。

協同性　豊かな感性と表現

🌸 演じることを楽しむ様子

- 友達とごっこ遊びをしながら、なり切って遊びを楽しむ。
- 友達と関わる時も、色々な表現方法で演じながら関わっているような様子がある。

豊かな感性と表現

🌸 絵を描いて遊ぶ様子

- 絵を描くことが好きである。両親や友達、身近な動物や植物など、自分のイメージを膨らませて自由に伸び伸びと描くことを楽しんでいた。
- 絵や文字を書くことが好きで、友達や保育者に手紙をあげて喜んでいる。似顔絵を描いたり、色鉛筆や油性フェルトペンを使って心の込もった物を作る。

豊かな感性と表現

数量や図形、標識や文字などへの関心・感覚

69

5歳児 表現 を中心とした文例

🌸 製作遊びでの様子

- 手先を使った遊びが好きで、友達と一緒に廃材や自然物等を工夫してごっこ遊びを展開して楽しんでいる。
- 製作など集中して取り組み、工夫する姿が見られる。粘土でバラの花びらなどを表現し、いろいろな人に見てもらうことを喜んでいる。
- 集中して取り組める場所に座り、そばで製作の手順を知らせると、自分で確認しながら取り組むことができる。
- 製作や絵を描くことが苦手ですぐに描き始めることが難しいが、他児の遊ぶ様子を見ると始められる。
- 地域のシニアボランティアの方と一緒にこまを回したことがきっかけになり、毎日回すことを楽しむ。友達と競い合うことを喜びながらも、回っているときのこまの色の見え方に気付き、表面に色を塗ったり線を描いたりなど、日々デザインを変えて回すなどの工夫をしている。
- 自由表現発表会での小道具作りで、ペットボトルに水と絵の具を使って色水を作ることを、友達と相談しながら意見を出し合い、紫やオレンジの作り方を自分なりに考え、少しずつ色の変化をつけるなど、試しながら作ることを楽しんでいた。
- 自由表現発表会では、友達と相談しながら布やリボンを使って自分なりに考えた衣装を作り、みんなの前で披露する。どのように見せたいかを考え、日々作り足していき満足いくまで取り組んでいた。

- 七夕飾り製作では、はさみを上手に使いこなし、あみ飾りやちょうちんなどを細く切って美しく仕上げることができ、友達からも認められ喜んでいた。普段から友達と折り紙を楽しんでおり、作り方を本で確かめながらいろいろな形を折ることができる。また、最後まで根気よく取り組むと共に、大切に扱う姿が見られる。

> **ちょこっと解説**
> **過程を楽しむ様子を読み取る**
> 友達同士で製作したり表現したりする過程を楽しんでいます。このような体験を支えている道具を使いこなす手指の器用さ、物の性質や仕組みの理解、やり遂げようと根気よく取り組む力の育ちも読み取れます。

🌸 造形に根気よく取り組む姿

- 造形活動では工夫が見られ、何日も根気よく取り組んでいる。
- 造形など、落ち着いた場所で取り組むことで集中して作ることができる。
- 空き箱を使った製作で、イメージ通りに作れなかったとき、自分なりに工夫しながら、何度も納得できるまで作り直し、できあがったときは満足した様子だった。
- 虫の折り紙製作では、目標の個数ができあがるまで、友達と協力して何日も掛かって作り上げていた。

> **ちょこっと解説**
> **達成感が分かる記述に**
> 目標に向かって取り組み、やり遂げたときの達成感を、どのような遊びを通して体験したのかが分かるような記述になることが望ましいですね。

🌸 色にまつわる様子

- 自分なりの色彩感覚で作ったり、描いたりして表現することを楽しむ。
- 絵を描くことが好きで色彩豊かに塗って集中して楽しむ。

- 絵の具を使った色作りの活動では、保育者が見せた青色と黄色の混色から緑色ができたことに大変感動し、何通りもの混色を試して楽しんだ。気に入った色の作り方を友達と教え合ったり、できた色にユニークな名前をつけるなど、色に対する興味・関心の高まりが活動を豊かにした。

`豊かな感性と表現`

🌸 素材に触れて楽しむ姿

- 広告やラップ芯など廃材を使い、友達とは違うものを自分なりにイメージして作り、身に付けることを楽しんでいる。一度作ったものを更に改良するなどイメージに近づける工夫をする。
- 作ったり描いたりすることの楽しさを感じ、身近にある廃材を使い、自分なりに工夫しながらイメージしたものを作るのが得意である。また、友達と相談しながら毎日作り足していき、満足いくまで集中して取り組む。
- 色画用紙やリボンなど身近にある材料を使って身に着ける物や持ち物を作ったりすることを楽しむ。できた物を身に着けてダンスをしたり、ごっこ遊びに使用したりなど友達同士で表現する過程を楽しむ。

`自立心` `豊かな感性と表現`

🌸 折り紙に親しむ様子

- 好きな動物など興味のあるものを自分なりに自由に描いたり、折り紙を一人で上手に折ったりすることが得意。
- 折り紙の手順など、分からないことは自分から聞いて一生懸命取り組んでいる。

`豊かな感性と表現`

🌸 自然の表現を楽しむ様子

- 大雨が降った日、園庭が池のように変化していく様子や、坂道を川のように流れていく雨水とその音の大きさに興奮していた。「ほかにもすごいところあるかも」と窓から外の景色を眺めて回る。自然の驚異を感じると共に、日常とは違う風景を見つける楽しさを友達と共有していた。

ちょこっと解説
友達と共有する姿を大切に
自然がもたらす様々な出来事は、その大きさや美しさ、不思議さに感動する体験となります。豊かな感性を働かせ気付いたことや考えたことを言葉などで表現することで、友達と共有しています。

`自然との関わり・生命尊重` `豊かな感性と表現`

🌸 表現することが好きな様子

- 好きなこと、興味のあるものに対して自分なりに表現することを喜び、楽しむ。
- 友達の前で思いを伝えたり、表現することが好きである。
- 積み木など構成遊びが好きで、いろいろなアイディアが出てきて、作る過程を楽しんでいる。
- 想像力を働かせ、「こんなことがしたい」とアイディアを形にしようと考え表現できる。

`豊かな感性と表現`

第2章 子どもの育ちを書いてみよう

5歳児 表現

5歳児 表現 を中心とした文例

🌸 イメージを表現して楽しむ姿

- 自分のイメージするものを作品や絵に表現することを楽しんでいる。
- 絵画や製作などでは、自分のイメージすることを一人で作り進める姿が見られる。問題点があった場合には「これどうしたらいいかな？」と保育者に尋ねて一緒に考える中で、はさみやのりを器用に使い表現する姿が見られる。
- お店屋さんごっこでは、回転ずし屋さんを担当した。回転させるために様々な方法を試したり、のれんやメニューなどにもこだわり、最後まで根気よく描いたり作ったりする活動に取り組んでいた。
- 運動会で取り組んだ組体操では、各グループで協力して花の表現を考えた。自分の考えを積極的に表現し、より花らしくなるように友達に体の動きを伝え一緒にイメージを膨らませていった。その表現が保育者や保護者にも認められ思い出に残る運動会となった。
- 友達とセミの声を擬音化して表現した際、聞こえ方や表現が違い意見が合わず、保育者や他の友達に尋ねて回っていたが、さらに多様な表現に出会い解決しなかった。何度もセミの声を聞き、「セミの鳴き方がいろいろなんだ」とセミも友達もそれぞれの表現があるということに気付き、納得していた。
- 何か作るときに自分の作りたい物が定まるまで時間が掛かる。周りを気にせず、人のまねをすることなくイメージするものを自分なりに工夫して表現している。
- 自分なりのイメージを表現しようと、豊かな感性で造形活動ができる。周りを気にせず、人のまねをすることなくイメージするものを自分なりに工夫して表現している。

[協同性] [豊かな感性と表現] [思考力の芽生え]

🌸 イメージをもって遊ぶ姿

- 表現力が豊かで、絵画で自分のイメージしたものを表現することができ、描いたものを物語のように説明をしてくれる。
- 製作が好きで、家庭で作ったものを持ってきては、友達や保育者に得意気に見せていた。園でも様々な素材を使いイメージしたものを作り上げている。
- 製作や絵画では、発想が豊かで自分がイメージした物を表現することができ、遊びを発展させることにもつながっている。

[豊かな感性と表現]

🌸 イメージが苦手な様子

- 作ったり、イメージを共有したりして遊ぶことには苦手さがあるが、周りの友達の働き掛けもあって楽しんでいる。
- 想像力がないわけではないが、初めての活動、行事にはあまり積極的ではなく、楽しんで参加できてはいない様子がある。回を重ねるごとに意欲が出てきて楽しんでいる。
- 人に身を委ねて甘えるなど、自分を出すことが苦手なので、保育者が尋ねるなどして自分の思いを出せるようにしている。

[豊かな感性と表現]

なるほどコラム2

縦軸で遊びを見てみよう

砂遊びでの育ちを例に、年齢によって遊びが広く深まっていく様子を見てみましょう。

砂遊び 友達と一緒に砂遊びをして楽しむ中で、砂、土、水に触れその性質に気付き、工夫し、伝え合いながら遊ぶ様子が見られます。
幼児期の終わりまでに育ってほしい姿でも、多様な関連性が見られます。

3歳 **一人遊びを大事にし、時間を十分確保する**
自分の好きな物を作るのが中心になります。
型抜きを使ったり、穴を掘ったり、ごちそう作りや泥だんご作りなどをしたりして遊びます。

知識及び技能の基礎
- 日常生活に必要な言葉を理解する
- 砂、土、水の性質を知る

思考力・判断力・表現力等の基礎
- 自分のしたい遊びを見つける
- 自分なりの表現をする

学びに向かう力・人間性等
- 安定した情緒の中で遊ぶ

なるほどコラム2

4歳 一人遊びから同じ遊びをしている友達と関わって遊ぶ

3歳では一人ひとり作っていた泥だんごも、友達といっぱい作ることを楽しんだり、工夫して作ってみようとしたりするなど、関わりの中で遊びが広がります。

知識及び技能の基礎
- 握って固めると強くなることや、泥だんごに適した土や砂のことなど、様々な気付きや発見の喜び

思考力・判断力・表現力等の基礎
- 作った泥だんごを並べたり、数えたりするなど、試行錯誤や工夫、予測して遊ぶ

学びに向かう力・人間性等
- 友達との関わりを深める中で集中したり遊びへの意欲を高めたりする

5歳 友達と相談して共通の目的をもって遊びに取り組む

大きな砂山をつくってトンネルを通したり、水を流して川や海などをつくったりして遊びます。いろいろな道具や材料を使う知識や、友達との協同があって初めてできる遊びです。

知識及び技能の基礎
- 深く掘ったり、経験から道具を新たに使ったりなど、規則性・法則性への気付きや関連性の発見など

思考力・判断力・表現力等の基礎
- 友達と遊びを進める中で、互いに思いを伝え合い、工夫したり協力したり、役割分担をしながら遊ぶ

学びに向かう力・人間性等
- 友達と関わりながら、目的を共有して協力し合い探究を深める様子
- 思いやりの心を育みながら粘り強く取り組む

第3章

★ 実際の子どもで見てみよう ★

保育所24例、認定こども園12例で
様々な年齢での子どもの姿や、
数年間の育ちを表現した文例を紹介。
良い文章例、改善した方が良い文章例、
記録をもとに要録に起こした文章例など、
4つのパターンで解説することで、
書き方のポイントがよく分かります。

Contents

保育所

① A児	78
② B児	80
③ C児	82
④ D児	84
⑤ E児	86
⑥ F児	88
⑦ G児	90
⑧ H児	92
⑨ I児	94
⑩ J児	96
⑪ K児	98
⑫ L児	100
⑬ M児	102
⑭ N児	104
⑮ O児	106
⑯ P児	108
⑰ Q児	110
⑱ R児	112

認定こども園

⑲ S児		114
⑳ T児		116
㉑ U児		118
㉒ V児		120
㉓ W児		122
㉔ X児		124
満3歳児	① A児	126
	② B児	127
3歳児	③ C児	128
	④ D児	129
4歳児	⑤ E児	130
	⑥ F児	131
満3〜4歳児	⑦ G児	132
3〜4歳児	⑧ H児	134
満3〜5歳児	⑨_1,2 I児	136
5歳児	⑩ J児	140
	⑪ K児	142

この章の見方

「保育の展開と子どもの育ち」など、「10の姿」を踏まえた書き方が分かるのはもちろん、3つのマークで示す解説が自分で書くときにお役立ち！

保育所 ㉑

 U児 好奇心が旺盛

データ
第3章 ▶ 保育所 ▶ U児

Good!
良い文章例を紹介しています。具体的な記述を心掛けることや10の姿を用いた書き方など、特に良い所を抜き出しています。

より良く
こだわりを認めよう
負けるのが嫌でやらない姿は、同時に勝ち負けへの強いこだわりがあることも示しています。そこを認めるようにできると良いですね。
（例）勝ち負けに対するこだわりもあったが、仲間と一緒に遊ぶことの楽しさから、いろいろなことに挑戦する姿が見られるようになってきた。

Good!
関わりの様子を表現する
周りの意見を聞こうとせず注意されると不機嫌になり泣いてしまうこともあった本児が、保育の中で友達との関わりが生まれていった様子がよく分かる表現です。

記録から要録へ！
記録を要録に生かすための方法について解説しています。

記録から要録へ！
好きなことには熱中
難しい製作や細かな塗り絵、絵画など集中して作り、周りの友達からも「すごい」などと言われる姿がありました。更に工夫して取り組む様子を、記録に書き留め、要録にも記載します。

ふりがな			保育の過程と子どもの育ちに関する事項
氏名	U児		（最終年度の重点）生活体験を通して、友達と相談しながら身の回りの事象や環境に関わる。
生年月日	平成 年 月 日		（個人の重点）友達と関わる中で、一緒に考えたり工夫したりしながら、安全に気を付けて保育園の活動や地域の行事に理解して参加する。
性別	男		

ねらい（発達を捉える視点）

		（保育の展開と子どもの育ち）
健康	明るく伸び伸びと行動し、充実感を味わう。自分の体を十分に動かし、進んで運動しようとする。健康、安全な生活に必要な習慣や態度を身に付け、見通しをもって行動する。	○体を動かすことは好きだが、サッカーやドッジボールなどの球技では負けるのが嫌でやらないことがあった。負けると悔し涙を流すこともあったが、遊びの面白さから徐々に気持ちを切り替えてチャレンジするようになった。
人間関係	保育所の生活を楽しみ、自分の力で行動することの充実感を味わう。身近な人と親しみ、関わりを深め、工夫したり、協力したりして一緒に活動する楽しさを味わい、愛情や信頼感をもつ。社会生活における望ましい習慣や態度を身に付ける。	○みんなで一つのことに取り組むときに、自分の思いを押し通そうとする姿があった。集団での活動を積み重ねる中で、相手の思いを聞こうとする姿勢になってきている。○好奇心旺盛なところがあり、自分の思いを相手に押し付けようとしてけんかになることがあった。しかし、保育士がしばらく様子を見ていると自分たちで問題を解決するために話し合いをする姿が見られた。
環境	身近な環境に親しみ、自然と触れ合う中で様々な事象に興味や関心をもつ。身近な環境に自分から関わり、発見を楽しんだり、考えたりし、それを生活に取り入れようとする。身近な事象を見たり、考えたり、扱ったりする中で、物の性質や数量、文字などに対する感覚を豊かにする。	○難しいことでも、好きなことには根気よく取り組み完成させる。製作や絵画に思いやイメージを入れて、作り上げることが得意。表現力が豊かで、いろいろな素材から発想豊かなものを作り上げる。○自分の思いを通そうとしてトラブルになることがある。被害者を装って泣いたりすることがある。しばらく見守っていると、自分の言葉で自分の思いを伝える姿が見られるようになった。
言葉	自分の気持ちを言葉で表現する楽しさを味わう。人の言葉や話などをよく聞き、自分の経験したことや考えたことを話し、伝え合う喜びを味わう。日常生活に必要な言葉が分かるようになるとともに、絵本や物語などに親しみ、言葉に対する感覚を豊かにし、保育士等や友達と心を通わせる。	○絵画や造形活動では豊かな発想をしている。身近な動植物や好きなキャラクターなどを好んで描いている。細かな作業も好み、塗り絵や廃品工作にも楽しんで参加していた。
表現	いろいろなものの美しさなどに対する豊かな感性をもつ。感じたことや考えたことを自分なりに表現して楽しむ。生活の中でイメージを豊かにし、様々な表現を楽しむ。	（特に配慮すべき事項）特記事項なし

保育の過程と子どもの育ちに関する事項
1年間の保育者の指導の過程と子どもの資質・能力がいかに育っているかを捉え、発達の姿を記入します。

学年の重点／個人の重点

学年のねらい、一年を通して重点的に指導してきた内容を記載します。

○児の基本情報

本児の家庭環境など、基本的な事項を紹介しています。

● 第3章　実際の子どもを見てみよう

U児の基本情報

父、母、姉3人の6人家族だったが、年長の秋に妹が生まれる。家族にとって初めての男の子で、父母共にとても大切に育てられる。

より良く

要録に書いた文章で、ここをこうすればもっと良くなる、という点について良い文例も紹介しながらコメントしています。自分で書くときの参考にしましょう。

最終年度に至るまでの育ちに関する事項
＊0歳児より入園。
＊現在は妹がいるが、末っ子の期間が長かったため家族にとてもかわいがられ、自分の思い通りにしようとする面がある。
＊野菜が苦手でなかなか完食できなかったが、少量ずつ口にして食べようとする意欲が見られるようになってきた。
＊自己主張が強く集団の中で思う通りにしてきたが、集団遊びの楽しさを経験するうちに友達の大切さに気付き、自分をコントロールしようとする気持ちが芽生えてきた。
＊気の合う仲間と一緒に長い時間遊ぶことができる。小さいクラスの子どもたちには特に優しく接することができ、慕われるところがある。

より良く

多様な人との関わりで見せる姿を書こう

妹ができてから、年下の子どもたちのことをとても意識するようになり、お世話やおもちゃを貸すなどの姿も見られるようになってきています。そのような思いやりの姿も書き入れると良いでしょう。

元の記録は・・・

相手の思いにふれて

友達との関係で、「相談する」「提案する」ことから、話し合い、相手の思いにも気付けることが大切。自分の思いを調整して相手の気持ちにも添える力が育つよう、日々の保育を気を付ける。

保育所㉑

U児

元の記録は・・・

要録にした文章のもとになった、保育者の記録を紹介しています。

幼児期の終わりまでに育ってほしい姿
※各項目の内容等については、別紙に示す「幼児期の終わりまでに育ってほしい姿について」を参照すること。
健康な心と体
自立心
協同性
道徳性・規範意識の芽生え
社会生活との関わり
思考力の芽生え
自然との関わり・生命尊重
数量や図形、標識や文字などへの関心・感覚
言葉による伝え合い
豊かな感性と表現

119

保育所 ❶

少し内気で慎重

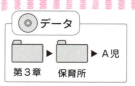

Good! 育ちの姿を丁寧に
苦手なことでもコツコツ頑張る姿など、育ちの姿を丁寧に表現していますね。

記録から要録へ！ 日常の姿も記載する
『植物への関心も深く、育てている夏野菜の成長にいち早く気付いたり、「どうして○○になってるんだろう」と色や形の不思議さを表現したりしていた。』など記録に残している日常の姿を要録に記載するとよいでしょう。

より良く 具体的に状況を書く
この文章だけでは少し状況が分かりにくいので、もう少し状況が分かるように記しましょう。
（例）新しい場面や行事などいつもと違う環境に緊張はするが、

ふりがな			保育の過程と子どもの育ちに関する事項
氏名		A児	（最終年度の重点）自分の気持ちを表現できるように支える。楽しいと思う経験を重ねながら、遊びや友達関係を豊かに経験し、自己肯定感を高める。
生年月日		平成　年　月　日	
性別		女	（個人の重点）ちゅうちょしているときやうまくいかなかったときなどは気持ちに寄り添いながら、一歩前に踏み出したり、チャレンジしたりするようにする。
	ねらい（発達を捉える視点）		
健康	明るく伸び伸びと行動し、充実感を味わう。		（保育の展開と子どもの育ち）○身の回りのことは自分で全て行ない、清潔さや安全面への配慮もできる。また友達のことも気に掛けて手伝う姿も見られる。○運動することはあまり好まないが、縄跳びを練習したり、自分のペースでコツコツと頑張ったりする姿が見られる。○自ら進んでしっかりと挨拶ができる。○気の合う友達と遊ぶが、特定の友達をつなぎとめておきたい気持ちが強く、意地悪な表現をすることもある。○相手の望むことを考えて動いたり、思いやりの気持ちをもって接している。○季節の変化に気付き、不思議に思ったり感動したりして五感を働かせている。○環境の変化に緊張はするが、自分のやるべきことをやり遂げることができる。○勝負することが苦手で避けていたが、自分のペースで友達と楽しみ、何度も挑戦する姿が見られるようになる。○会話は流ちょうでスムーズであるが、困っていることや嫌なことなど言葉で伝えることが難しく、内に秘めてしまう。○自分の経験したことなど、人前で文章にして上手に話すことができる。○絵本が好きで集中して黙々と読んで楽しんでいる。○劇遊びの役では自分なりに表現方法を考えて取り組むが、他者にアドバイスされると否定されたと思ってしまい、気持ちが落ち込んでしまう。○絵を描くことを楽しむが、人の目を気にして自由に表現しづらいところがある。（特に配慮すべき事項）特記事項なし
	自分の体を十分に動かし、進んで運動しようとする。		
	健康、安全な生活に必要な習慣や態度を身に付け、見通しをもって行動する。		
人間関係	保育所の生活を楽しみ、自分の力で行動することの充実感を味わう。		
	身近な人と親しみ、関わりを深め、工夫したり、協力したりして一緒に活動する楽しさを味わい、愛情や信頼感をもつ。		
	社会生活における望ましい習慣や態度を身に付ける。		
環境	身近な環境に親しみ、自然と触れ合う中で様々な事象に興味や関心をもつ。		
	身近な環境に自分から関わり、発見を楽しんだり、考えたりし、それを生活に取り入れようとする。		
	身近な事象を見たり、考えたり、扱ったりする中で、物の性質や数量、文字などに対する感覚を豊かにする。		
言葉	自分の気持ちを言葉で表現する楽しさを味わう。		
	人の言葉や話などをよく聞き、自分の経験したことや考えたことを話し、伝え合う喜びを味わう。		
	日常生活に必要な言葉が分かるようになるとともに、絵本や物語などに親しみ、言葉に対する感覚を豊かにし、保育士等や友達と心を通わせる。		
表現	いろいろなものの美しさなどに対する豊かな感性をもつ。		
	感じたことや考えたことを自分なりに表現して楽しむ。		
	生活の中でイメージを豊かにし、様々な表現を楽しむ。		

A児の基本情報

少し内気で、初めてのことは戸惑いやすく、人の言葉を気にし過ぎる面がある。

最終年度に至るまでの育ちに関する事項
＊2歳児入園。物事をよく理解して状況を見ながら見通しをもって生活していた。言葉も鮮明で自分なりに伝えて楽しむ。遊びでは失敗を恐れて慎重になり過ぎる面が続く。やらないわけではないが、やって失敗すると泣いて立ち直れないこともよくあった。5歳児の終わりごろ、負けてもやってみようと取り組み、泣かずに何度もチャレンジする姿が増える。
＊3歳児になり、新しい活動や人前で何かをすることは苦手で拒んでいる姿が見られた。また特定の友達に固執する姿も見られた。「○○としゃべったらだめ」など確実に自分と一緒にいてくれる状況を作ろうとする姿もあった。活動では自分でしたいものを選び楽しむ。自由遊びになると好きな遊びが見つかりにくく、遊び込めない姿が多い。一人だと絵本を読んで過ごすことが多い。
＊4歳児になり、初めてのことや苦手なことはすぐには取り組まないが、家でやってみたり、人が見ていないところで取り組んでみたりしながらやってみようとするようになる。

最終年度に至るまでの育ちに関する事項

この欄には、その子の様々な背景、性格などをもちながらも成長していく姿が表れるように記入しましょう。

マイナスの表現は避ける

「意地悪」などのマイナス表現は避けるようにしましょう。
（例）特定の友達がいつも一緒にいると安心する。

保育所① A児

幼児期の終わりまでに育ってほしい姿
※各項目の内容等については、別紙に示す「幼児期の終わりまでに育ってほしい姿について」を参照すること。
健康な心と体
自立心
協同性
道徳性・規範意識の芽生え
社会生活との関わり
思考力の芽生え
自然との関わり・生命尊重
数量や図形、標識や文字などへの関心・感覚
言葉による伝え合い
豊かな感性と表現

保育所 ❷

  B児 「いつもと違うと戸惑う」

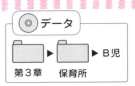
データ｜第3章 ▶ 保育所 ▶ B児

より良く｜工夫や成長の姿を書く
「体の鈍さ」という表現より、工夫していることや成長している姿を記載するようにします。
（例）姿勢維持が難しいため疲れやすさや集中力が維持しにくいが、しっかり身体を動かすことも楽しめるようになり、少しずつ姿勢の維持ができるようになっている。

より良く｜経験を重ねる姿も書く
「○○ができない」「すぐに〜〜する」などの表現はNG。そうではなく、プラスの経験を重ねている様子を表現しましょう。
（例）自分で考えて行動することが苦手で担任に確認してからすることが多いが、逆に「どうすればいいかな」と問い返されて考える経験も重ねている。

 具体的な方法も示す
「聞いて理解することは難しい」ことだけでなく、「視覚的な援助があると理解しやすい」など、どうすれば活動に入りやすいかを記載しているので良いですね。

ふりがな			保育の過程と子どもの育ちに関する事項
氏名	B児		（最終年度の重点）分からないことを聞けることも大切だが、自分で考えてしようとする力をつける。体を使って楽しむ経験を増やし、体づくりを大切にする。
生年月日	平成　年　月　日		
性別	男		（個人の重点）できるだけ自分で考えようとする力や、人に対するよい伝え方（表現方法）を身につける。
	ねらい（発達を捉える視点）		
健康	明るく伸び伸びと行動し、充実感を味わう。		（保育の展開と子どもの育ち） ○自分のやりたいことを楽しみ、心身ともに健康に元気に過ごす。 ○体が全体的に緩く、姿勢が保てず座位、立位も疲れやすい。集中するとよだれが垂れたりと体の鈍さがある。 ○身の回りのことは自分ですべて行ない、周りのことも気に掛け、困っている友達がいると手伝う姿が見られる。
	自分の体を十分に動かし、進んで運動しようとする。		
	健康、安全な生活に必要な習慣や態度を身に付け、見通しをもって行動する。		
人間関係	保育所の生活を楽しみ、自分の力で行動することの充実感を味わう。		○気の合う友達と一緒に遊びを楽しみ、興味のあることを何度も繰り返し楽しむ姿がある。 ○相手の望むこと、必要としていることに気付き、思いやりの気持ちがある。 ○決まった事柄や活動には入りやすいが、変更されたことなどがあると、自分で考えて行動することができず、すぐに「どうする？」と担任に聞いてくる。
	身近な人と親しみ、関わりを深め、工夫したり、協力したりして一緒に活動する楽しさを味わい、愛情や信頼感をもつ。		
	社会生活における望ましい習慣や態度を身に付ける。		
環境	身近な環境に親しみ、自然と触れ合う中で様々な事象に興味や関心をもつ。		○日常の生活で見通しをもち、自分から動き、積極的に手伝う姿が見られる。 ○数字への興味・関心が高く、ゲームなどで計算したり遊びで活用したりして楽しむ。
	身近な環境に自分から関わり、発見を楽しんだり、考えたりし、それを生活に取り入れようとする。		
	身近な事象を見たり、考えたり、扱ったりする中で、物の性質や数量、文字などに対する感覚を豊かにする。		
言葉	自分の気持ちを言葉で表現する楽しさを味わう。		○自分の思いや考えをしっかり相手に伝え、会話もスムーズであるが、人に対して嫌味な言い方になることが多々ある。 ○言葉だけで伝えると、聞き取りが弱く全然違う単語で聞いていたり、「え？　なんて？」と聞き返すことも多いが、見本があったり手順が示されたりすると理解しやすい。 ○折り紙を折ったり、製作をしたり、自分なりに見た物などを創造して表現することを楽しむ。
	人の言葉や話などをよく聞き、自分の経験したことや考えたことを話し、伝え合う喜びを味わう。		
	日常生活に必要な言葉が分かるようになるとともに、絵本や物語などに親しみ、言葉に対する感覚を豊かにし、保育士等や友達と心を通わせる。		
表現	いろいろなものの美しさなどに対する豊かな感性をもつ。		○友達とイメージを共有しながら遊びを楽しむ姿がある。
	感じたことや考えたことを自分なりに表現して楽しむ。		（特に配慮すべき事項） 特記事項なし
	生活の中でイメージを豊かにし、様々な表現を楽しむ。		

80

第3章 実際の子どもを見てみよう

B児の基本情報

自分で考えて行動することやいつもと違うことへの対応に少し戸惑い、保育者への確認を必要とする。

最終年度に至るまでの育ちに関する事項

0歳児。入園当初は表情が乏しく、あまり動こうとしなかった。10月頃から表情が出てきて笑ったりすることが増え、体は硬いが積極的に動いて遊ぶことを楽しむようになる。後半には友達に興味を示し関わろうとする姿も見られるようになる。

1歳児になり、保育士の言葉もよく聞いて理解し、見通しをもって生活するようになる。自分の興味のあることをとことん集中して楽しむ姿も見られた。友達に声を掛けて関わったりもするが、逆に友達が近づくと嫌がって怒ることもあった。

2歳児にかけ、友達がルールを守らないと「だめ！」など激しく注意したり、思い通りにいかないと泣いて怒ったりすることもあった。

3歳児になり、友達と一緒に遊ぶことや力を合わせることに楽しさを感じ、率先して周りを誘っていたが、気に障ると嫌な言葉を言ったり、相手を強く批判するところがあった。

4・5歳児になると生活の中で必要なことはでき、決まっていることは忠実にするが、変更などの対応は弱く「どうする？」など自分で考える前に保育士に尋ねる事が多い。体が疲れやすく、「つかれた」と言うことも多く、集中力に欠けてすぐに気がそれている様子も見られるが、興味のあることへの集中力は高まり、考えたり工夫したりする姿も見られるようになっている。

Good!
日常の遊びの姿が成長の記録に
「興味のあることへの集中力は高まり、考えたり工夫したりする姿も見られるようになっている」など、この欄にも「10の姿」に向かっている過程、姿を記載するようにしましょう。

記録から要録へ！
「10の姿」へ向かう姿を書こう
数字への興味・関心が、日常の遊びの中でどのように展開されているか、日々の記録の中から具体的な姿が示されるとよいでしょう。

幼児期の終わりまでに育ってほしい姿

※各項目の内容等については、別紙に示す「幼児期の終わりまでに育ってほしい姿について」を参照すること。

健康な心と体
自立心
協同性
道徳性・規範意識の芽生え
社会生活との関わり
思考力の芽生え
自然との関わり・生命尊重
数量や図形、標識や文字などへの関心・感覚
言葉による伝え合い
豊かな感性と表現

より良く
自分の思いや考えをしっかり相手に伝える
「人に対して嫌な言い方になることが多々ある」という言い方ではなく、客観的に事実を伝えましょう。
（例）言われると嫌な表現方法をすることがある。

保育所② B児

保育所 ❸

いろいろなことに興味をもっている

データ
第3章 ▶ 保育所 ▶ C児

元の記録は・・・

積極的な様子を記録から具体的に書く

いろいろなことに興味をもって積極的に取り組む姿を日常の記録から具体的に記しましょう。
（記録）製作、泥んこ遊び、ルールのあるゲームなどどんなことにも興味をもって「どうするの」「やってみたい」と言って積極的に取り組む。

より良く 具体的な支援を書く

できない姿ではなくどうすればできるようになるかを記載します。
🌸（例）目に入ったものに気を取られやすいが、手順を示したり、ついたてなどで視野を制限したりするとスムーズにできる。

より良く 表現を工夫しよう

「マイペース」という表現が繰り返されていますが、表現を工夫してみましょう。
🌸（例）「自分なりのペースがあり」あるいは「あまり人に左右されずに」など。

より良く サポートの様子を記す

このような状況をどのようにサポートすると良いのかを記します。
🌸（例）意識が向いていないと、人の話が入っておらず流れてしまい、聞いていないことが多いので、必ず名前を呼び声を掛けてから話すようにする。

ふりがな			保育の過程と子どもの育ちに関する事項
氏名	C児		（最終年度の重点） 様々なことをできる力はもっているので、必要なことばがけや提示をしながらその力が十分発揮されるようにする。
生年月日	平成　年　月　日		
性別	女		（個人の重点） 感性豊かで、興味あることに夢中になれるところを大切にしながら、周りの状況など伝えたいことは確実に本人に届くよう、意識がこちらに向けられるように声を掛ける。
	ねらい （発達を捉える視点）		
健康	明るく伸び伸びと行動し、充実感を味わう。		（保育の展開と子どもの育ち） ◯家庭での就寝時間が遅く、登園時間も朝は遅く覚醒が低い。 ◯戸外で伸び伸びと身体を動かして楽しむ。 ◯いろいろなことに興味をもって積極的に取り組み楽しむ。 ◯特定の友達と関わるというよりも、自分の好きな遊びを見つけて楽しみ、その中で友達とやり取りをしながら楽しんでいる。 ◯マイペースで周りがあまり見えておらず、気付いたときに周りがもういないということが多々ある。 ◯目に入ったものに気を取られてしまうことが多く、身の回りのことなど、やるべきことがなかなか進まない。 ◯虫が好きで自然に親しみ、興味や関心をもって関わる。 ◯マイペースだが、やるべきことはしっかりとやり遂げることができる。 ◯意識が向いていないと、人の話が入っておらず流れてしまい、聞いていないことが多い。 ◯自発的にはいろいろな話をするが、こちらの質問に対して（特に自分が悪いと分かっているとき）は、なかなか言葉で思いを言えないことがある。 ◯はきはき物事を言う方だが、朝の挨拶や帰りの挨拶などは、相手から声を掛けられても素通りしている。 ◯ピアノで作詞作曲をしたり、感性豊かに自信をもって表現したりすることができる。 ◯遊びに必要な物を描いたり、作ったりしてアイディアを出して創意工夫しながら楽しむ。 ◯ごっこ遊びなど、衣装を身に着けたり、小道具を使ったりしながら、友達とイメージを共有して表現豊かに同じ世界観で遊んでいる。
	自分の体を十分に動かし、進んで運動しようとする。		
	健康、安全な生活に必要な習慣や態度を身に付け、見通しをもって行動する。		
人間関係	保育所の生活を楽しみ、自分の力で行動することの充実感を味わう。		
	身近な人と親しみ、関わりを深め、工夫したり協力したりして一緒に活動する楽しさを味わい、愛情や信頼感をもつ。		
	社会生活における望ましい習慣や態度を身に付ける。		
環境	身近な環境に親しみ、自然と触れ合う中で様々な事象に興味や関心をもつ。		
	身近な環境に自分から関わり、発見を楽しんだり、考えたりし、それを生活に取り入れようとする。		
	身近な事象を見たり、考えたり、扱ったりする中で、物の性質や数量、文字などに対する感覚を豊かにする。		
言葉	自分の気持ちを言葉で表現する楽しさを味わう。		
	人の言葉や話などをよく聞き、自分の経験したことや考えたことを話し、伝え合う喜びを味わう。		
	日常生活に必要な言葉が分かるようになるとともに、絵本や物語などに親しみ、言葉に対する感覚を豊かにし、保育士等や友達と心を通わせる。		
表現	いろいろなものの美しさなどに対する豊かな感性をもつ。		
	感じたことや考えたことを自分なりに表現して楽しむ。		（特に配慮すべき事項） 特記事項なし
	生活の中でイメージを豊かにし、様々な表現を楽しむ。		

第3章 実際の子どもを見てみよう

C児の基本情報

目に入ったことに興味・関心が向き、気持ちも移りやすいので、個別の声掛けが必要である。一方で、自然への関心や音楽の感性などは優れたものをもっている。

最終年度に至るまでの育ちに関する事項
12か月で1歳児として入園。移動はハイハイで歩行開始は少しゆっくりだった。5月まで0歳児クラスで過ごす。指差しや言葉も発するが、呼び掛けに反応しなかったり、あやしても無表情なことも多かった。体幹は弱いが運動には積極的に参加し転倒しても何度も挑戦する姿があった。3学期になると友達への興味が出て関わろうとする姿が増える。身の回りのことを自分でしようとしたりコツコツやろうとするようになる。 2歳児になっても体幹が弱く、高い所に上るが危険も多い。食事は遊び食べが多く目立つ。排尿間隔が短く15分でぬれてしまう。友達に興味を示し一方的だが関わりが増えてきた。 3歳児では意欲に波があり、マイペースで必要以上に時間が掛かることが多い。友達とのトラブルも増え思いが通らないと泣いて手が出ることもあるが、簡単なルールのある遊びを楽しめるようになり友達と共感し合って遊べるようにもなる。この頃には排尿間隔も長くなってくるが、緊張したり気になることがあったりすると短くなりやすい。 4歳児になり身の回りのことを丁寧に行ない、時間は要すが自立している。手伝いを積極的にする姿もある。また自分一人で全部やりたい気持ちも強くもっている。ごっこ遊びを楽しみ、衣装を自分で着こなして自分の世界を楽しむ。

元の記録は・・・

関わりの姿を具体的に書けるように

「虫が好きで、見つけるとじっくり観察したり、図鑑を開いて調べたりしている」など、どのように関わっているのか具体的な記録から書き写すと良いですね。

保育所 ❸ C児

幼児期の終わりまでに育ってほしい姿
※各項目の内容等については、別紙に示す「幼児期の終わりまでに育ってほしい姿について」を参照すること。
健康な心と体
自立心
協同性
道徳性・規範意識の芽生え
社会生活との関わり
思考力の芽生え
自然との関わり・生命尊重
数量や図形、標識や文字などへの関心・感覚
言葉による伝え合い
豊かな感性と表現

その子らしさを十分に表現している

いずれの例も、イメージ力・創造力・表現力の豊かさがよく表れています。このようにその子らしさや、豊かに成長していることを記載すると良いですね。

保育所 ④ D児 友達と関わることが好き

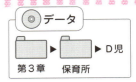

データ ▶ 第3章 ▶ 保育所 ▶ D児

より良く 保育士の対応を具体的に記載する

「忘れ物や抜け落ちがある」で終わるのではなく、どのような支援をすれば良いのかを記載しましょう。

🌸（例）多いため手順などを提示したり、他が目に入りにくい環境にしたりする。

より良く 表現を工夫して

「ちょっかいを出す」「度が過ぎる」と書くのではなく、その中身について具体的に表現しましょう。

🌸（例）友達が好きで関わりたいが、近づき過ぎたり、されて嫌なことをしてしまうなど、関わり方がうまくいかないことがある。

より良く サポートのやり方を明らかに

状況はよく分かりますが、衝動性があることをどのようにサポートするのかを記すようにしましょう。

🌸（例）あるため、保育者の近くに座ったり、気になる物が視界に入りにくい場所に座ったりするなどの工夫や椅子の高さや滑り止めを敷くなど安定して座れるようにする工夫などをしている。

ふりがな		保育の過程と子どもの育ちに関する事項
氏名	D児	（最終年度の重点）友達との距離感、関わり方を身につける。マナー、ルール（人の話を最後まで聞く、順番を知る、相手の身になって考えるなど）を少しずつ身につける。
生年月日	平成　年　月　日	
性別	男	（個人の重点）見るもの、聞くものがたくさん入りやすいので、今何を見て、何を聞く時かを明確にする。相手の気持ちや適切な行為を丁寧に伝える。
ねらい（発達を捉える視点）		
健康	明るく伸び伸びと行動し、充実感を味わう。	（保育の展開と子どもの育ち）○肌が弱く体全体に湿疹があり、かゆさでイライラしやすく、活動に集中しにくい。○朝の用意など身の回りのことは自分でするが、他のことが目に入ると気を取られてしまうことも多く、忘れ物や抜け落ちがある。○自分の思いが強く、使いたい物は相手に断りなく勝手に使ったり、気になる物に固執するが、その一方で友達のことを気に掛けて助けてあげたり、貸してあげたりすることもできる。○友達と関わるが、遊ぶというよりちょっかいを出すという様子が多く、気持ちが高まると度が過ぎてしまうので「やめて」と言われていることが多い。○虫を観察したり、自然に触れたりすることが好きで、図鑑と照らし合わせて細部まで見入り、関心を深めている。○衝動的につい体が動いてしまい、じっとしていることが難しい。自分でも衝動的に動いてしまうことが分かることもあり、何度も繰り返してしまうことも分かっている様子で、自分を責めることがある。○自分の思いを言葉で伝えることができ、思いやりの言葉を掛けられるところもある。○相手が話しているときなど状況に構わず、最後まで静かに聞くことが難しく、途中で自由にしゃべり出すことが多かった。「話すとき、聞くとき」の区別が視覚的に分かるようにすることで、聞くようになった。○見た物、経験したことを細かく絵に描いて表現することが得意である。○細かい作業が得意で小さな玩具で自分が作りたい物を形にすることができる。
	自分の体を十分に動かし、進んで運動しようとする。	
	健康、安全な生活に必要な習慣や態度を身に付け、見通しをもって行動する。	
人間関係	保育所の生活を楽しみ、自分の力で行動することの充実感を味わう。	
	身近な人と親しみ、関わりを深め、工夫したり、協力したりして一緒に活動する楽しさを味わい、愛情や信頼感をもつ。	
	社会生活における望ましい習慣や態度を身に付ける。	
環境	身近な環境に親しみ、自然と触れ合う中で様々な事象に興味や関心をもつ。	
	身近な環境に自分から関わり、発見を楽しんだり、考えたりし、それを生活に取り入れようとする。	
	身近な事象を見たり、考えたり、扱ったりする中で、物の性質や数量、文字などに対する感覚を豊かにする。	
言葉	自分の気持ちを言葉で表現する楽しさを味わう。	
	人の言葉や話などをよく聞き、自分の経験したことや考えたことを話し、伝え合う喜びを味わう。	
	日常生活に必要な言葉が分かるようになるとともに、絵本や物語などに親しみ、言葉に対する感覚を豊かにし、保育士等や友達と心を通わせる。	
表現	いろいろなものの美しさなどに対する豊かな感性をもつ。	
	感じたことや考えたことを自分なりに表現して楽しむ。	（特に配慮すべき事項）アトピーあり（除去：卵、えび）、体全体に湿疹あり。かきむしり、血も出ることが多い。
	生活の中でイメージを豊かにし、様々な表現を楽しむ。	

84

D児の基本情報

人への興味が強く、関わることも好きだが、関わり方が強引になりがちな子ども。目に入るものに興味が移りやすいので、集中したいときには環境や言葉などでの支援を要する。

最終年度に至るまでの育ちに関する事項

1歳児で入園。友達に興味を示し、積極的に関わる。関わり方が分からず、つかんだり、必要以上に触れたりすることも多くトラブルがあった。

2歳児後半になると「いっしょにしよう」と声を掛けて思いやりの気持ちをもちながら関わる姿が見られたが、思いを抑えられず「やめて」と言われることを執拗にしてしまうところがあった。目に入ったものに次々興味が移り、集中して遊ぶことが難しかったが、2歳後半になるにつれ集中して遊ぶ姿も見られるようになる。食事も集中しにくく、食具で友達を触ることも多かった。

3歳児のときも思い通りにならないと泣いて怒る姿もあった。後半になると視覚表示などでルールや約束を守ろうとする姿が増え、友達と簡単なルールの遊びを一緒に楽しめるようになる。身支度も視覚表示で自分でできることが増えた。

4歳児になり、友達同士のトラブルを仲裁したり、相手の気持ちを汲めるようになってきた。4歳児からOT（作業療法）訓練を受ける。夏の終わりから皮膚が荒れ、かきむしりと全身アトピーで発疹が出ることでイライラも増し集中もしづらくなる。

5歳児になっても衝動性が強く、思いが先走ってしまうことが多い。そんな自分を自分で責める場面も見られた。

Good!

小学校にもつながる支援を記すと良い！

状況に構わずしゃべってしまうので、「話すとき、聞くとき」の区別が視覚的に分かるようにする。など、明確な工夫の仕方もあるので良いですね。

幼児期の終わりまでに育ってほしい姿

※各項目の内容等については、別紙に示す「幼児期の終わりまでに育ってほしい姿について」を参照すること。

健康な心と体
自立心
協同性
道徳性・規範意識の芽生え
社会生活との関わり
思考力の芽生え
自然との関わり・生命尊重
数量や図形、標識や文字などへの関心・感覚
言葉による伝え合い
豊かな感性と表現

記録から要録へ！

得意とすることを通して成長する姿を

得意なこと、できることを記録から探し、その子がどのように自己肯定感を得て成長しているかを表現するようにしましょう。

保育所 ⑤ E児 しっかり者

具体的な対応法も書く

このような面がある、で終わらせるのではなく、具体的な対応法を記載するようにしましょう。

(例) 話すとき、聞く時の区別や声のボリューム調節なども視覚で示し、抑制しやすいようにサポートする。

表面的には見えない側面も伝える

表情など外面的には表れにくいものの、○○のような一面があるというように、陰に隠れて見えにくい姿も伝えていけるようにするといいですね。

配慮、支援について書く

どのような配慮、支援があると良いのかをこのように記載するようにしましょう。夢中になること、得意なことを記すと良いですね。

ふりがな			保育の過程と子どもの育ちに関する事項
氏名	E児		(最終年度の重点) 興味あることに夢中になって取り組むことを大切にする。また、自信をもって主体的に行動しようとする。
生年月日	平成　年　月　日		
性別	男		(個人の重点) 自分の気持ちを抑え過ぎてしまうところがあるので、気持ちに寄り添い、負担にならないように配慮する。
	ねらい (発達を捉える視点)		
健康	明るく伸び伸びと行動し、充実感を味わう。		(保育の展開と子どもの育ち) ○体を動かすことが好きで、積極的に運動することを楽しむ。特にサッカー教室を喜び、教えてもらったことを黙々と練習する姿も見られる。 ○気分が上がると歯止めが利きにくいところがあったり、声が大きく、音量調整がしにくいところもあったりする。 ○友達と関わることを楽しみ、穏やかな性格で周りに好かれている。 ○友達と協力して遊んだり、「僕が○○するわ！」など自分なりの役割を考え行動することができる。 ○自然事象に興味・関心をもち、観察したり、遊びに取り入れたりしながら楽しむ。 ○表情には表れにくいが、恥ずかしがり屋で緊張しやすいところがある。 ○やるべきことが分かっていると、見通しをもって取り組む。図形などに興味があり迷路や記号合わせ、線つなぎなどのプリントなどがあると、最後まで集中してすることができる。 ○経験したことなどを言葉で伝えることはできるが、自分の思いを聞かれると「ん？」と言い、あまり言葉で表現することが得意ではない様子。 ○落ち着きがないときは人の話への注目が弱く、聞いていないことがある。 ○自分で好きなものを形にして作ったりすることを集中して楽しむ。
	自分の体を十分に動かし、進んで運動しようとする。		
	健康、安全な生活に必要な習慣や態度を身に付け、見通しをもって行動する。		
人間関係	保育所の生活を楽しみ、自分の力で行動することの充実感を味わう。		
	身近な人と親しみ、関わりを深め、工夫したり、協力したりして一緒に活動する楽しさを味わい、愛情や信頼感をもつ。		
	社会生活における望ましい習慣や態度を身に付ける。		
環境	身近な環境に親しみ、自然と触れ合う中で様々な事象に興味や関心をもつ。		
	身近な環境に自分から関わり、発見を楽しんだり、考えたりし、それを生活に取り入れようとする。		
	身近な事象を見たり、考えたり、扱ったりする中で、物の性質や数量、文字などに対する感覚を豊かにする。		
言葉	自分の気持ちを言葉で表現する楽しさを味わう。		
	人の言葉や話などをよく聞き、自分の経験したことや考えたことを話し、伝え合う喜びを味わう。		
	日常生活に必要な言葉が分かるようになるとともに、絵本や物語などに親しみ、言葉に対する感覚を豊かにし、保育士等や友達と心を通わせる。		
表現	いろいろなものの美しさなどに対する豊かな感性をもつ。		(特に配慮すべき事項) 特記事項なし
	感じたことや考えたことを自分なりに表現して楽しむ。		
	生活の中でイメージを豊かにし、様々な表現を楽しむ。		

第3章 実際の子どもを見てみよう

E児の基本情報
しっかり者で頼りにされやすいが、時々そのことがプレッシャーになることもある。

保育所⑤ E児

最終年度に至るまでの育ちに関する事項

0歳児で入園。泣かずに音の鳴る玩具や車の玩具に興味をもち遊ぶ。運動遊びや保育士とのやり取りも楽しみ、身の回りのことを自分でやってみようとする姿が見られる。

2歳児になると状況をよく見て、物事を理解して行動している様子があった。友達につられてふざけ過ぎてやるべきことを忘れてしまう姿もあった。いろいろな事象の変化に気付くなど心豊かに成長している。

3歳児になり、カレンダーなど、することが分かる視覚表示があれば「次は〇〇だよ」と友達に声を掛けたり率先して動く姿がある。後半になると、友達と遊びを共有して協力して遊ぼうとする姿が増える。

4歳児になり、環境の変化に少し緊張する様子もあったが、落ち着いて過ごす。決まっていることはしっかりでき、手伝いも積極的に行なう。恥ずかしがり屋で消極的だが、いろいろな活動を自分なりに一生懸命やり遂げようとする。後半になり、友達とくっつき、触れ合うことを楽しんだり、テンションが上がって話半分になったりするところも多々見られるようになる。友達との楽しい時間も大切にしながら「今、何をするときか」を明確にして過ごせるようにする。

幼児期の終わりまでに育ってほしい姿

※各項目の内容等については、別紙に示す
「幼児期の終わりまでに育ってほしい姿について」
を参照すること。

健康な心と体
自立心
協同性
道徳性・規範意識の芽生え
社会生活との関わり
思考力の芽生え
自然との関わり・生命尊重
数量や図形、標識や文字などへの関心・感覚
言葉による伝え合い
豊かな感性と表現

より良く 支援の方法も書く

このようなときは、どのように支援するのか記載すると、より良くなります。
(例)個別に声を掛け、集中しやすいように環境を整える。

記録から要録へ！ 日常の具体的な姿を書く

「ブロックや空き箱工作などでは、乗り物やロボットなど細かい部分も工夫して形にすることができる」など、日常の記録から、具体的な姿を記載しましょう。

保育所 ⑥ F児 「責任感がある」

Good! 家庭や社会とのつながりを記入する

幼児は園生活だけでなく、家庭や社会とのつながりの中で成長していきます。このように成長や変容につながりのある家庭での様子を記述するとよく分かります。

Good! 協同的な学びの姿から見える10の姿

協同的な遊びを通して総合的に学んでいる姿には、10の姿につながる要素が多く含まれています。それを意識すると、小学校に引き継ぐ良い資料となります。

Good! 集団の中で成長する子どもの姿を書く

子どもは、友達と一緒に活動する中で、それぞれの持ち味を発揮し、互いの良さを認め合う関係ができてくることによって、育ち合い、成長します。仲間と共に育ち合う姿が具体的に記述されています。

ふりがな		保育の過程と子どもの育ちに関する事項
氏名	F児	(最終年度の重点) 身近な人と親しみ、関わりを深め、工夫したり協力したりして一緒に活動する楽しさや充実感を味わう。
生年月日	平成　年　月　日	
性別	男	(個人の重点) 共通の目的をもって自分たちで遊びや生活を進めていく。
ねらい（発達を捉える視点）		(保育の展開と子どもの育ち)
健康	明るく伸び伸びと行動し、充実感を味わう。 自分の体を十分に動かし、進んで運動しようとする。 健康、安全な生活に必要な習慣や態度を身に付け、見通しをもって行動する。	○泣いたり、困ったりしている様子の年少児を見つけると、「どうしたの？　大丈夫？」と目線を落として自分から声を掛けて話を聞き、手をつないで保育室まで連れて行くという優しさが見られた。「家でこども園ごっこをして先生役してるから大丈夫」と保育士に自信ありげに話していた。その場限りでなく、責任をもって最後まで面倒を見ようとする年長児としての自覚と責任が見られた。
人間関係	保育所の生活を楽しみ、自分の力で行動することの充実感を味わう。 身近な人と親しみ、関わりを深め、工夫したり、協力したりして一緒に活動する楽しさを味わい、愛情や信頼感をもつ。 社会生活における望ましい習慣や態度を身に付ける。	○動物園での体験を基に、廃材を利用して、自分の気に入った動物を、工夫して作った。みんなで動物園を作り上げるという共通の目的に向けて、自分の意見も出しながら、友達と協力してやり遂げる経験ができた。看板を作ったり、見るポイントを書いたりして、文字に対する関心も高まった。
環境	身近な環境に親しみ、自然と触れ合う中で様々な事象に興味や関心をもつ。 身近な環境に自分から関わり、発見を楽しんだり、考えたりし、それを生活に取り入れようとする。 身近な事象を見たり、考えたり、扱ったりする中で、物の性質や数量、文字などに対する感覚を豊かにする。	○コンサートで担当する鍵盤ハーモニカが、初めはうまく吹けなかったけれど、「みんなと一緒に合わせよう」という目標に向かって、何度も練習を繰り返し、演奏できるようになった。友達と教え合い、一緒に練習することを楽しみ、共に上達することを喜んでいた。目標を達成したことが自信につながり、より豊かな表現へと願いが高まっていった。 ○動物の大きさに関心をもったため、保育室にテープで実際の大きさを表現した。つながって寝転び、何人分にあたるかを確かめたり、動物同士の大きさを比べたりする姿が見られた。この活動をきっかけに、生活の中で数や量への関心、感覚が高まっていった。
言葉	自分の気持ちを言葉で表現する楽しさを味わう。 人の言葉や話などをよく聞き、自分の経験したことや考えたことを話し、伝え合う喜びを味わう。 日常生活に必要な言葉が分かるようになるとともに、絵本や物語などに親しみ、言葉に対する感覚を豊かにし、保育士等や友達と心を通わせる。	○縄跳び遊びでは、新しい技に何度も挑戦し、できるまで取り組んでいた。目標を達成すると、自分で新しい跳び方を次々と考えて友達に提案し、一緒に挑戦していた。1本しか縄がないときは、みんなで遊べる縄跳びのルールをつくって、工夫して遊んでいた。自分のやりたいことに向かって、心と体を十分に働かせ充実感を味わうことができた。
表現	いろいろなものの美しさなどに対する豊かな感性をもつ。 感じたことや考えたことを自分なりに表現して楽しむ。 生活の中でイメージを豊かにし、様々な表現を楽しむ。	(特に配慮すべき事項) 0歳児では卵アレルギーがあったが、1歳児で全卵・マヨネーズが食べられるようになった。ピーナッツは除去していたが、3歳でピーナッツ全解除となり、アレルギー除去はなしとなる。

第3章 実際の子どもを見てみよう

F児の基本情報
父・母・本児の3人家族。明るく快活的で、行動力のある子。

最終年度に至るまでの育ちに関する事項
0歳児クラス…音楽が流れると体を揺らしたり、手を叩いたりして、リズムを楽しんでいた。
1歳児クラス…除去食がなくなり、何でも食べられるようになって、食事を友達と一緒に楽しめるようになった。
2歳児クラス…リズムをとったり、ダンスをしたり、色水遊びで美しい中間色を作ったり、豊かな感性を発揮して、遊びを楽しんでいた。
3歳児クラス…みんなで楽しいことをするのが好きで、やりたいことを提案し、実行するための工夫をする姿が見られた。
4歳児クラス…やりたいことをとことん楽しむ中で、充実感を味わい、自信を高めて生き生きと生活する姿が見られた。友達との関係も広がっていった。

より良く　具体的に記述しよう
その活動の中で、どのような工夫をしたのか、どのような力が伸びたのか、具体的に記述しましょう。

保育所❻　F児

幼児期の終わりまでに育ってほしい姿
※各項目の内容等については、別紙に示す「幼児期の終わりまでに育ってほしい姿について」を参照すること。
健康な心と体
自立心
協同性
道徳性・規範意識の芽生え
社会生活との関わり
思考力の芽生え
自然との関わり・生命尊重
数量や図形、標識や文字などへの関心・感覚
言葉による伝え合い
豊かな感性と表現

元の記録は…　記録から成長を捉える
図鑑から動物の大きさに興味をもったので、保育室にテープを貼って様々な動物の実際の大きさを表現した。自分たちの身長の何人分かを寝転んで並んで確かめる姿が見られた。キリンは予想通り、最も高かったが、海の生き物が意外に大きいという事実に驚いていた。

自立につながる5歳児らしい姿
「自立」に向けた本児の姿が全体として具体的に記述されています。個人の重点にも書かれている、保育士が重視して指導してきたことと合わせてその様子がよく表せています。

89

友達と協同して頑張っている

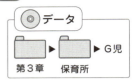

Good!

援助の方法と成長の過程を記載する

課題に対する援助の方法と、成長の過程を記載しています。これらの記述が就学後の指導に役立ちます。

元の記録は…

記録から成長を捉える

初めは、ステンレスのお盆が速く流れたことから、「つるつるやし水と一緒に流れた」と言っていたが、大根おろし器や花びら・葉っぱがより速く流れることに気付き、つるつるだけが速さの要素ではないことを発見した。科学的な思考が芽生えるきっかけとなった。

ふりがな		保育の過程と子どもの育ちに関する事項
氏名	G児	（最終年度の重点） 自分で考えて、自分で行動する。
生年月日	平成　年　月　日	
性別	女	（個人の重点） 共通の願いや目的の実現に向かって、自分の力を発揮する。
ねらい（発達を捉える視点）		（保育の展開と子どもの育ち）
健康	明るく伸び伸びと行動し、充実感を味わう。	○鉄棒やとび箱など、友達が目標に向かって努力しているところを応援し、できるようになると自分のことのように喜んで、保育士や他の友達に知らせる姿が見られた。本児のこの姿が、周りの友達に広がっていき、みんなが互いを応援し合うクラスの雰囲気ができていった。 ○持ち物の後始末をすることを忘れてしまい、使いたいときにすぐに出せない場面があったが、片付けの都度、声掛けをしたり、時には一緒に片付けをしたりすることで、徐々に自ら気付くことができるようになった。 ○園内の川で、物の流れる速さに関心をもち、様々な物を流してみたり、友達のアイディアを取り入れたりしながら、予想し、実験を繰り返していた。保育士が、「表面がつるつるしていて軽いものが速く流れる」という本児の発見を整理して示したことによって、科学的なものの見方が培われていった。 ○文字への関心が高く、ホワイトボードに書かれた次の日の予定をメモ帳に書き写したり、保育園ごっこで先生になり、年下の友達に絵本を読んであげたり、手紙を書いたりする姿が見られた。丁寧に美しい文字を書きたいという願いが、就学への期待につながっていった。 ○自分たちで劇遊びを計画し、半月かけて脚本・演出・大道具・衣装作りに取り組んだ。ステージを使える日を確認して日を決め、ポスターを作って異年齢児も誘い、発表会を実施した。取り組みの過程で、参加を希望してきた友達にも役割を作り、みんなが充実感を味わえる工夫をしていた。この体験で成長した自立心や協同性を、小学校での学び合いで更に伸ばしていってほしい。
	自分の体を十分に動かし、進んで運動しようとする。	
	健康、安全な生活に必要な習慣や態度を身に付け、見通しをもって行動する。	
人間関係	保育所の生活を楽しみ、自分の力で行動することの充実感を味わう。	
	身近な人と親しみ、関わりを深め、工夫したり、協力したりして一緒に活動する楽しさを味わい、愛情や信頼感をもつ。	
	社会生活における望ましい習慣や態度を身に付ける。	
環境	身近な環境に親しみ、自然と触れ合う中で様々な事象に興味や関心をもつ。	
	身近な環境に自分から関わり、発見を楽しんだり、考えたりし、それを生活に取り入れようとする。	
	身近な事象を見たり、考えたり、扱ったりする中で、物の性質や数量、文字などに対する感覚を豊かにする。	
言葉	自分の気持ちを言葉で表現する楽しさを味わう。	
	人の言葉や話などをよく聞き、自分の経験したことや考えたことを話し、伝え合う喜びを味わう。	
	日常生活に必要な言葉が分かるようになるとともに、絵本や物語などに親しみ、言葉に対する感覚を豊かにし、保育士等や友達と心を通わせる。	
表現	いろいろなものの美しさなどに対する豊かな感性をもつ。	（特に配慮すべき事項） 特記事項なし
	感じたことや考えたことを自分なりに表現して楽しむ。	
	生活の中でイメージを豊かにし、様々な表現を楽しむ。	

第3章 実際の子どもを見てみよう

G児の基本情報

父・母・高校生の兄、小学校高学年の姉の5人家族。音楽が好きでピアノ教室に通っている。何事も自分で考えて行動する面と友達のことを思う優しい面をもっている。

最終年度に至るまでの育ちに関する事項
0歳児クラス…「ちょうだい」「ありがとう」というやり取りを保育士とすることを好み、繰り返し楽しんでいた。
1歳児クラス…自分でしようとする気持ちが強く、うまくいかなくても様々な方法を試してやり遂げようとする姿が見られた。
2歳児クラス…多くの色のパスを使って絵を描くことを楽しんでいた。色水遊びにも意欲的であった。
3歳児クラス…自分で考えて行動することができ、友達を手助けする優しい姿が多く見られた。
4歳児クラス…毎朝ポーズを取って挨拶をするなど、明るさを発揮して、クラスを楽しい雰囲気にすることができた。

具体的な姿の記載

具体的な遊びや生活の記述により、本児の良さが表れています。応答的に関わってもらうことで、人への信頼感を育み、様々な体験を通して、思考力の芽生え、豊かな感性、自立心が育っていく過程が読み取れます。

子どもの願いを伝える

子どもが就学に向けて、どのような期待や願いをもっているかを小学校に伝えることは、スタートプログラム作成や発達の連続性を保つために大変重要です。

幼児期の終わりまでに育ってほしい姿
※各項目の内容等については、別紙に示す「幼児期の終わりまでに育ってほしい姿について」を参照すること。
健康な心と体
自立心
協同性
道徳性・規範意識の芽生え
社会生活との関わり
思考力の芽生え
自然との関わり・生命尊重
数量や図形、標識や文字などへの関心・感覚
言葉による伝え合い
豊かな感性と表現

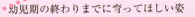

伸ばしたい力を小学校に伝える

これまでに伸びてきた力を総合的に発揮した主体的な活動と、就学後への期待を書いています。発達や学びの連続性が保たれるように、伸ばしていってほしい力を小学校に積極的に伝えていきましょう。

保育所⑦ G児

保育所 ⑧ H児 次第に友達関係が広がっていった

Good!

保育者の指導の過程とその結果を記入する

「勝敗にこだわり過ぎる」という具体的な課題を挙げて、指導の過程を記載しています。小学校の先生にとって、就学後の指導のヒントになるでしょう。

元の記録は…

記録から捉えた子どもの成長

毎日触れ合っていたカブトムシが動かなくなった姿を見て驚き「お墓を作る」と提案した。他の生き物も入れるように大きなお墓を作ろうと、場所を選定し、木材を墓石にして「むしたちのおはか」と書いた。小さな命を大切にする姿が育ってきている。

Good!

子どもの変わっていく姿を記入する

課題を端的に挙げ、援助の方法を書き表すことによって、子どもの姿が変わっていった過程と、現在の姿が理解できます。就学後の指導に役立つ表現です。

ふりがな			保育の過程と子どもの育ちに関する事項
氏名		H児	（最終年度の重点）友達と楽しく活動する中で、共通の目的を見いだし、工夫したり、協力したりする。
生年月日		平成　年　月　日	
性別		男	（個人の重点）自分と違う考えがあることに気付き、その良さに目を向け、協力して目標に向かう楽しさを味わう。
	\multicolumn{2}{c}{ねらい（発達を捉える視点）}	（保育の展開と子どもの育ち）
	健康	明るく伸び伸びと行動し、充実感を味わう。	○戸外で体全体を使う遊びを好み、サッカーや鬼ごっこに夢中になっていたが、勝敗にこだわり過ぎて、友達とトラブルになる場面があった。保育士が仲立ちとなって話し合うことで、次第に、気持ちが高まったときにも相手の気持ちを思いやることができるようになってきた。○当番活動や準備・後片付けなどの手伝いを進んで行ない、友達や保育士に認めてもらうことによって、更にみんなのためになる行ないに積極的に取り組むようになった。○カブトムシが好きで、毎日世話と観察をし、発見したことや図鑑で調べたことをクラスの仲間に伝えていた。カブトムシが死んでしまったときには、お墓を作った。その後は、卵と幼虫を大切に育てており、生命の尊さと命が受け継がれていくことへの気付きにつながったと考える。○気持ちをうまく言葉で伝えることができず、いら立っていることがあったが、その都度、本児の思いを受容し、言葉に表して確認することを繰り返すことによって、少しずつ、順序立てて話をしたり、どういう言い方をすればよいかを考えたりすることができるようになった。それにより友達との関係も広がっていった。○合奏で大太鼓を担当し、曲のイメージをつかんで体全体でリズムをとりながら演奏を楽しんでいた。ぶれないリズムが合奏を支え、保育士や友達、保護者からも認められたことで、自信をもち、話し合い活動においても、自分の意見を出せるようになった。
		自分の体を十分に動かし、進んで運動しようとする。	
		健康、安全な生活に必要な習慣や態度を身に付け、見通しをもって行動する。	
	人間関係	保育所の生活を楽しみ、自分の力で行動することの充実感を味わう。	
		身近な人と親しみ、関わりを深め、工夫したり、協力したりして一緒に活動する楽しさを味わい、愛情や信頼感をもつ。	
		社会生活における望ましい習慣や態度を身に付ける。	
	環境	身近な環境に親しみ、自然と触れ合う中で様々な事象に興味や関心をもつ。	
		身近な環境に自分から関わり、発見を楽しんだり、考えたりし、それを生活に取り入れようとする。	
		身近な事象を見たり、考えたり、扱ったりする中で、物の性質や数量、文字などに対する感覚を豊かにする。	
	言葉	自分の気持ちを言葉で表現する楽しさを味わう。	
		人の言葉や話などをよく聞き、自分の経験したことや考えたことを話し、伝え合う喜びを味わう。	
		日常生活に必要な言葉が分かるようになるとともに、絵本や物語などに親しみ、言葉に対する感覚を豊かにし、保育士等や友達と心を通わせる。	
	表現	いろいろなものの美しさなどに対する豊かな感性をもつ。	
		感じたことや考えたことを自分なりに表現して楽しむ。	（特に配慮すべき事項）特記事項なし
		生活の中でイメージを豊かにし、様々な表現を楽しむ。	

第3章 実際の子どもを見てみよう

H児の基本情報

父・母・姉・本児の4人家族。自分の思いを通そうとする面もあるが、明るく快活で好奇心旺盛な男の子。

最終年度に至るまでの育ちに関する事項
0歳児クラス…1歳になると、走ったりジャンプしたりすることができるようになり、体を動かすことを楽しんでいた。
1歳児クラス…自分の思いを少しずつ言葉で伝えることができるようになってきた。
2歳児クラス…初めての遊びには尻込みする場面も見られたが、友達の姿に刺激を受けてチャレンジし、楽しさを感じると、夢中で遊んでいた。
3歳児クラス…納得のいかないことがあると泣いて訴え、切り替えに時間が掛かることがあった。活発で、体を動かす遊びに夢中になっていた。
4歳児クラス…負けず嫌いで頑固な面もあるが、普段は友達に優しく、思いやりがある。

幼児期の終わりまでに育ってほしい姿
※各項目の内容等については、別紙に示す「幼児期の終わりまでに育ってほしい姿について」を参照すること。
健康な心と体
自立心
協同性
道徳性・規範意識の芽生え
社会生活との関わり
思考力の芽生え
自然との関わり・生命尊重
数量や図形、標識や文字などへの関心・感覚
言葉による伝え合い
豊かな感性と表現

保育者の援助について記入

切り替えに時間がかかるという課題に対してどのような援助を行なったのか、それによりどのような変容がみられたのか記入しましょう。それが、次年度の指導に生かされる記録となります。

否定的な決めつけの言葉を使用しない

「頑固」は保育者の主観的な表現です。客観的な事実の記入を心掛けましょう。
（例）負けず嫌いで、勝敗にこだわる場面もあったが、

達成感や充実感から広がる成長

活動における達成感や充実感が更なる意欲となり、成長につながっていきます。合奏という表現活動の充実が自信を生み、言葉による伝え合いを豊かにし協同性を養い、それらが自立心につながった、ということを10の姿を活用して記述すると更に育ちが伝わりやすいでしょう。

保育所❽ H児

保育所 ⑨ I児 年下の友達とも関わる

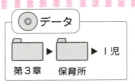

具体的な成長の記述
「健康な心と体」「自立心」に示されている姿が育っていく様子が具体的に記述されています。

援助と成長の過程
保育士の具体的な援助を記述することで、保育士が本児をどのように理解し、その変容をどのように捉えているのかが分かります。就学後の指導に生かしていってもらうためにも重要です。

ふりがな		保育の過程と子どもの育ちに関する事項
氏名	I児	(最終年度の重点) 共通の目的に向かって協力し、やり遂げることで充実感や満足感をもつ。
生年月日	平成　年　月　日	
性別	女	(個人の重点) 身近な人との関わりの中で、自分の力を生かし、自分に自信をもつ。
ねらい (発達を捉える視点)		

		保育の展開と子どもの育ち
健康	明るく伸び伸びと行動し、充実感を味わう。 自分の体を十分に動かし、進んで運動しようとする。 健康、安全な生活に必要な習慣や態度を身に付け、見通しをもって行動する。	○体を動かすことを好み、戸外で活発に活動していた。特に球技が得意で、男児と遊ぶ姿が多く見られた。4月当初は保育士と共に遊ぶことが多かったが、10月頃には自分たちでルールを決め、時間をうまく使ったり、場所を選んだりして、見通しをもって遊びを進めていくことができるようになった。
人間関係	保育所の生活を楽しみ、自分の力で行動することの充実感を味わう。 身近な人と親しみ、関わりを深め、工夫したり、協力したりして一緒に活動する楽しさを味わい、愛情や信頼感をもつ。 社会生活における望ましい習慣や態度を身に付ける。	○年少の友達との関わりにおいては、目線を合わせてゆっくり話したり、うまく思いが伝えられない場合は優しく聞き取ったり、手をつないで励ましたりしていた。相手の気持ちを考えて関わり、自分が役に立つ喜びを感じることができた。
環境	身近な環境に親しみ、自然と触れ合う中で様々な事象に興味や関心をもつ。 身近な環境に自分から関わり、発見を楽しんだり、考えたりし、それを生活に取り入れようとする。 身近な事象を見たり、考えたり、扱ったりする中で、物の性質や数量、文字などに対する感覚を豊かにする。	○話したいことがたくさんあり、時には一方的に話してしまうこともあったが、自分の思いや考えを保育士や友達に聞いてもらう中で、言葉による伝え合いの楽しさを感じ、友達の思いも理解することができるようになった。伝える相手や状況に応じて言葉の使い方や表現の仕方も工夫するようになった。
言葉	自分の気持ちを言葉で表現する楽しさを味わう。 人の言葉や話などをよく聞き、自分の経験したことや考えたことを話し、伝え合う喜びを味わう。 日常生活に必要な言葉が分かるようになるとともに、絵本や物語などに親しみ、言葉に対する感覚を豊かにし、保育士等や友達と心を通わせる。	○絵本が好きで、絵本の時間を楽しみにしていた。本に触れることが多いため、語彙数も豊かになり、文字に対する興味・関心も高くなった。10月頃には、自分から進んで自由帳に、明日の持ち物をひらがなで書いたり、自分の作品や持ち物に名前を書いたりする姿が見られるようになった。
表現	いろいろなものの美しさなどに対する豊かな感性をもつ。 感じたことや考えたことを自分なりに表現して楽しむ。 生活の中でイメージを豊かにし、様々な表現を楽しむ。	○鍵盤ハーモニカの練習では演奏できる曲が増えることがうれしくて自分から進んで練習に取り組んでいた。保育士や友達にも認められたことが「やればできる」という自信につながり、友達に教える姿や、みんなに声を掛けて一緒に練習する姿が見られるようになり、充実感が学びの意欲、自立心、協同性へとつながっていった。
		(特に配慮すべき事項) 特記事項なし

第3章 実際の子どもを見てみよう

I児の基本情報

父・母・兄・弟・本児の5人家族。活発でおもしろいと感じた遊びに夢中になって取り組む。

最終年度に至るまでの育ちに関する事項
入園時………食事がうまく進まなかったため、家庭から食器を持ってきてもらうことで安心して食事をすることができた。
0歳児クラス…体を使う遊びを楽しんでいた。「バイバイ」等の一語文を話すことができた。
1歳児クラス…言葉で自分の思いを伝えようとし、友達や保育者へ積極的に関わっていった。
2歳児クラス…好奇心旺盛で活動に積極的であった。砂場が好きで、冬でも泥んこ遊びを楽しんでいた。
3歳児クラス…公園に出掛けたときは、ブランコで立ち乗りをしたり、網を持ってずっと虫を追い掛けたりと活発に活動する姿が見られた。
4歳児クラス…外遊びが大好きであったが、折り紙や工作などの室内遊びにも集中して取り組めるようになった。

集団との関わりの中で生きるその子らしさ

小さな子どもとの関わり、自分でできることを見つけ実行していく中で、自信をつけていく様子が書かれています。幼児期の生活を通して育まれた「優しさ」や「思いやり」についても小学校に伝えていくことが大切です。

幼児期の終わりまでに育ってほしい姿
※各項目の内容等については、別紙に示す「幼児期の終わりまでに育ってほしい姿について」を参照すること。
健康な心と体
自立心
協同性
道徳性・規範意識の芽生え
社会生活との関わり
思考力の芽生え
自然との関わり・生命尊重
数量や図形、標識や文字などへの関心・感覚
言葉による伝え合い
豊かな感性と表現

「10の姿」を意識した記載

表現活動における取り組み・体験、そして充実感が自立心につながっていった様子が具体的に記載されています。10の姿を活用することによって、子どもの育ちを小学校により分かりやすく伝えることができます。

保育所⑨ I児

 保育所 ⑩

 J児 — 科学に興味がある

 より良く

資質・能力を意識した記載
子どもの育ちを「資質・能力」の面から捉えて記載しましょう。
🌸（例）新たな目標をもって粘り強く取り組む姿が見られるようになった。この姿が他の領域に広がり、学びに向かう力につながっていくことを願っている。

 Good!

成長の過程と保育士の援助
人との関わり方において戸惑いがあった本児への援助が記載されています。その変容が生活全般に広がっていき、健康な心と体が育っていったことが分かります。

 Good!

今後の成長への願い
協同的な学びの中で伸びた力と今後更に伸ばしたい力を書いています。発達の連続性を踏まえて、小学校へつなげていくことが大切です。

ふりがな			保育の過程と子どもの育ちに関する事項
氏名		J児	（最終年度の重点）友達と思いを伝え合いながら、自分のしたい遊びを存分に楽しみ、充実感を味わう。
生年月日		平成　年　月　日	
性別		男	（個人の重点）周囲の環境に好奇心や探求心をもって関わり、主体的に活動する。
ねらい（発達を捉える視点）			
健康	明るく伸び伸びと行動し、充実感を味わう。		（保育の展開と子どもの育ち）○自ら掲げた縄跳びの目標を達成したときに、保育士や友達に認めてもらい、一緒に喜び合う体験を通して、新たな目標を目指して努力を続ける姿が見られた。○4月当初は年下の友達にどのように関わればよいか戸惑っている様子が見られたが、保育士と一緒に食事の準備や後片付けをする中で関わり方を学び、8月には、年下の友達が困っていると進んで話を聞いたり、着替えを手伝ったりする姿が見られるようになった。人の役に立つことで充実感を感じ生活全般にわたって、自信をもって生き生きと活動することができるようになった。○虹のでき方に興味をもち、科学絵本で虹の作り方を調べて、友達と一緒に試行錯誤を繰り返して、虹を作り出した。その発見を、クラスのみんなに知らせようと、説明の仕方を工夫する姿が見られた。この活動は、自然との関わりをきっかけに、友達と話し合って考えを深め充実感を味わうとともに、伝え合いの意欲と態度を育むことにつながった。それまではみんなの前で話すことに控えめであったが、徐々に自分の意見を出せるようになっていった。○お知らせ掲示板やポイントカードを作るなどして、生活体験を生かしてお店屋さんごっこを楽しんでいた。お客さんとなった友達や保育士に喜ばれ、褒めてもらうことで自信をつけ、更に遊びを豊かにする工夫を重ねていた。○2月に行なわれた発表会では、友達と、劇を作り上げるという共通の目標に向かって話し合い、それぞれの良いところを認め合いながら、活動を進めていく姿が見られた。思いやりがあり優しい本児が、これからも他者の思いを大切にしながら、自己を発揮し、生き生きと生活していってくれることを願っている。
	自分の体を十分に動かし、進んで運動しようとする。		
	健康、安全な生活に必要な習慣や態度を身に付け、見通しをもって行動する。		
人間関係	保育所の生活を楽しみ、自分の力で行動することの充実感を味わう。		
	身近な人と親しみ、関わりを深め、工夫したり、協力したりして一緒に活動する楽しさを味わい、愛情や信頼感をもつ。		
	社会生活における望ましい習慣や態度を身に付ける。		
環境	身近な環境に親しみ、自然と触れ合う中で様々な事象に興味や関心をもつ。		
	身近な環境に自分から関わり、発見を楽しんだり、考えたり、それを生活に取り入れようとする。		
	身近な事象を見たり、考えたり、扱ったりする中で、物の性質や数量、文字などに対する感覚を豊かにする。		
言葉	自分の気持ちを言葉で表現する楽しさを味わう。		
	人の言葉や話などをよく聞き、自分の経験したことや考えたことを話し、伝え合う喜びを味わう。		
	日常生活に必要な言葉が分かるようになるとともに、絵本や物語などに親しみ、言葉に対する感覚を豊かにし、保育士等や友達と心を通わせる。		
表現	いろいろなものの美しさなどに対する豊かな感性をもつ。		
	感じたことや考えたことを自分なりに表現して楽しむ。		（特に配慮すべき事項）特記事項なし
	生活の中でイメージを豊かにし、様々な表現を楽しむ。		

第3章 実際の子どもを見てみよう

J児の基本情報
- 一人っ子
- 父・母・本児の3人家族
- 口数は少ないが、優しく思いやりがある。

最終年度に至るまでの育ちに関する事項
1歳児クラス…興味のある物を指さし、覚えた言葉を繰り返し言って、保育士に発見を伝えようとする姿が見られた。
2歳児クラス…友達と関わるよりも、ひとりで好きな遊びに没頭していることが多かった。
3歳児クラス…友達との関わりが増え、意欲的にクラスの活動に取り組む姿が見られた。
4歳児クラス…行事やクラス活動に積極的に取り組み、友達と協力して楽しく活動することができた。

より良く　保育士の関わり・援助を記載

子どもの姿に課題を感じた場合は、どのように関わり援助したか、それによって子どもはどのように変わっていったのかを書きましょう。それが次年度の指導につながっていきます。

元の記録は・・・　記録から成長を捉える

バケツ・水・鏡・紙を自分たちで用意し、紙の向きを変えたり、水を増やしたりと試行錯誤を繰り返した後、太陽の方向に紙を向けると、紙に虹が映った。水の動きに合わせて虹が揺れるのを楽しんでいた。

幼児期の終わりまでに育ってほしい姿
※各項目の内容等については、別紙に示す「幼児期の終わりまでに育ってほしい姿について」を参照すること。
健康な心と体
自立心
協同性
道徳性・規範意識の芽生え
社会生活との関わり
思考力の芽生え
自然との関わり・生命尊重
数量や図形、標識や文字などへの関心・感覚
言葉による伝え合い
豊かな感性と表現

より良く　10の姿を意識した記載をする

主体的に工夫をこらして活動している様子を具体的に書くのは良いことですが、就学後の指導につなげるために、10の姿を意識した記載をつけ加えましょう。

（例）生活の中で使われている数量や文字に親しみ進んで活用するとともに、言葉のやり取りを通して語彙を増やし、伝え合いの力が高まった。

保育所⑩　J児

保育所 ⑪ K児 「加配保育士がついている」

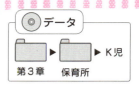

Good! 育ちのきっかけが分かる
粗大運動の記述は、何がきっかけでどのような育ちにつながったのかが分かります。どのタイミングでどのように課題を乗り越えていったかということや、そのことを踏まえて今の姿を示すことが重要です。

より良く 必要な関わりを併せて記入する
この場合、どのような援助を行なうことによって、その行動が抑制されるようになったか、ということを記述をする方が適切です。

より良く 状況が理解しやすい文章にする
「絵を描くことが好き」ということと、「丸で思いを表現している」はあまり結び付きません。「描画で丸を描き、その丸に意味づけして話をするのを好む」のか、「丸だけでなく様々な描画を描くことができる」のか、子どもの状況を正しく表現するようにしましょう。

ふりがな				保育の過程と子どもの育ちに関する事項
氏名		K児		（最終年度の重点）分かってできることを増やし、自信をもって生活や遊びができるようにする。
生年月日		平成　年　月　日		
性別		男		（個人の重点）方法や手順を知り、身の回りのことをできるだけ自分でできるようにする。
ねらい（発達を捉える視点）				
健康	明るく伸び伸びと行動し、充実感を味わう。			（保育の展開と子どもの育ち） ○歯磨きや整理整頓が苦手だが、視覚表示や分かりやすい声掛けをすることで、やってみようとする姿が増えてきている。 ○粗大運動は苦手だったが、運動会の取り組みや当日自己発揮できたことで自信がつき、鬼ごっこやボールを使った集団遊びに意欲的に参加するようになった。
	自分の体を十分に動かし、進んで運動しようとする。			
	健康、安全な生活に必要な習慣や態度を身に付け、見通しをもって行動する。			
人間関係	保育所の生活を楽しみ、自分の力で行動することの充実感を味わう。			○友達と一緒に活動や遊びを楽しめるが、自分の思いを通そうとすることで言い合いになり、手が出ることがある。 ○困っている友達に自ら気付き、優しく声を掛けることができる。 ○周りの様子に気付いたり、友達の行動をまねたりすることで、主体的に行動しようとする姿が見られるようになってきた。
	身近な人と親しみ、関わりを深め、工夫したり、協力したりして一緒に活動する楽しさを味わい、愛情や信頼感をもつ。			
	社会生活における望ましい習慣や態度を身に付ける。			
環境	身近な環境に親しみ、自然と触れ合う中で様々な事象に興味や関心をもつ。			○虫が好きで捕まえるまで粘り強く追い掛ける姿がある。 ○自分の名前や絵本に書かれている文字、また数をかぞえることや数字に、少しずつ興味を示すようになってきた。 ○話し合いの場面では参加できないこともあるが、席を一番前にしたり、話し合いの内容をそばで端的に伝えたりすることで、少しずつ興味をもち、参加できることが増えてきた。
	身近な環境に自分から関わり、発見を楽しんだり、考えたりし、それを生活に取り入れようとする。			
	身近な事象を見たり、考えたり、扱ったりする中で、物の性質や数量、文字などに対する感覚を豊かにする。			
言葉	自分の気持ちを言葉で表現する楽しさを味わう。			○言葉のやり取りで折り合いをつけるのは難しいが、保育士の仲介で相手の主張を受け入れることができるようになってきた。 ○造形活動に対して苦手意識があるが、そばで方法を丁寧に知らせることで取り組めるようになっている。 ○絵を描くことが好きで、丸で思いを表現している。 ○歌うことが好きで、新しい歌は本児用の歌詞カードを用意して、事前に伝えることで歌おうとしている。
	人の言葉や話などをよく聞き、自分の経験したことや考えたことを話し、伝え合う喜びを味わう。			
	日常生活に必要な言葉が分かるようになるとともに、絵本や物語などに親しみ、言葉に対する感覚を豊かにし、保育士等や友達と心を通わせる。			
表現	いろいろなものの美しさなどに対する豊かな感性をもつ。			
	感じたことや考えたことを自分なりに表現して楽しむ。			（特に配慮すべき事項）特記事項なし
	生活の中でイメージを豊かにし、様々な表現を楽しむ。			

第3章 実際の子どもを見てみよう

K児の基本情報

こだわりがあり、感情のコントロールや気持ちの切り替えに課題がある。個別の指導計画を作成するとともに、関係機関と連携を図り援助を行なってきた。

最終年度に至るまでの育ちに関する事項
＊家族構成は、父と母と妹の4人家族。 ＊0歳児クラスより入所。 ＊アレルギー体質で、肌がかぶれやすい。卵アレルギーで、マヨネーズを除去している。半年に1回検査を受けている。 ＊乗り物に酔いやすい。 ＊2歳児クラス以降、継続して保健センターの発達相談を受けている。 ＊4歳児クラスより加配保育士が個別指導計画を立て、丁寧な援助を行なっている。 ＊サポートブックを利用するとともに、就学相談を受け、小学校との接続が円滑に行なえるよう連携を図っている。両親は就学に向けて、本児にどのような支援が最善かを考えている。

幼児期の終わりまでに育ってほしい姿
※各項目の内容等については、別紙に示す 「幼児期の終わりまでに育ってほしい姿について」 を参照すること。
健康な心と体
自立心
協同性
道徳性・規範意識の芽生え
社会生活との関わり
思考力の芽生え
自然との関わり・生命尊重
数量や図形、標識や文字などへの関心・感覚
言葉による伝え合い
豊かな感性と表現

記録から要録へ！ 個人カルテから要録へ

保健センターの発達相談の結果や巡回相談や保護者との懇談の内容を個人カルテに記録しておくことにより、担任が代わっても継続して必要な情報を把握することができます。その情報を要録に記載しましょう。

心の育ちに着目する

個別の援助を要する子どもで、他児との関係で手が出ることもあるとのことで、対人関係にも課題があるのではと思われるところです。しかし、「困っている友達に自ら気付き、声を掛けることができる。」という記載により、本児の心の育ちが豊かであることがうかがわれます。

記録から要録へ！ 記録簿から要録へ

個別の指導計画作成する際、発達の状況を記載する記録簿を用い、数か月に1回程度発達の状況を確認できるようにすることで、どのように育っているのかということを要録に記載することができます。

夏頃まで文字に関心がなく、保護者も心配されていたが、要録を記入する頃には、随分関心をもてるようになった。その経緯については、個別の指導計画の記載内容や、記録簿（要援助児は年3回確認する）の記録から把握することができた。

保育所 ⑪ K児

クラスで中心的存在

「できる」「できない」ではない視点

粗大運動は小さい頃から得意ではなく、「できない」ことに着目しがちだが、苦手なことにも取り組もうとする意欲や、諦めずに粘り強く目標に向かって取り組む姿に着目して記述できています。

重複する記述は避ける

本児と他児との関係において、お互いを尊重し合う関係が築けるようになってほしいという担任の強い願いが見えますが、同じような内容の記述があります。人間関係のところでは、どのようなリーダーシップを発揮していたのか分かる記述にしましょう。

個人の重点に関する育ちの記述

この1年重点的に指導してきたことに関して、本児が友達関係の中で、どのような経験をしたのか、保育士がどのような援助を行なったのかを具体的に記述できています。

ふりがな		保育の過程と子どもの育ちに関する事項
氏名	L児	（最終年度の重点） 生活や遊びに主体的に取り組み、自信をもって過ごすことができるようにする。
生年月日	平成　年　月　日	
性別	男	（個人の重点） 友達との関わりの中で、お互いを尊重した言い方や接し方ができるようになる。
ねらい（発達を捉える視点）		（保育の展開と子どもの育ち）
健康	明るく伸び伸びと行動し、充実感を味わう。	○粗大運動は得意ではないが、友達と一緒に取り組む中で、自分で目標をもって頑張ることができる。竹馬では、乗れるようになるまで何度も繰り返し練習する姿が見られた。 ○基本的な生活習慣や生活に必要な技能は獲得できており、見通しをもって行動することができる。 ○グループ活動や遊びの中で中心的な存在である。正義感が強く、友達の不適切な行為が許せず責めることもあったが、相手の気持ちを聞く姿が多く見られるようになった。 ○様々な事象に関心をもち、遊びに取り入れることが得意である。国旗に興味をもち、図鑑から忠実に国旗の図柄を描き写すなどして遊んでいた。 ○文字や数字に関心があり、積極的に取り入れて遊び、友達に教えてあげる姿も見られるようになった。 ○トラブルがあると友達に強い口調で指摘することがあったが、他児に「きつく言わんといて」と言われたり、「どう伝えたらいいのかな」と保育士と考えたりすることで、少しずつ適切な言葉で伝えられるようになってきている。 ○相手の話を注意して聞いたり、豊かな言葉や表現を身につけ、経験したことや考えたことなどを言葉で伝えることができる。 ○製作や構成遊びが好きで、消防署を見学した後、積み木とロープを組み合わせて消防署を再現するなど、発想豊かに遊びを工夫して展開することができる。 ○2月の劇では恥ずかしがらずに自信をもって自分の役を演じたり、劇の準備などにも積極的に取り組む姿が見られた。
	自分の体を十分に動かし、進んで運動しようとする。	
	健康、安全な生活に必要な習慣や態度を身に付け、見通しをもって行動する。	
人間関係	保育所の生活を楽しみ、自分の力で行動することの充実感を味わう。	
	身近な人と親しみ、関わりを深め、工夫したり協力したりして一緒に活動する楽しさを味わい、愛情や信頼感をもつ。	
	社会生活における望ましい習慣や態度を身に付ける。	
環境	身近な環境に親しみ、自然と触れ合う中で様々な事象に興味や関心をもつ。	
	身近な環境に自分から関わり、発見を楽しんだり、考えたり、それを生活に取り入れようとする。	
	身近な事象を見たり、考えたり、扱ったりする中で、物の性質や数量、文字などに対する感覚を豊かにする。	
言葉	自分の気持ちを言葉で表現する楽しさを味わう。	
	人の言葉や話などをよく聞き、自分の経験したことや考えたことを話し、伝え合う喜びを味わう。	
	日常生活に必要な言葉が分かるようになるとともに、絵本や物語などに親しみ、言葉に対する感覚を豊かにし、保育士等や友達と心を通わせる。	
表現	いろいろなものの美しさなどに対する豊かな感性をもつ。	
	感じたことや考えたことを自分なりに表現して楽しむ。	（特に配慮すべき事項） 特記事項なし
	生活の中でイメージを豊かにし、様々な表現を楽しむ。	

L児の基本情報

主体的でクラスでも中心的存在だが、真面目な性格であるがゆえに、友達との関係では、厳しく指摘したりすることがあったが、友達との関係の中で、適切な接し方が身についてきた。

最終年度に至るまでの育ちに関する事項

* 家族構成は、父と母と弟の4人家族。
* 双方の祖母が近隣に住んでおり、送迎や体調不良時等には協力が得られている。
* 1歳児クラスより入所。初めてのことには慎重で、体を動かす遊びより、手指を使った遊びを好み、じっくり取り組む姿が見られた。2歳児クラスでは、ままごとが好きだった。身の回りの自立は早かった。
* 3歳児クラスでは母の出産後不安定な様子が見られたが、好奇心旺盛で、好きなことには夢中になって遊んでいた。
* 4歳児クラス以降では、積極的に遊びや生活する姿が多く見られたが、失敗したくないという気持ちから、新しいことに取り組むことにちゅうちょすることがあったが、様々な経験を通して自信をもち、苦手なことにも前向きに取り組む姿が見られるようになった。
* 健康状態は良好。

幼児期の終わりまでに育ってほしい姿

※各項目の内容等については、別紙に示す「幼児期の終わりまでに育ってほしい姿について」を参照すること。

健康な心と体
自立心
協同性
道徳性・規範意識の芽生え
社会生活との関わり
思考力の芽生え
自然との関わり・生命尊重
数量や図形、標識や文字などへの関心・感覚
言葉による伝え合い
豊かな感性と表現

記録から要録へ！ 取り組みごとに個人の課題を明確化する

プールや運動会など、取り組みごとに、その活動に関する個人の課題を端的に記録しておきましょう。必要な援助や環境を整えられることに加え、要録を記載する際、それらの記録をたどることにより、その子の育ちを改めて把握することができます。

Good! その子の性格などが垣間見られる

国旗の書き写しの記述では、単に「国旗を書き写していた」というだけでなく、「忠実に国旗の図柄を書き写すなど」という表現となっていることで、本児の真面目な性格が垣間見られる記述になっていますね。

より良く 10の姿に即して振り返ろう

10の姿に即して見返したときに、ほぼそれぞれの項目について関連する育ちが記述されているが、「自然との関わり・生命の尊重」という項目が不足しているように見受けられるので、押さえておく必要があります。

保育所 ⑬

 他児との関わりに課題がある

 具体的な支援の方法を示す

いつ、どこで、どのような配慮を行なうことで、子どもが、「わかってできる」「落ち着いて行動できる」のかが示されています。

 友達関係の記述をする

人間関係に課題のある子どもの場合、不適切な言動にばかり目が向き、その状況や対処方法を伝えたいという気持ちになりがちですが、どんな遊びで友達と楽しんでいるのか、どうすることで、友達と関わることが楽しい経験になるのかなどを、このように記述したいものです。

記録から要録へ！ 個別の指導計画から要録へ

ルールのある遊びで他児とトラブルになることが多かったので、本児にどのような課題があり、どのような配慮が必要かを個別の指導計画に示し、支援を行ないます。その個別の指導計画の経緯をたどることにより、本児の育ちを把握することができます。

ふりがな			保育の過程と子どもの育ちに関する事項
氏名	M児		（最終年度の重点）遊びや生活に必要な決まりや約束、ルールを知り、社会生活に必要な基本的な習慣や態度を身につける。
生年月日	平成　年　月　日		
性別	男		（個人の重点）困っていることやしてほしいこと、してほしくないことを言葉やしぐさで適切に伝えようとする。
ねらい（発達を捉える視点）			（保育の展開と子どもの育ち）
健康	明るく伸び伸びと行動し、充実感を味わう。		○粗大運動には積極的に取り組み、かけっこや鬼ごっこが好きで友達と楽しんでいる。
	自分の体を十分に動かし、進んで運動しようとする。		○活動の節目で切り替えが難しいことがあるが、スケジュールの視覚表示や少人数での活動など、環境を整えることで落ち着いて活動できることが増えている。
	健康、安全な生活に必要な習慣や態度を身に付け、見通しをもって行動する。		○遊びに夢中になっているときに、トイレでの排尿が間に合わないことがあるので、様子を見て声を掛けることで、気付いてトイレに行くこともできる。
人間関係	保育所の生活を楽しみ、自分の力で行動することの充実感を味わう。		○友達と遊ぶことが好きで、ドッジボールなどルールのある遊びも事前に確認することで、ルールを守って遊ぼうとするようになってきた。
	身近な人と親しみ、関わりを深め、工夫したり、協力したりして一緒に活動する楽しさを味わい、愛情や信頼感をもつ。		○本児が落ち着いている状態のときに、ノートを用いて、本児の思いを聞いて絵に描いたり、どうすれば良かったかを一緒に考えたりすることにより、自分や相手の思いに気付き、適切な行動ができるようになってきている。
	社会生活における望ましい習慣や態度を身に付ける。		
環境	身近な環境に親しみ、自然と触れ合う中で様々な事象に興味や関心をもつ。		○ダンゴムシやメダカに関心をもち、図鑑で調べたり日々の変化を観察したりするなど、好奇心や関心をもち、積極的に飼育していた。
	身近な環境に自分から関わり、発見を楽しんだり、考えたり、それを生活に取り入れようとする。		○文字を読んだり書いたりすることに関心が出てきた。
	身近な事象を見たり、考えたり、扱ったりする中で、物の性質や数量、文字などに対する感覚を豊かにする。		
言葉	自分の気持ちを言葉で表現する楽しさを味わう。		○発言する場面やその内容が適切でないこともあるが、保育士が繰り返し知らせることで相手に適切な言葉で伝えることができるようになってきた。
	人の言葉や話などをよく聞き、自分の経験したことや考えたことを話し、伝え合う喜びを味わう。		○相手の話を聞くのが難しいことがあるが、自分の経験したことや考えたことなどを言葉で伝えることができる。
	日常生活に必要な言葉が分かるようになるとともに、絵本や物語などに親しみ、言葉に対する感覚を豊かにし、保育士等や友達と心を通わせる。		○製作や絵画、リズム遊びなどは苦手だが、スケジュールや流れを事前に知らせたり、時間を区切って参加したりすることにより、友達と一緒に参加できるようになってきている。
表現	いろいろなものの美しさなどに対する豊かな感性をもつ。		（特に配慮すべき事項）特記事項なし
	感じたことや考えたことを自分なりに表現して楽しむ。		
	生活の中でイメージを豊かにし、様々な表現を楽しむ。		

M児の基本情報

興味のある遊びは、夢中になり長時間遊び込む姿が見られるが、他児との関わり方や集団での生活に課題がある。

最終年度に至るまでの育ちに関する事項

* 家族構成は、父と母と本児の3人。近くに祖母がおり、送迎などの援助が得られる。
* 1歳児クラスより入所。父母は初めての集団生活で本児の様子が気になるようであったが、本児は、保護者と離れるときに泣く様子はあまり見られなかった。保育所でも、保育士に甘えることが少なかった。
* 2歳児クラスから、保健センターの発達相談や保育所における巡回指導を受けていた。
* 3歳児以降も、生活の見通しがもちにくく、生活習慣がなかなか身につかなかったが、視覚表示を取り入れるなど、個別指導計画を立て、丁寧な関わりを行なった。5歳児クラス前には、身辺自立がある程度できるようになった。
* 5歳児クラスから児童発達支援センターを利用している。
* 保護者は、本児の課題について理解が深く、他機関との連携を積極的に希望するなど、本児にとって適切な環境を望んでいる。就学に際しては、就学相談を受け、就学後の支援についても学校と連携が図れている。
* サポートブックは、3歳児クラスより利用している。

記載してよい情報を確認しよう

最終年度に至るまでの育ちに関する事項には、個人情報が詳しく記載されます。育ちを支えるために必要な情報であっても、保護者が載せてほしくない記載があることも想定されるので、事前に個人懇談を行なうなどして、保護者の同意を得ておくとよいでしょう。

サポートブックを活用しよう

サポートブック（※1）を3歳児クラスより利用していて、担任と保護者はそのサポートブックに記載している情報を常時共有していました。要録記載時にも改めて保護者の思いや本児の育ちを確認し、必要な事項を要録に記載します。

※1…「サポートブック」とは、関係機関が乳幼児期から学校卒業段階において各種の相談・支援を行なう際に円滑に情報を共有するとともに、保護者が各種の相談・支援を受けた際に提示することにより、相談・支援者に対して必要な情報が提供できるよう情報を集約したツールである。

幼児期の終わりまでに育ってほしい姿

※各項目の内容等については、別紙に示す「幼児期の終わりまでに育ってほしい姿について」を参照すること。

健康な心と体
自立心
協同性
道徳性・規範意識の芽生え
社会生活との関わり
思考力の芽生え
自然との関わり・生命尊重
数量や図形、標識や文字などへの関心・感覚
言葉による伝え合い
豊かな感性と表現

Good! 育ってほしい姿の項目に偏りがない

10の姿を念頭に置きながら、保育の展開と子どもの育ちが記載されていることにより、今の子どもの状況や姿が明確になるだけでなく、どのような育ちをしてきたかという経過を知ることができます。それは本児への適切な援助が行なえるだけでなく、保護者の思いに寄り添った援助も可能にします。

保育所 14

 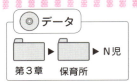

じっくり遊びに取り組む

より良く
子どもの思いや姿を的確に
お世話や手伝いを行なう□で、どのような思いがその背景にあるのか分かるようにしましょう。
- （例）年下の子には愛情をもって接し、お世話を喜んで行なっていた。また、責任感が強く、当番活動や保育士の手伝いなどは率先して行なっていた。

より良く
保育士の捉え方
気持ちの調整に時間が掛かることをネガティブに捉えていますが、折り合いを付けようとしている姿に着目したような表現にした方が良いでしょう。
- （例）トラブルになると、整理するのに時間を要することもあるが、相手の思いと自分の思いの間で、葛藤し折り合いをつけようとする姿が見られるようになってきた。

より良く
表現の仕方に工夫が必要
好きなことに取り組むことが同じような表現で記述されています。より具体的にその面白さが分かるような表現の仕方を工夫しましょう。
- （例）製作や絵画、身体表現では、色々なアイディアを考え出すことが楽しく、プラネタリウム鑑賞の後には、色画用紙に星のスタンプを押し、観てきた星空を再現して楽しんでいた。
- （例）友達と一緒に歌ったり、楽器を演奏することが好きで、ハンドベルでは、友達と担当する音階を決めて、演奏をする姿が見られた。

ふりがな		保育の過程と子どもの育ちに関する事項
氏名	N児	（最終年度の重点） 友達の話を聞いたり、自分の意見を主張したりしながら、協同で一つのことをやり遂げる。
生年月日	平成　年　月　日	
性別	女	（個人の重点） 友達と思いが違っても、伝え合うことを通して、折り合いをつけられるようになる。
ねらい （発達を捉える視点）		（保育の展開と子どもの育ち）
健康	明るく伸び伸びと行動し、充実感を味わう。 自分の体を十分に動かし、進んで運動しようとする。 健康、安全な生活に必要な習慣や態度を身に付け、見通しをもって行動する。	○マイペースではあるが、基本的生活習慣は身についている。 ○粗大運動が好きで、できるようになるまで意欲的に取り組んでいる。 ○当番活動や年下の子の世話、保育士の手伝いなどを進んで行なう。 ○友達と協調して一緒に遊ぶことができるが、トラブルになると気持ちを整理するのに時間が掛かることがある。保育士の仲立ちにより解決できる。
人間関係	保育所の生活を楽しみ、自分の力で行動することの充実感を味わう。 身近な人と親しみ、関わりを深め、工夫したり、協力したりして一緒に活動する楽しさを味わい、愛情や信頼感をもつ。 社会生活における望ましい習慣や態度を身に付ける。	○様々な事象に関心をもち、遊びに取り入れることが得意である。特に、草花への興味が強く、散歩で摘んできた草花を図鑑で調べたり、絵に描いて、ファイルにつづったりして、楽しんでいた。 ○文字や数字に関心があり、特に図形は、それぞれの特徴を生かして組み合わせて、図や絵にして楽しんでいた。
環境	身近な環境に親しみ、自然と触れ合う中で様々な事象に興味や関心をもつ。 身近な環境に自分から関わり、発見を楽しんだり、考えたりし、それを生活に取り入れようとする。 身近な事象を見たり、考えたり、扱ったりする中で、物の性質や数量、文字などに対する感覚を豊かにする。	○困ったことや意に沿わないことでも、相手に伝えたいという思いから、泣きながらでも頑張って説明しようとする姿が見られる。 ○自分の経験したことや考えたことなどを言葉で伝えたり、相手の話に関心をもって聞いたり、言葉で伝え合うことを楽しんでいる。
言葉	自分の気持ちを言葉で表現する楽しさを味わう。 人の言葉や話などをよく聞き、自分の経験したことや考えたことを話し、伝え合う喜びを味わう。 日常生活に必要な言葉が分かるようになるとともに、絵本や物語などに親しみ、言葉に対する感覚を豊かにし、保育士等や友達と心を通わせる。	○製作や絵画、身体表現が好きでいろいろなアイディアがたくさん出てきて、積極的に取り組む。 ○歌や楽器遊びも好きで、積極的に取り組む。
表現	いろいろなものの美しさなどに対する豊かな感性をもつ。 感じたことや考えたことを自分なりに表現して楽しむ。 生活の中でイメージを豊かにし、様々な表現を楽しむ。	（特に配慮すべき事項） 特記事項なし

● 第3章 実際の子どもを見てみよう

N児の基本情報

マイペースだが、自分の意思はしっかりもっていて、自分の思いが通らないと泣いて訴えることもあったが、言葉で伝えられるようになってきた。いろいろな物に興味や関心があり、じっくり取り組むことができる。

記録から要録へ！

個人総括から要録へ

3歳未満児クラスでは個人月案が必要なことから、半年に1回の総括においても個人の育ちや課題を明確にしておく必要があります。特に未満児クラスの育ちについては、職員に口頭で確認できないことも多く（職員の異動や退職等）、それらの記録を要録の記載に生かす必要があります。

最終年度に至るまでの育ちに関する事項

* 家族構成は、父、母、妹2人の5人家族。母方の祖母が近くにおり、送迎等の援助が得られている。
* 1歳児クラスより入所。
* 2歳児クラスでは、自分の思いが通らないと泣いて訴える等、しっかり自己主張していた。
* 3歳児クラスでは、母の産後少し不安定な様子が見られ、担任のそばにいることが多かった。しばらく担任と一緒に居ると安心してじっくり遊びだす姿が見られた。
* 4歳児クラスでは、情緒が安定し、友達との関わりが広がり、自分の意見や思いを積極的に伝える姿が多く見られるようになった。
* 5歳児クラスでは、好きなことを見つけて夢中になって取り組み、遊びを深めていた。

育ちの経緯が把握できる記述

最終年度に至るまでの育ちに関する事項に、年齢ごとの子どもの姿が記述されていることで、どのような経緯を経て、今の育ちにつながっているのかということが分かりやすくなっています。

幼児期の終わりまでに育ってほしい姿

※各項目の内容等については、別紙に示す「幼児期の終わりまでに育ってほしい姿について」を参照すること。

健康な心と体
自立心
協同性
道徳性・規範意識の芽生え
社会生活との関わり
思考力の芽生え
自然との関わり・生命尊重
数量や図形、標識や文字などへの関心・感覚
言葉による伝え合い
豊かな感性と表現

遊びに取り入れる具体的な記述

散歩で摘んできた草花を図鑑で調べる行為から知的好奇心が高いことや、絵に描いてファイルにつづって集めて楽しむ様子などがうかがわれるなど、どのように遊びに取り入れていたかが具体的でよく分かる記述ですね。

保育所⑭　N児

保育所 ⑮

O児 人見知りもあるが安定している

データ
第3章 ▶ 保育所 ▶ O児

より良く

重複した内容は避ける
「見通しをもって」生活する、過ごす、という内容が複数出てくるので、整理して重複する内容は避けましょう。
（例）基本的生活習慣は自立しており、自分で考えて行動することができる。

より良く

具体的なエピソードを添えて
もう少し具体的なエピソードを記述することで、どのような工夫があったかが分かり、この経験を通じて何を学んだかということが伝わります。
（例）宇宙がテーマの製作では、紙皿とモールでUFOを作ったり、紙コップと段ボールで飛ぶロケットを作るなど、友達と工夫して作ることを楽しんでいた。普段は集団の中では控えめであるが、このときは積極的に自分の意見を伝えたり、リーダーシップを発揮したりしていた。

具体的な記述が良い
劇遊びでの様子や、鍵盤ハーモニカでの合奏など友達と工夫して取り組んだり、一緒に合奏を楽しんだりする様子が具体的に記述されており、よく分かります。

ふりがな			保育の過程と子どもの育ちに関する事項
氏名		O児	(最終年度の重点) 思いや考えをお互いに伝え合う大切さが分かり、主体的に人と関わることを楽しむ。
生年月日	平成　年　月　日		
性別	女		(個人の重点) 感じたことや思ったことを友達と様々な方法で表現する。
	ねらい （発達を捉える視点）		
健康	明るく伸び伸びと行動し、充実感を味わう。		(保育の展開と子どもの育ち) ○日々の活動に見通しをもって過ごすことができる。 ○食は細いが量を調節すると時間内に完食できる。 ○粗大運動は好きで、友達と一緒に意欲的に取り組んでいた。 ○基本的生活習慣は自立しており、見通しをもって生活し、自分で考えて行動することができる。 ○困っている友達がいると、自ら声を掛けたり、一緒にしようとする姿が見られる。 ○身近な伝承行事の由来に関心をもち、自分で調べたことをみんなに知らせることができる。 ○自然物や廃材を使って、製作をしたり自分なりに工夫したりして遊びに取り入れていた。 ○場面に合った挨拶がきちんとできる。 ○大勢の中で最後まで話を聞いたり、人の意見を聞くことができる。また、人前で恥ずかしさもあるが、自分の思いを伝えることができる。 ○自分がイメージしていることを工夫して表現するようになり、劇遊びでは友達と表現方法を考えて一緒に取り組む姿が見られた。 ○鍵盤ハーモニカなど音階を理解して、友達と合奏など楽しんでいた。
	自分の体を十分に動かし、進んで運動しようとする。		
	健康、安全な生活に必要な習慣や態度を身に付け、見通しをもって行動する。		
人間関係	保育所の生活を楽しみ、自分の力で行動することの充実感を味わう。		
	身近な人と親しみ、関わりを深め、工夫したり、協力したりして一緒に活動する楽しさを味わい、愛情や信頼感をもつ。		
	社会生活における望ましい習慣や態度を身に付ける。		
環境	身近な環境に親しみ、自然と触れ合う中で様々な事象に興味や関心をもつ。		
	身近な環境に自分から関わり、発見を楽しんだり、考えたりし、それを生活に取り入れようとする。		
	身近な事象を見たり、考えたり、扱ったりする中で、物の性質や数量、文字などに対する感覚を豊かにする。		
言葉	自分の気持ちを言葉で表現する楽しさを味わう。		
	人の言葉や話などをよく聞き、自分の経験したことや考えたことを話し、伝え合う喜びを味わう。		
	日常生活に必要な言葉が分かるようになるとともに、絵本や物語などに親しみ、言葉に対する感覚を豊かにし、保育士等や友達と心を通わせる。		
表現	いろいろなものの美しさなどに対する豊かな感性をもつ。		
	感じたことや考えたことを自分なりに表現して楽しむ。		(特に配慮すべき事項) 特記事項なし
	生活の中でイメージを豊かにし、様々な表現を楽しむ。		

106

第3章 実際の子どもを見てみよう

O児の基本情報

4人きょうだいの末っ子で、きょうだいとは少し年齢が離れている。家族から愛情を受けて育てられており、発達や身辺自立は特に問題ないが、人見知りが強く、人前で話をするのが苦手だった。

記録から要録へ！ 記録簿から要録へ

年1回誕生月に記録簿で発達の確認を行なうことにより、要録を記載する際、どのような育ちをしてきたかを確認することができます。しかし、「できる」「できない」だけの記録簿では、十分ではないため、エピソードを含めた記録が必要となります。

最終年度に至るまでの育ちに関する事項
＊家族構成は、父、母、姉2人、兄1人の6人家族。
＊0歳児より入所。未満児クラスのときは、人見知りが強く、特定の保育士との関係を求める姿が多かった。発達や身辺自立は順調だった。
＊3歳児クラスでは、人前で話をするときに泣き出すこともあったが、4歳児クラスの頃から仲の良い友達数人との関係を基盤に、意欲的に活動することが増えてきた。5歳児クラスでは、<u>友達同士のけんかの仲裁をするなど</u>、主体的に周りと関わる姿も見られるようになった。
＊生活リズムは整っており、情緒は安定している。

Good! 育ちの過程と現状が分かる記述

「最終年度に至るまでの育ちに関する事項」に育ちの過程が記載されているので、「保育の過程と子どもの育ちに関する事項」に記載している子どもの姿につながる本児の様子がうかがえます。

より良く 偏りのある記述にならないように

数量や図形、標識や文字などへの関心・感覚の項目に該当する記述が見受けられません。どのように遊びに取り入れているかを具体的に記載されている方が良いでしょう。

幼児期の終わりまでに育ってほしい姿
※各項目の内容等については、別紙に示す「幼児期の終わりまでに育ってほしい姿について」を参照すること。
健康な心と体
自立心
協同性
道徳性・規範意識の芽生え
社会生活との関わり
思考力の芽生え
自然との関わり・生命尊重
数量や図形、標識や文字などへの関心・感覚
言葉による伝え合い
豊かな感性と表現

保育所 ⑮ O児

保育所 ⑯

P児 自己主張がはっきりしている

データ
第3章 ▶ 保育所 ▶ P児

元の記録は…

記録から捉えた子どもの成長

好きな遊びの時間は、いつも戸外に出て友達と元気よく遊ぶ姿が見られる。特に、ドッジボールは、自ら進んでボールを受け止め、勢いよく「エイ」と言って投げる姿がある。ボールを投げるときには工夫し、投げられたときにはうまく身をかわしている。鬼ごっこでも同様に、うまく身をかわしてタッチされないようにしている。

元の記録は…

できなかったことができるようになった過程を
（発達経過記録から）

こまが思うように回せなくていら立つことが多い。シニアボランティアの方は本児に根気よくひもの巻き方から手の振り方まで一対一でアドバイスをしてくれる。できないことにはあまり興味をもたなかった本児だが、じっくりと自分に合わせて付き合ってくれるシニアボランティアの方の存在があり、何度も挑戦し、回せるようになった。

ふりがな		保育の過程と子どもの育ちに関する事項
氏名	P児	（最終年度の重点） 自分の思いや考えを出して、周りに認められることで自己肯定感を高め、主体的に活動する。 様々な人と関わりながら、遊びを発展させることを楽しむ。
生年月日	平成　年　月　日	
性別	男	（個人の重点） 相手の思いに気付き、自分の気持ちと折り合いをつける。 一つの活動にじっくりと取り組み、工夫したり試したりする楽しさを味わう。

<table>
<tr><th colspan="2">ねらい
（発達を捉える視点）</th><th>（保育の展開と子どもの育ち）</th></tr>
<tr><td rowspan="3">健康</td><td>明るく伸び伸びと行動し、充実感を味わう。</td><td rowspan="3">○戸外で体を動かして遊ぶことが好きで、ドッジボールや鬼ごっこなど集団遊びを楽しむ。いつも自分の力を全力に出して遊び、ドッジボールでは速い球を投げたり、ボールを見て素早く身をかがめたり避けたりと、とっさに判断して体を動かす。自分でも得意であることに自信をもち、園庭に出ると友達を誘い、チーム分けなどを率先して行なう。
○用具を使った運動にも意欲的で、鉄棒の連続逆上がりやとび箱の6段を跳ぶなど自分なりに目標をもち、できるようになるまで挑戦意欲をもって毎日繰り返し取り組む。</td></tr>
<tr><td>自分の体を十分に動かし、進んで運動しようとする。</td></tr>
<tr><td>健康、安全な生活に必要な習慣や態度を身に付け、見通しをもって行動する。</td></tr>
<tr><td rowspan="3">人間関係</td><td>保育所の生活を楽しみ、自分の力で行動することの充実感を味わう。</td><td rowspan="3">○シニアボランティアの方にこま回しを教えてもらったことをきっかけに、初めは回せなかったが何度も粘り強く挑戦し、回せるようになる。友達と競い合うことを楽しみ、繰り返し遊ぶ。</td></tr>
<tr><td>身近な人と親しみ、関わりを深め、工夫したり、協力したりして一緒に活動する楽しさを味わい、愛情や信頼感をもつ。</td></tr>
<tr><td>社会生活における望ましい習慣や態度を身に付ける。</td></tr>
<tr><td rowspan="3">環境</td><td>身近な環境に親しみ、自然と触れ合う中で様々な事象に興味や関心をもつ。</td><td rowspan="3">○自分の思いを言葉で相手にはっきりと伝えることができる。遊びの中ではリーダー的な存在として、遊びの提案をすることが多くある。
○積み木を使って立体的なものを作ったり、傾斜を作り玉を転がす工夫をしたりなど、自分なりの考えを実践し集中して自分がしたい遊びを繰り返し遊ぶ。その中で、段ボールや廃材などを取り入れたりして試しながら遊びを発展していくことを楽しむ。</td></tr>
<tr><td>身近な環境に自分から関わり、発見を楽しんだり、考えたり、それを生活に取り入れようとする。</td></tr>
<tr><td>身近な事象を見たり、考えたり、扱ったりする中で、物の性質や数量、文字などに対する感覚を豊かにする。</td></tr>
<tr><td rowspan="3">言葉</td><td>自分の気持ちを言葉で表現する楽しさを味わう。</td><td rowspan="3">○クラスでの話し合いの際には、積極的に自分の意見を言う姿を認めながらも、保育士が友達の意見を聞いたりそれに賛同する他児の様子を知らせたりすることで徐々に周りの意見を認めるようになり、賢く態度が少しずつ身につくようになる。
○折り紙やはさみなどを使っての製作では苦手意識をもっていたが、少人数で取り組む時間をもつことで自分のペースが保障され、またいろいろな素材を選べるようにすることで出来栄えを気にすることなく焦らず最後まで集中して取り組むようになる。</td></tr>
<tr><td>人の言葉や話などをよく聞き、自分の経験したことや考えたことを話し、伝え合う喜びを味わう。</td></tr>
<tr><td>日常生活に必要な言葉が分かるようになるとともに、絵本や物語などに親しみ、言葉に対する感覚を豊かにし、保育士等や友達と心を通わせる。</td></tr>
<tr><td rowspan="3">表現</td><td>いろいろなものの美しさなどに対する豊かな感性をもつ。</td><td rowspan="3">（特に配慮すべき事項）
乳製品のアレルギーがあったが、5歳児の9月よりすべての製品が摂取可能となり、給食においては除去の必要はなくなる。</td></tr>
<tr><td>感じたことや考えたことを自分なりに表現して楽しむ。</td></tr>
<tr><td>生活の中でイメージを豊かにし、様々な表現を楽しむ。</td></tr>
</table>

第3章 実際の子どもを見てみよう

P児の基本情報

父、母、弟（3歳児）、本児の4人家族。ときどき祖母が来て子育てについて介入する。戸外で活発に体を動かすことが好きで、人なつこく誰とでも会話ができる。

最終年度に至るまでの育ちに関する事項

* 転居に伴い、3歳児で弟と一緒に入所する。
* 好奇心旺盛で新しい環境での生活にすぐに慣れ、友達や保育士に自分から話し掛けることが多かった。
* 大きな声で自己主張し、座って話を聞くことが難しかったり、友達とトラブルになりやすかったりすることもあり、**個別に関わりながら集団で過ごすルールを知らせていった。**
* 母親が、友達との関わり方や参観や行事などでの本児の様子を心配し、3歳児と4歳児のときに自治体の発達相談を受ける。個別に検査をすると理解しているが、興味や関心が多いため気が散漫になりやすいので、指示は一つずつするとよいとのアドバイスを受け、様子を見ることとなる。
* 5歳児のときに、母親からしつけについて悩んでいるとの相談を受ける。父や祖母からしつけがなっていないと非難されるとのことであった。母親は本児の行動を注意することがないので、それを本児も分かっており、危険な行動やしてはいけないこともエスカレートする傾向があった。父や祖母はそれを一方的にとがめるので、本児も大人の目を見て行動しがちであった。家庭の中で注意する線引きを一定にすることを提案し、**父親に対しては、本児の良いところに目を向けられるように保育士から話をすることで少しずつ悩みが解消されていった。本児もしてはいけないことが明確になり、制止をする場面が減ってきた。**

幼児期の終わりまでに育ってほしい姿

※各項目の内容等については、別紙に示す
「幼児期の終わりまでに育ってほしい姿について」
を参照すること。

健康な心と体
自立心
協同性
道徳性・規範意識の芽生え
社会生活との関わり
思考力の芽生え
自然との関わり・生命尊重
数量や図形、標識や文字などへの関心・感覚
言葉による伝え合い
豊かな感性と表現

保育者が困っていることの記述にならないように

子どもの姿を肯定的に捉える文章にしましょう。
* （例）**個別な関わりをすることで、声の大きさをコントロールしたり、一定時間座って話を聞いたりするように徐々になっていった。**

保育所だけでなく、家庭からの情報も共有

子どもの育ちは、保育所だけに限ることではありません。保護者の子育てに関する悩みや子どもへの対応がその子の育ちに大きく関わってくるのはもちろんのことです。家庭からの情報を保育所が共有し、子どもの健やかな育ちにつながる表現にまとめると分かりやすいでしょう。

苦手から、集中して取り組むまでの過程

どの子も苦手なことはあり、一斉指示や一斉の活動の中ではそれが焦りとなってより一層苦手意識となります。しかし、一人ひとりの子どもの特性に応じて取り組み方を工夫することで、子ども自身がそのことを意識せずに取り組むことができます。事例では少人数で取り組むことで個々のペースの保障となり、素材を選べることで多様性が出て、みんなと同じではなく自分なりでよいことが安心感につながり、その結果集中して取り組むようになったことが分かります。保育士の配慮や環境構成により、子どもの育ちにつながっていることが分かります。

保育所 ⑯ P児

保育所 ⑰ Q児 外国にルーツを持つ

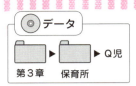

データ
第3章 ▶ 保育所 ▶ Q児

より良く

取り組み方の工夫で楽しめるように

保育の中でどのような配慮を行なってきたのかをより詳しく記述することで、入学後の指導に役立つようになります。

（例）みんなと同じ動きや一つの方法で取り組むことに不安や戸惑いがあったが友達と一緒に相談しながら、いろいろな遊具や用具を組み合わせてアスレチックを作ることで、興味を示し、ぶら下がったりよじ登ったり跳び下りたりと自信をもって様々な動きを楽しむ。

一つの遊びの中に様々な姿

あやとりという一つの遊びの中に、「数量や図形、標識や文字などへの関心・感覚の面で」"本を見ながら"、「自立心の面で」"自分なりに作ってみようとする"、「思考力の芽生えの面で」"取り方を考える"、「健康な心と体の面で」"細かい指の動き"、「豊かな感性と表現の面で」"いろいろな形を作って見せる楽しみ"、など様々な姿があることが分かります。

情緒の安定が子どもの育ちにつながる

養護の面の記述欄がなくなったからこそ、保育の展開には情緒の安定や生命の保持に関わる記述を入れておくとよいでしょう。養護を基盤として教育を行なっていること、それが子どもの育ちにつながることが小学校側に伝わりやすいです。

ふりがな		保育の過程と子どもの育ちに関する事項
氏名	Q児	（最終年度の重点）自分の思いや考えを出して、周りに認められることで自己肯定感を高め、主体的に活動する。様々な人と関わりながら、遊びを発展させることを楽しむ。
生年月日	平成　年　月　日	
性別	男	（個人の重点）いろいろな友達と関わり、自分の思いを安心して表す。戸外で伸び伸びと体を動かす心地よさを感じ、解放的に遊ぶ。
ねらい（発達を捉える視点）		
健康	明るく伸び伸びと行動し、充実感を味わう。	（保育の展開と子どもの育ち）○戸外で体を動かすことは少ない。音楽に合わせて体を動かすことは恥ずかしがってあまりしようとしないが、鉄棒やとび箱などの運動用具に誘い掛けると遊ぼうとする。○友達や保育士とあやとりを一緒にしたり、本を見ながらその形を自分なりに作ってみようと興味をもち、取り方を考えて指を動かすなど粘り強く取り組むうちに、指を1本ずつ動かしてひもを取ったり外したり、隙間に入れたりと細かい指の動きをするようになり、いろいろな形を作って見せることを楽しむ。○給食後の掃除当番では、するべきことを理解して雑巾やほうきを使って最後まで丁寧に行なう。当番以外の日にも汚れていることに気付き率先して行なうなど見通しをもって行動する。○気の合う友達と共通の目的をもって積み木を積んだり並べたりすることを楽しむ。自分のイメージと友達の考えたものを組み合わせたり、部分的にまねたりと、工夫や協力をして作ることを楽しむ。○図鑑や絵本に興味を示し、ひとりでじっくりと集中して見る。その中で疑問に思ったことや発見したことを友達や保育士に聞いたり話したりし、物の性質や仕組みへの興味を深める。○描いたり作ったりする活動では、周りの様子を気にしたり、イメージがもてなかったりして取り掛かるまで時間が掛かっていたが、親しい友達と隣に座ったり、本児に使いたい素材や画材を個別に聞いたりすることで安心感を抱き、意欲的になり、自分がイメージしたことを描いたり作ったりするようになる。
	自分の体を十分に動かし、進んで運動しようとする。	
	健康、安全な生活に必要な習慣や態度を身に付け、見通しをもって行動する。	
人間関係	保育所の生活を楽しみ、自分の力で行動することの充実感を味わう。	
	身近な人と親しみ、関わりを深め、工夫したり、協力したりして一緒に活動する楽しさを味わい、愛情や信頼感をもつ。	
	社会生活における望ましい習慣や態度を身に付ける。	
環境	身近な環境に親しみ、自然と触れ合う中で様々な事象に興味や関心をもつ。	
	身近な環境に自分から関わり、発見を楽しんだり、考えたりし、それを生活に取り入れようとする。	
	身近な事象を見たり、考えたり、扱ったりする中で、物の性質や数量、文字などに対する感覚を豊かにする。	
言葉	自分の気持ちを言葉で表現する楽しさを味わう。	
	人の言葉や話などをよく聞き、自分の経験したことや考えたことを話し、伝え合う喜びを味わう。	
	日常生活に必要な言葉が分かるようになるとともに、絵本や物語などに親しみ、言葉に対する感覚を豊かにし、保育士等や友達と心を通わせる。	
表現	いろいろなものの美しさなどに対する豊かな感性をもつ。	（特に配慮すべき事項）特記事項なし
	感じたことや考えたことを自分なりに表現して楽しむ。	
	生活の中でイメージを豊かにし、様々な表現を楽しむ。	

110

第3章 実際の子どもを見てみよう

Q児の基本情報

父、母、弟（1歳児）、本児の4人家族。父はドイツの方だが、本児や保育士とは日本語で話をする。気の合う友達と2人でじっくり同じ遊びをすることを好む。

最終年度に至るまでの育ちに関する事項
＊2歳児で入所する。父親はドイツの方で父親の仕事が長期休みのときには1か月ほどドイツへ帰省することが何度かあった。日本の集団生活への違和感から2歳児の頃はほとんど話をしなかった。 ＊3歳児では本児が戸惑っている生活様式において個別な配慮をすることで、徐々に緊張感が緩和され、保育士や友達と一対一のときには会話をするようになった。またトイレで排せつしないことに母が心配し、家庭で強要することもあり、そのことで本児も余計にトイレを拒否していたが、友達の姿を見ることで、次第に自分から行くようになる。 ＊4歳児では親しい友達ができ、同じ遊びを共有するようになり、その友達との関わりをきっかけに、5歳児では自分の思いを相手に伝える姿が多くなった。

幼児期の終わりまでに育ってほしい姿
※各項目の内容等については、別紙に示す「幼児期の終わりまでに育ってほしい姿について」を参照すること。
健康な心と体
自立心
協同性
道徳性・規範意識の芽生え
社会生活との関わり
思考力の芽生え
自然との関わり・生命尊重
数量や図形、標識や文字などへの関心・感覚
言葉による伝え合い
豊かな感性と表現

記録から要録へ！

文化の違いによる生活様式への戸惑い①

異文化の子どもたちも増えてきています。文化の違いによる戸惑いを解消することが、情緒の安定につながることを記録から読み取り、要録に記載しましょう。

（個別支援計画より）クラスのみんなが布団を並べて寝ることに戸惑っている様子である。みんなが布団に入るのを待ってから入室している。また友達の布団の合間を歩いて自分の布団に行くことができない。布団は部屋の入り口近くの一番端に敷くことで、安心して布団に入るようになる。

元の記録は…

文化の違いによる生活様式への戸惑い②

（個別支援計画より）男児の便器が並んでいることに戸惑っている。個室に誘うが、男児が誰も個室に入っていないのでそれも嫌な様子である。誰もトイレにいない時間帯を見計らって誘い掛けると安心して排尿する。また、本児が排せつしなくても時々トイレに誘い掛け、友達が会話をしながら排尿している様子を見ることで次第に抵抗がなくなり、自分から行くようになった。

保育所 ⑰ Q児

保育所 ⑱ R児 特別な支援が必要な

データ
第3章 ▶ 保育所 ▶ R児

Good! 様々な動きや姿勢の経験

意欲にあるができないことに繰り返し挑戦していても次第に楽しさが軽減していくが、子どものアイディアを形にしていくことで楽しさを見いだし、その結果しなやかに体を動かすことにつながったことが分かる表現です。

より良く 年上であることの自覚を具体的に

年上であることの自覚とは、保育士によって主観が変わる表現です。具体的表現があると分かりやすくしましょう。

（例）「自分のすべきことを理解して」
「常に年下の友達の存在を気に掛けて」
「～の役に立つ喜びを感じ」など。

元の記録は・・・

遊びの記録から育ちを読み取る

（発達経過記録より）
隣のクラスの友達と廊下で遊ぶことが多いが、気持ちが高揚し、走り回ったり声が大きくなる。落ち着いて遊べるように段ボールやラップ芯、布などを置いておくと中に入ったり飾ったりなどして基地を作って遊ぶ。毎日継続的に基地作りをし、納得するまでじっくりと作り続ける。

ふりがな			保育の過程と子どもの育ちに関する事項
氏名	R児		（最終年度の重点） 自分の思いや考えを出して、周りに認められることで自己肯定感を高め、主体的に活動する。 様々な人と関わりながら、遊びを発展させることを楽しむ。
生年月日	平成　年　月　日		
性別	女		（個人の重点） 保育士の見守りのもと、集団の中で「できる自分」を感じる。 周りの人の話を聞き、理解してから落ち着いて行動する。
ねらい （発達を捉える視点）			
	健康	明るく伸び伸びと行動し、充実感を味わう。	（保育の展開と子どもの育ち） ○鉄棒やとび箱などの運動用具に興味をもち、自分から積極的に取り組む。自分ができないことでもできる友達の姿を見て諦めずに挑戦する意欲をもつ。様々な用具や遊具を「もっと高く飛び下りる」や「もっと急な斜面」など自分なりの考えを出して組み合わせることで楽しみながら様々な動きや姿勢を経験し、自信をもってしなやかに体を動かすようになる。 ○異年齢保育では、年下の友達に身の回りのことを教えてあげようとしたり、保育室の移動の際には積極的に手を引いて歩いたりなど、年上であることを自覚して行動していた。 ○昆虫が好きで、園庭のどのあたりにどんな虫がいるのかに気付きながら友達と一緒に探す。好奇心や探究心をもって、捕まえた虫を図鑑で調べながら知識を広げていった。 ○保育士の話はあまり聞いていないことが多いが、親しい友達と自分の気持ちを伝え合いながら好きな遊びを楽しむ。面白いと思った表現をまねし、それを違う友達に伝えたりして人と話すことに面白さを感じている。 ○段ボールやラップ芯などを使い、友達と一緒に基地や家を作って遊ぶことを楽しむ。表面に絵を描いたり布を付けたりなど、自分の考えを表現したり友達の考えを受け入れたりと折り合いをつけながら納得するものを完成させるなど満足するまで作り続ける。 ○リズム感が良く、様々な物の名前や、楽器によって音色が違うことに気付き、音色やメロディーに自分の気持ちをゆだねて豊かに表現をする。音にリズムを当てはめて楽器を鳴らすことが得意である。みんなの前で発表するときにも自信をもって堂々と演奏する。
		自分の体を十分に動かし、進んで運動しようとする。	
		健康、安全な生活に必要な習慣や態度を身に付け、見通しをもって行動する。	
	人間関係	保育所の生活を楽しみ、自分の力で行動することの充実感を味わう。	
		身近な人と親しみ、関わりを深め、工夫したり協力したりして一緒に活動する楽しさを味わい、愛情や信頼感をもつ。	
		社会生活における望ましい習慣や態度を身に付ける。	
	環境	身近な環境に親しみ、自然と触れ合う中で様々な事象に興味や関心をもつ。	
		身近な環境に自分から関わり、発見を楽しんだり、考えたりし、それを生活に取り入れようとする。	
		身近な事象を見たり、考えたり、扱ったりする中で、物の性質や数量、文字などに対する感覚を豊かにする。	
	言葉	自分の気持ちを言葉で表現する楽しさを味わう。	
		人の言葉や話などをよく聞き、自分の経験したことや考えたことを話し、伝え合う喜びを味わう。	
		日常生活に必要な言葉が分かるようになるとともに、絵本や物語などに親しみ、言葉に対する感覚を豊かにし、保育士等や友達と心を通わせる。	
	表現	いろいろなものの美しさなどに対する豊かな感性をもつ。	（特に配慮すべき事項） 特記事項なし
		感じたことや考えたことを自分なりに表現して楽しむ。	
		生活の中でイメージを豊かにし、様々な表現を楽しむ。	

● 第3章　実際の子どもを見てみよう

R児の基本情報

父、母、姉（中学1年生）、本児の4人家族。年下の友達にゆっくり言葉を掛けたり、順番を譲ったりするなどの優しい面がある。昆虫が好きで、図鑑で調べるなどの好奇心がある。

最終年度に至るまでの育ちに関する事項

* 0歳児の途中で入所する。あまり泣かずに自分の思いをほとんど出さず過ごしていたが、特定の保育士が関わることで少しずつ甘えるようになる。
* 1歳児では保育士が見守ることで、少しずつ周りの玩具に興味をもち、手に取って遊ぶようになる。
* 2歳児では言葉での表出が少なかったりボタンの掛け外しができないなど母親から相談を受ける。
* 3歳半健診で応答性のなさや不器用さを指摘される。集団の中ではできるだけ個別に関わる機会を多くもった。
* 4歳児健診の集団観察では理解力の弱さから個別な声掛けが必要と指摘され、母親の心配もあり自治体の発達相談を受ける。園支援児として引き続き個別な関わりを通して、絵カードや物を見せるなど本児が分かりやすい環境をつくり、自信をもって思いを出せるような配慮をした。時々吃音も見られたため、本児のペースに合わせてゆっくりと話を聞き、緊張を感じないようにすることで少しずつ解消していった。

個別な配慮は具体的な記述で

特別な支援が必要な子どもには、どのような配慮を行なうことで集団の中で過ごしやすいのかを具体的に伝える記述をすることが大切です。

幼児期の終わりまでに育ってほしい姿

※各項目の内容等については、別紙に示す「幼児期の終わりまでに育ってほしい姿について」を参照すること。

健康な心と体
自立心
協同性
道徳性・規範意識の芽生え
社会生活との関わり
思考力の芽生え
自然との関わり・生命尊重
数量や図形、標識や文字などへの関心・感覚
言葉による伝え合い
豊かな感性と表現

否定的な表現を避ける

保育士の話を聞くことにどのような配慮をもち、どのように聞く態度が変化したのかのを表現すると、小学校側が配慮しやすいでしょう。

（例）一斉指示をするときに、席を一番前にすることで保育士に注目が行き、話を理解して聞くようになった。

保育所 ⑱ R児

保育所 ⑲

  活発に行動する

第3章 ▶ 保育所 ▶ S児

Good!
運動遊びの中にも他の領域が

「運動遊び」＝「健康」だけでなく、ルールを確認する「人間関係」、人数をかぞえる・勝つための工夫をする「環境」、それを友達に伝える「言葉」など、他の領域の要素が含まれています。もちろん10の姿にも複数当てはまります。

失敗から学んだ経験
（発達経過記録より）

たくさん水をやることが成長につながると思って毎日水やりを喜んで行なっていた。水をやりすぎたことで根腐れを起こした経験から、雨上がりの日には土がぬれていることに気付き、状況によって水やりをしなかったり加減して行なったりするようになる。

一つの活動にたくさんの姿が見られる

「数量や図形、標識や文字などへの関心・感覚に関わる」"値段を気にする"、「思考力の芽生え」"電卓で計算"、「自立心／道徳性・規範意識の芽生えに関わる」"買いたいものを我慢"、「協同性に関わる」"友達と相談"、「社会生活との関わりに関わる」"店の人とのやり取り"など一つの活動から様々な姿が総合的に捉えられています。

ふりがな		保育の過程と子どもの育ちに関する事項
氏名	S児	（最終年度の重点） 自分の思いや考えを出して、周りに認められることで自己肯定感を高め、主体的に活動する。 様々な人と関わりながら、遊びを発展させることを楽しむ。
生年月日	平成　年　月　日	
性別	女	（個人の重点） 集団の中で様々な考えがあることに気付き、受け入れようとする。 保育士の見守りや友達からの刺激を受けながら、手指を使った活動への興味を深める。
	ねらい （発達を捉える視点）	

健康	明るく伸び伸びと行動し、充実感を味わう。 自分の体を十分に動かし、進んで運動しようとする。 健康、安全な生活に必要な習慣や態度を身に付け、見通しをもって行動する。	（保育の展開と子どもの育ち） ○戸外で体を動かすことが好きで、ドッジボールでは自分から友達を誘いルールを確認したり、人数をかぞえたりと率先して進めるようになる。勝ち負けにもこだわり、チームが勝つためにどのようにしたらよいのかなど、共通の目的の実現に向けて友達に伝える姿もあった。
人間関係	保育所の生活を楽しみ、自分の力で行動することの充実感を味わう。 身近な人と親しみ、関わりを深め、工夫したり、協力したりして一緒に活動する楽しさを味わい、愛情や信頼感をもつ。 社会生活における望ましい習慣や態度を身に付ける。	○クラスでの話し合いの際には、自分の意見を言ったり友達の意見に賛同や反対をしたりなど、自分の気持ちの調整や友達の気持ちと折り合いをつけながら話を進めることに積極的である。 ○保育所の畑で栽培している野菜の水やりを率先して行ない、成長を楽しみにする。天候により水やりが必要でない日があるなど、天候と栽培の関連に気付く。
環境	身近な環境に親しみ、自然と触れ合う中で様々な事象に興味や関心をもつ。 身近な環境に自分から関わり、発見を楽しんだり、考えたり、それを生活に取り入れようとする。 身近な事象を見たり、考えたり、扱ったりする中で、物の性質や数量、文字などに対する感覚を豊かにする。	○クラスで買い物に出掛けたときには、値段を気にしながら電卓で計算し、買いたい物を我慢したり、似たような物で安い物を探したりなどグループの友達と買う物を相談して予算内で買い物しようと工夫する。お店の人とやり取りするなど言葉による伝え合いを楽しむ。 ○積み木やブロックなどの構成遊びに集中して取り組み、自分がイメージしたものを時間を掛けて作る。また出来上がった物を友達同士で見せ合うことを楽しむなど豊かに表現する。
言葉	自分の気持ちを言葉で表現する楽しさを味わう。 人の言葉や話などをよく聞き、自分の経験したことや考えたことを話し、伝え合う喜びを味わう。 日常生活に必要な言葉が分かるようになるとともに、絵本や物語などに親しみ、言葉に対する感覚を豊かにし、保育士等や友達と心を通わせる。	○製作や絵画などに苦手意識をもっており、指先が思うように動かせないことに本人もいら立ちを感じていたが、個別に関わりながらゆっくり取り組む時間をもったり、保育室の中に自由に製作ができるコーナーを作ることで、興味や関心が膨らみ自信をもって楽しんで取り組むようになる。
表現	いろいろなものの美しさなどに対する豊かな感性をもつ。 感じたことや考えたことを自分なりに表現して楽しむ。 生活の中でイメージを豊かにし、様々な表現を楽しむ。	（特に配慮すべき事項） 特記事項なし

● 第3章　実際の子どもを見てみよう

S児の基本情報

父、母、兄（中学3年生）、姉（小学6年生）、本児の5人家族。戸外で体を動かしたり友達と競い合ったりと活発に行動する。友達に対して自分の思いをはっきりと言うことができる。

最終年度に至るまでの育ちに関する事項
＊2歳児で入所する。初めての集団生活だったが、すぐに慣れて活発に遊ぶ。
＊3歳児では自分の思いを出して遊ぶが、友達と玩具を共有することが難しい姿を母親が心配して相談があった。
＊4歳児のときにも友達に対して自分の思いが伝えられずに手が出てしまうことが時々あった。

マイナス表現は控えて、その後の対応も

手が出てしまうことだけに留めるのでなく、その後の経過や対応も合わせて書きましょう。

（例）手が出てしまうことが時々あったが、保育士がその都度仲立ちをして本児や友達の思いを代弁することで少しずつ解消した。

幼児期の終わりまでに育ってほしい姿
※各項目の内容等については、別紙に示す「幼児期の終わりまでに育ってほしい姿について」を参照すること。
健康な心と体
自立心
協同性
道徳性・規範意識の芽生え
社会生活との関わり
思考力の芽生え
自然との関わり・生命尊重
数量や図形、標識や文字などへの関心・感覚
言葉による伝え合い
豊かな感性と表現

「楽しんで」とは具体的にどんな姿？

苦手なことを楽しめるようにする保育士の配慮や工夫が分かる文章です。その結果の子どもの育ちが分かりにくいので、具体的に書きましょう。

（例）いろいろな素材に興味をもち、どのように使うかを自分なりに考え、友達と協力して作ることを楽しむようになる。

保育所 ⑳

  療育施設に通所している

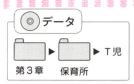

データ
第3章 ▶ 保育所 ▶ T児

元の記録は・・・

具体的な支援の記録が知りたい！
（個別支援計画より）
道具箱の中身やロッカーの使い方を写真やイラストで表示する。視覚的になることで片付けに興味をもつ。それを見ながら自分で一つずつ声にして確認し、最後まで一人で片付けられるようになる。

Good!

シャボン玉遊びから様々な姿を捉える

「思考力の芽生えの面で」"身近な物で試す"、「自然との関わりの面で」"風向きを考えて飛ばす"、「自立心の面で」"シャボン液作りにも挑戦"、「数量への関心・感覚の面で」"せっけんと水の量を加減"、「健康な心と体の面で」"夢中になる"などが総合的にまとめられています。

ふりがな			保育の過程と子どもの育ちに関する事項	
氏名		T児	（最終年度の重点） 自分の思いや考えを出して、周りに認められることで自己肯定感を高め、主体的に活動する。 様々な人と関わりながら、遊びを発展させることを楽しむ。	
生年月日		平成　年　月　日		
性別		女	（個人の重点） 保育士の見守りのもと、身の回りのことを自分で行なう。 好きな遊びを存分に楽しみながらも、クラスでの活動への興味を深める。	
ねらい （発達を捉える視点）				
健康	明るく伸び伸びと行動し、充実感を味わう。 自分の体を十分に動かし、進んで運動しようとする。 健康、安全な生活に必要な習慣や態度を身に付け、見通しをもって行動する。		（保育の展開と子どもの育ち） ○自分の持ち物の始末を面倒に感じていたが、道具箱やロッカーの片付け方を写真やイラストで示すことで、それを見ながら一つずつ丁寧に入れるようになる。 ○保育士に対して親しみをもって自分から関わり、応答的なやり取りを通して依存欲求を満たすことで気持ちが落ち着き、友達とも穏やかに関わる。グループやクラスでの活動においても受け入れてくれる友達の存在を感じ、自分がしたいことを我慢するなど少しずつ自分の気持ちに折り合いをつけ一緒に活動することが増えた。 ○戸外では、虫を見つけたり穴を掘ったりなどの探索活動を楽しむ。様々なことに興味を示し、図鑑で調べたり、保育士や友達に伝えたりし、発見の喜びを味わう。ザリガニやカブトムシなど小動物を飼育すると毎日変化がないかを観察し、それぞれの生き物の飼育方法を考えるようになる。 ○シャボン玉遊びでは、ストローだけでなく身近な穴のある物でシャボン玉ができるかを試し、道具を工夫したり、風向きを考えて飛ばしたりする。また、シャボン液作りにも挑戦し、せっけんと水の量を加減しながらよく膨らむシャボン液を作ることに夢中になっていた。 ○生活発表会の劇遊びでは、ストーリーに合わせて自分が考えたせりふをみんなに伝えたり、振り付けを考えたり新しい考えを生み出し喜びを味わいながら表現することを楽しみ、大勢の前で恥ずかしがらずに自信をもって演じる。 ○ピアノのメロディーや音色に興味をもち、保育士が弾いているといつも近くでじっと見る。曲想に合わせて鼻歌をうたったり、体を動かしたりして一緒に弾いている気分を味わいながら豊かに表現する。	
人間関係	保育所の生活を楽しみ、自分の力で行動することの充実感を味わう。 身近な人と親しみ、関わりを深め、工夫したり、協力したりして一緒に活動する楽しさを味わい、愛情や信頼感をもつ。 社会生活における望ましい習慣や態度を身に付ける。			
環境	身近な環境に親しみ、自然と触れ合う中で様々な事象に興味や関心をもつ。 身近な環境に自分から関わり、発見を楽しんだり、考えたりし、それを生活に取り入れようとする。 身近な事象を見たり、考えたり、扱ったりする中で、物の性質や数量、文字などに対する感覚を豊かにする。			
言葉	自分の気持ちを言葉で表現する楽しさを味わう。 人の言葉や話などをよく聞き、自分の経験したことや考えたことを話し、伝え合う喜びを味わう。 日常生活に必要な言葉が分かるようになるとともに、絵本や物語などに親しみ、言葉に対する感覚を豊かにし、保育士等や友達と心を通わせる。			
表現	いろいろなものの美しさなどに対する豊かな感性をもつ。 感じたことや考えたことを自分なりに表現して楽しむ。 生活の中でイメージを豊かにし、様々な表現を楽しむ。		（特に配慮すべき事項） 就学後は療育施設通所を終了し、言葉の教室への通級予定。	

● 第3章　実際の子どもを見てみよう

T児の基本情報

父、母、姉（小学2年生）、本児の4人家族。気持ちのコントロールが苦手で週に1回療育施設に通う。製作や絵画活動、試して遊ぶ活動が好きで、満足いくまで取り組む。

最終年度に至るまでの育ちに関する事項

* 1歳児で姉と一緒に入所する。表情が乏しく保育士に自分から甘えることが少なかった。できるだけ特定の保育士が応答的に関わることで、徐々に笑顔が見られるようになる。
* 2歳児では登園時に母に自分の思いを強く出して泣き叫ぶことが度々あり、いつもと違う行動に敏感であった。好きな遊びに誘い掛けることで、時間は掛かるが徐々に気持ちを切り替える。
* 3歳児では集団から逸脱することが多く常に保育士が一緒に行動する。一定の時間着席することが難しく、興味がないことは取り組まなかったので、保育士が率先して行ない楽しさを伝えることで少しずつ一緒に活動するようになる。
* 4歳児進級時に加配がつく。友達とのトラブルや活動の切り替えなど個別に関わり本児の気持ちが落ち着くようにした。
* 5歳児から療育施設に通所する。

より良く　問題行動ではなく、行動する理由を明確に

集団から逸脱する事実はありますが、その理由を記述しておくとよいですね。

🌼（例）「他のクラスのしていることに興味を示し、見に行くなど、」「居心地の良い場所があり、そこにいることでリラックスできるので」「大勢でいるより一人でいることを好むために」など

幼児期の終わりまでに育ってほしい姿

※各項目の内容等については、別紙に示す「幼児期の終わりまでに育ってほしい姿について」を参照すること。

健康な心と体
自立心
協同性
道徳性・規範意識の芽生え
社会生活との関わり
思考力の芽生え
自然との関わり・生命尊重
数量や図形、標識や文字などへの関心・感覚
言葉による伝え合い
豊かな感性と表現

 Good!

一人ひとりの楽しみ方を捉える

みんなで歌をうたうときに、一人だけ違う行動をしていたらついつい保育士はそれを止めてしまいがちですが、その行動の中にその子の育ちがあることに気付く余裕をもちたいですね。一人ひとりの楽しみ方に10の姿があることが伝わる文章になっています。

保育所⑳　T児

保育所 ㉑  好奇心が旺盛

より良く
こだわりを認めよう

負けるのが嫌でやらない姿は、同時に勝ち負けへの強いこだわりがあることも示しています。そこを認めるようにできると良いですね。

🌸（例）勝ち負けに対するこだわりもあったが、仲間と一緒に遊ぶことの楽しさから、いろいろなことに挑戦する姿が見られるようになってきた。

Good!
関わりの様子を表現する

周りの意見を聞こうとせず注意されると不機嫌になり泣いてしまうこともあった本児が、保育の中で友達との関わりが生まれていった様子がよく分かる表現です。

記録から要録へ！
好きなことには熱中

難しい製作や細かな塗り絵、絵画など集中して作り、周りの友達からも「すごい」などと言われる姿がありました。更に工夫して取り組む様子を、記録に書き留め、要録にも記載します。

ふりがな		保育の過程と子どもの育ちに関する事項
氏名	U児	（最終年度の重点）生活体験を通して、友達と相談しながら身の回りの事象や環境に関わる。
生年月日	平成　年　月　日	
性別	男	（個人の重点）友達と関わる中で、一緒に考えたり工夫したりしながら、安全に気を付けて保育園の活動や地域の行事に理解して参加する。
ねらい（発達を捉える視点）		
健康	明るく伸び伸びと行動し、充実感を味わう。 自分の体を十分に動かし、進んで運動しようとする。 健康、安全な生活に必要な習慣や態度を身に付け、見通しをもって行動する。	（保育の展開と子どもの育ち） ○体を動かすことは好きだが、サッカーやドッジボールなどの球技では負けるのが嫌でやらないことがあった。負けると悔し涙を流すこともあったが、遊びの面白さから徐々に気持ちを切り替えてチャレンジするようになった。 ○みんなで一つのことに取り組むときに、自分の思いを押し通そうとする姿があった。集団での活動を積み重ねる中で、相手の思いを聞こうとする姿勢になってきている。 ○好奇心旺盛なところがあり、自分の思いを相手に押し付けようとしてけんかになることがあった。しかし、保育士がしばらく様子を見ていると自分たちで問題を解決するために話し合いをする姿が見られた。 ○難しいことでも、好きなことには根気よく取り組み完成させる。製作や絵画に思いやイメージを入れて、作り上げることが得意。表現力が豊かで、いろいろな素材から発想豊かなものを作り上げる。 ○自分の思いを通そうとしてトラブルになることがある。被害者を装って泣いたりすることがある。しばらく見守っていると、自分の言葉で自分の思いを伝える姿が見られるようになった。 ○絵画や造形活動では豊かな発想をしている。身近な動植物や好きなキャラクターなどを好んで描いている。細かな作業も好み、塗り絵や廃品工作にも楽しんで参加していた。
人間関係	保育所の生活を楽しみ、自分の力で行動することの充実感を味わう。 身近な人と親しみ、関わりを深め、工夫したり、協力したりして一緒に活動する楽しさを味わい、愛情や信頼感をもつ。 社会生活における望ましい習慣や態度を身に付ける。	
環境	身近な環境に親しみ、自然と触れ合う中で様々な事象に興味や関心をもつ。 身近な環境に自分から関わり、発見を楽しんだり、考えたりし、それを生活に取り入れようとする。 身近な事象を見たり、考えたり、扱ったりする中で、物の性質や数量、文字などに対する感覚を豊かにする。	
言葉	自分の気持ちを言葉で表現する楽しさを味わう。 人の言葉や話などをよく聞き、自分の経験したことや考えたことを話し、伝え合う喜びを味わう。 日常生活に必要な言葉が分かるようになるとともに、絵本や物語などに親しみ、言葉に対する感覚を豊かにし、保育士等や友達と心を通わせる。	
表現	いろいろなものの美しさなどに対する豊かな感性をもつ。 感じたことや考えたことを自分なりに表現して楽しむ。 生活の中でイメージを豊かにし、様々な表現を楽しむ。	（特に配慮すべき事項） 特記事項なし

● 第3章　実際の子どもを見てみよう

U児の基本情報

父、母、姉3人の6人家族だったが、年長の秋に妹が生まれる。家族にとって初めての男の子で、父母共にとても大切に育てられる。

最終年度に至るまでの育ちに関する事項

＊0歳児より入園。

＊現在は妹がいるが、末っ子の期間が長かったため家族にとてもかわいがられ、自分の思い通りにしようとする面がある。

＊野菜が苦手でなかなか完食できなかったが、少量ずつ口にして食べようとする意欲が見られるようになってきた。

＊自己主張が強く集団の中で思う通りにしてきたが、集団遊びの楽しさを経験するうちに友達の大切さに気付き、自分をコントロールしようとする気持ちが芽生えてきた。

＊気の合う仲間と一緒に長い時間遊ぶことができる。小さいクラスの子どもたちには特に優しく接することができ、慕われるところがある。

より良く

多様な人との関わりで見せる姿を書こう

妹ができてから、年下の子どもたちのことをとても意識するようになり、お世話やおもちゃを貸すなどの姿も見られるようになってきています。そのような思いやりの姿も書き入れると良いでしょう。

保育所㉑　U児

元の記録は・・・

相手の思いにふれて
友達との関係で、「相談する」「提案する」ことから、話し合い、相手の思いにも気付けることが大切。自分の思いを調整して相手の気持ちにも添える力が育つよう、日々の保育を気を付ける。

幼児期の終わりまでに育ってほしい姿

※各項目の内容等については、別紙に示す
「幼児期の終わりまでに育ってほしい姿について」
を参照すること。

健康な心と体
自立心
協同性
道徳性・規範意識の芽生え
社会生活との関わり
思考力の芽生え
自然との関わり・生命尊重
数量や図形、標識や文字などへの関心・感覚
言葉による伝え合い
豊かな感性と表現

保育所 22

  リーダーシップがある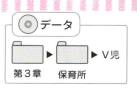

Good!
10の姿を複合的に示す
ルールのある遊びを楽しんでいる姿から、異年齢児との関わりにも広げて記述されています。10の姿の「道徳性・規範意識の芽生え」だけでなく、「協同性」にもつながる幅広い視点ですね。

Good!

積極的な様子を捉えて
本児の探求する心は、自分のみならず、他児との関わりにも波及しています。その積極的な姿を捉え、小学校にも伝えていきたいですね。

元の記録は・・・
文字や数字、標識に関心のある様子
町中で見られる標識の意味を知ろうとする。標識には図形や文字数字が書かれているが、それらの意味が安全に生活するためのルールだと知り、友達にも教えてあげる姿が見られる。

ふりがな			保育の過程と子どもの育ちに関する事項
氏名		V児	(最終年度の重点) 友達の良いところを認めることができる。
生年月日		平成　年　月　日	
性別		女	(個人の重点) 自分の思いを相手に伝え、相手の考えを聞きお互いの良いところを認める。 興味をもったことを十分に探索する。
	ねらい (発達を捉える視点)		(保育の展開と子どもの育ち)
健康	明るく伸び伸びと行動し、充実感を味わう。 自分の体を十分に動かし、進んで運動しようとする。 健康、安全な生活に必要な習慣や態度を身に付け、見通しをもって行動する。		○遊びや運動に取り組むときはいつも真剣。その中でルールを理解する力は高い。統率力があり、ドッジボールなどは中心となって活動している。 ○友達と一緒にトランプやゲームを楽しんですることができる。友達がルールを破ると、それをたしなめて守るように注意することができる。また、小さいクラスの子にもルールを教えてあげることができる。
人間関係	保育所の生活を楽しみ、自分の力で行動することの充実感を味わう。 身近な人と親しみ、関わりを深め、工夫したり、協力したりして一緒に活動する楽しさを味わい、愛情や信頼感をもつ。 社会生活における望ましい習慣や態度を身に付ける。		○興味・関心をもったことや不思議に思ったことを本で調べたり、大人の話を聞いたりして理解しようとする。そして理解したことを友達や保育士に教えてくれることが多い。友達の話も聞きながら自分の思いも話すことができる。
環境	身近な環境に親しみ、自然と触れ合う中で様々な事象に興味や関心をもつ。 身近な環境に自分から関わり、発見を楽しんだり、考えたりし、それを生活に取り入れようとする。 身近な事象を見たり、考えたり、扱ったりする中で、物の性質や数量、文字などに対する感覚を豊かにする。		○散歩途中の標識など、疑問に思ったことは人に聞いて解決している。また聞いたことはしっかり覚えていて、友達に教えてあげたりしている。 ○歌が好きで、童謡から歌謡曲までいろいろな歌詞を覚えてよく歌っている。歌詞から想像する歌のイメージを自分なりに言葉にして、保育士や友達に話をしながら楽しそうに歌っている。 ○簡単な曲の音階を理解することができる。木琴、ハンドベル、鍵盤ハーモニカなどそれぞれの音の違いを感じ、音階を楽しむことができる。
言葉	自分の気持ちを言葉で表現する楽しさを味わう。 人の言葉や話などをよく聞き、自分の経験したことや考えたことを話し、伝え合う喜びを味わう。 日常生活に必要な言葉が分かるようになるとともに、絵本や物語などに親しみ、言葉に対する感覚を豊かにし、保育士等や友達と心を通わせる。		
表現	いろいろなものの美しさなどに対する豊かな感性をもつ。 感じたことや考えたことを自分なりに表現して楽しむ。 生活の中でイメージを豊かにし、様々な表現を楽しむ。		(特に配慮すべき事項) 特記事項なし

V児の基本情報

父、母、姉。父母は教育関係。2歳児より延長保育を利用。明るい父親と謙虚な母親のもとで伸び伸びと育つ。休日は家族でテニスを楽しむなど、家庭での過ごし方も充実しているように見える。

最終年度に至るまでの育ちに関する事項

* 1歳児より入園。
* 男女を含め、リーダー的存在となっている。時々、自分の意見を通そうと威圧的な態度に出ることがあるが、正義感が強く思いやりがあり、友達も多い。
* 基本的生活習慣が身について自立しており、食事も好き嫌いなくよく食べる。
* 状況やその場の雰囲気に左右されることなく、いつも穏やかで安定感をもって過ごしている。

元の記録は･･･

生活習慣での姿
生活習慣は自立し、意味を知って行動することができる。食事も好き嫌いなく食べ、友達とも楽しそうに会話をしながら食べている。食事の時間内には片付けまででき、次の活動にスムーズに移っている。

重点と育ちの対比を
思いを友達とやり取りする様子を、十分に書き表しています。「最終年度の重点」と「個人の重点」、そして子どもの育ちが一致しているので、育ちの様子がよく伝わります。

幼児期の終わりまでに育ってほしい姿

※各項目の内容等については、別紙に示す「幼児期の終わりまでに育ってほしい姿について」を参照すること。

健康な心と体
自立心
協同性
道徳性・規範意識の芽生え
社会生活との関わり
思考力の芽生え
自然との関わり・生命尊重
数量や図形、標識や文字などへの関心・感覚
言葉による伝え合い
豊かな感性と表現

保育所 22 V児

保育所 ㉓

思いを徐々に表現できるようになった

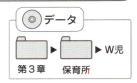

Good!
領域から育ちを見取る
領域「健康」の側面から、運動や生活での自信、根気強さ、丁寧さなど、様々な方面への育ちを複合的に捉えています。

Good!
課題とその対処への様子を丁寧に書く
思いを友達や保育者に伝えるという、個人の重点を押さえ、課題からそれが解決されるまでの過程を丁寧に書いていますね。小学校に申し送る資料として、適切でしょう。

元の記録は・・・
細かな遊びの様子
一人で黙々と遊んでいる姿がよく見られる。目的をもって物を組み立てたり友達と一緒に何かを作ることが好きである。細かな作業が好きで、ブロックなどで小さな作品を作っている。

ふりがな			保育の過程と子どもの育ちに関する事項
氏名		W児	(最終年度の重点) 自分の得意なことを友達に伝えることができる。
生年月日		平成　年　月　日	
性別		女	(個人の重点) 大きな声で自分の思いを友達や保育士に伝える。
ねらい (発達を捉える視点)			
健康	明るく伸び伸びと行動し、充実感を味わう。		(保育の展開と子どもの育ち) ○新しいことになるとなかなか活動ができなくなることもあったが、運動や遊び、生活習慣も一つの自信となって一つひとつの活動が丁寧にできてきた。縄跳びや鉄棒など敏捷性が必要な活動を好んでいる。 ○みんなで一つのことに取り組むときに、主張したいことがあっても言い出せないことが多かった。保育士に促されて発表したことを褒められてから、心に秘めた思いを活動の中で少しずつ表現できるようになった。また、話をするきっかけを保育士がつくっていくと徐々に発言する機会が増えてきた。 ○地域の公園に行くと、すべり台やブランコで遊んでいる。ブランコで「あと○回したら代わって」や、木の実を集めて並べたり、いろいろな長さの枝を拾ったりして遊んでいる。数量的な遊びを好んでいる。 ○「おはよう」「こんにちは」の挨拶がきちんとできる。また「ありがとう」や「ごめんなさい」も状況に応じて気持ちを込めて言うことができる。 ○絵や文字を書くことが好きで、友達や保育士に手紙をあげて喜んでいる。似顔絵を描いたり、色鉛筆や油性フェルトペンを使って心の込もった物を作る。
	自分の体を十分に動かし、進んで運動しようとする。		
	健康、安全な生活に必要な習慣や態度を身に付け、見通しをもって行動する。		
人間関係	保育所の生活を楽しみ、自分の力で行動することの充実感を味わう。		
	身近な人と親しみ、関わりを深め、工夫したり、協力したりして一緒に活動する楽しさを味わい、愛情や信頼感をもつ。		
	社会生活における望ましい習慣や態度を身に付ける。		
環境	身近な環境に親しみ、自然と触れ合う中で様々な事象に興味や関心をもつ。		
	身近な環境に自分から関わり、発見を楽しんだり、考えたりし、それを生活に取り入れようとする。		
	身近な事象を見たり、考えたり、扱ったりする中で、物の性質や数量、文字などに対する感覚を豊かにする。		
言葉	自分の気持ちを言葉で表現する楽しさを味わう。		
	人の言葉や話などをよく聞き、自分の経験したことや考えたことを話し、伝え合う喜びを味わう。		
	日常生活に必要な言葉が分かるようになるとともに、絵本や物語などに親しみ、言葉に対する感覚を豊かにし、保育士等や友達と心を通わせる。		
表現	いろいろなものの美しさなどに対する豊かな感性をもつ。		
	感じたことや考えたことを自分なりに表現して楽しむ。		(特に配慮すべき事項) 特記事項なし
	生活の中でイメージを豊かにし、様々な表現を楽しむ。		

第3章 実際の子どもを見てみよう

W児の基本情報

父、母、本児の3人家族。父母が忙しいときは祖父母の協力がある。おとなしい性格であるが、人の話を聞き自分の意見を言うことができる。

最終年度に至るまでの育ちに関する事項
＊2歳児より入園。
＊自分から要求や思いを伝えることは苦手だが、促すと話してくれる。入園当初はおとなしい印象だったが、仲良しの友達ができて明るくなった。
＊人目を気にする傾向があり、見られるという場面で強い緊張感を抱くことが多い。褒めて認めてあげることで、自信がもてるようになってきた。
＊情緒が安定し、相手の気持ちに寄り添うことができる。

10の姿の視点を様々な方向から表す

公園で遊ぶ中で、「自然との関わり」や、「数量への関心・感覚」など、10の姿の育つ視点を様々な方向から、具体的な遊びの姿で表しています。

幼児期の終わりまでに育ってほしい姿
※各項目の内容等については、別紙に示す「幼児期の終わりまでに育ってほしい姿について」を参照すること。
健康な心と体
自立心
協同性
道徳性・規範意識の芽生え
社会生活との関わり
思考力の芽生え
自然との関わり・生命尊重
数量や図形、標識や文字などへの関心・感覚
言葉による伝え合い
豊かな感性と表現

個人の重点まで広げた文章に

単に挨拶ができることにふれるのではなく、その先にある思いを伝えることができることも、個人の重点と合わせて伝えられると良いでしょう。

（例）元気よく挨拶ができる。また謝るときも理解して謝ることができる。言葉できっちりと相手に話すことができ、自分の意見や思いを相手に伝えようとしている。

保育所㉓ W児

保育所 24

X児

自分の気持ちを表せるようになった

元の記録は・・・

遊びの姿
苦手なことからは距離を置くことがある。しかし、負けたくないという思いが芽生えたらとても頑張って取り組む姿勢が見られる。できるようになると次のステップを目指している。

課題とその解決に至る道筋を記載する
本児のこれまで課題としてきたことを、保育者がどのような援助によって乗り越えられるようにしてきたか小学校と共有することができるでしょう。

状況が浮かぶように書く
どもがどのように自然に関わっているか、状況が目に浮かぶように書けると良いでしょう。
（例）しゃがみ込んでいろいろなものを探している。身近な草花や枯れ木、石ころなどを使ってままごと遊びをしていることがある。また身近な虫などの生き物を大切に育て、絵本や図鑑で調べている姿も見掛ける。

ふりがな		保育の過程と子どもの育ちに関する事項
氏名	X児	（最終年度の重点） 生活習慣が身につき、落ち着いて生活ができるようにする。
生年月日	平成　年　月　日	
性別	男	（個人の重点） 基本的な生活習慣はできているが、失敗したときの対応策を身につけるようにする。身の危険を感じる遊びには気を付ける。
ねらい （発達を捉える視点）		（保育の展開と子どもの育ち） ○縄跳びが苦手だったが根気強く頑張り、できるようになった。友達に得意げに見せて褒められるととてもうれしそうにしている。 ○自分の思いをなかなか出すことができず、我慢してしまうこともあった。「自分の気持ちを話していいんだよ」などと声を掛けて話せる機会をつくることで、友達に自分の思いを話せるようになってきている。 ○砂場遊びや自然物を使って遊ぶのが大好き。散歩先の公園で草花や枯れ木などを使ってままごとをしたり、身近な虫を図鑑で調べたりして遊ぶのが好きである。 ○話そうとするが、場面によってはうまく言い表すことができず、話が分かりにくいところがあった。ゆっくりと話を聞き褒めることで、自分なりに表現しようとする気持ちが強くなった。 ○クラスで親しんできた絵本から劇遊びを作り、友達と一緒に楽しんだ。初めのうちはせりふにも自信がなく小さな声になってしまっていたが、友達と練習していく中で大きな声で堂々と表現できるようになった。 ○友達と遊ぶより一人で遊ぶ時間を大切にするところがある。黙々と製作に取り組む姿はよく見られた。完成した後は、クラスの中に飾って友達に見てもらうことを楽しみにしていた。
健康	明るく伸び伸びと行動し、充実感を味わう。 自分の体を十分に動かし、進んで運動しようとする。 健康、安全な生活に必要な習慣や態度を身に付け、見通しをもって行動する。	
人間関係	保育所の生活を楽しみ、自分の力で行動することの充実感を味わう。 身近な人と親しみ、関わりを深め、工夫したり、協力したりして一緒に活動する楽しさを味わい、愛情や信頼感をもつ。 社会生活における望ましい習慣や態度を身に付ける。	
環境	身近な環境に親しみ、自然と触れ合う中で様々な事象に興味や関心をもつ。 身近な環境に自分から関わり、発見を楽しんだり、考えたりし、それを生活に取り入れようとする。 身近な事象を見たり、考えたり、扱ったりする中で、物の性質や数量、文字などに対する感覚を豊かにする。	
言葉	自分の気持ちを言葉で表現する楽しさを味わう。 人の言葉や話などをよく聞き、自分の経験したことや考えたことを話し、伝え合う喜びを味わう。 日常生活に必要な言葉が分かるようになるとともに、絵本や物語などに親しみ、言葉に対する感覚を豊かにし、保育士等や友達と心を通わせる。	
表現	いろいろなものの美しさなどに対する豊かな感性をもつ。 感じたことや考えたことを自分なりに表現して楽しむ。 生活の中でイメージを豊かにし、様々な表現を楽しむ。	（特に配慮すべき事項） 特記事項なし

第3章 実際の子どもを見てみよう

X児の基本情報	父、母、弟妹の5人兄弟。4歳児の時から剣道を習い始める。

最終年度に至るまでの育ちに関する事項

* 2歳、3歳と転園が続く。友達との関係を築くのが苦手できょうだいでいることが多い。興奮し出すと注意がおろそかになり、けがをしてしまうことがある。自分からその状況を説明しに来ることがないため、状況により話を聞きながら身の守り方について方法を知らせる。
* 自分の気持ちを表すのが苦手だったが、発表会で重要な役を演じたことから発言が活発になる。
* 排便は自立できているが、時折粗相をする。恥ずかしさから我慢をしがちなので、特に食事の後には声を掛けて促すようにしている。

元の記録は…

劇遊びでの様子
絵本を見るのが好きで、クラスでも親しんできた絵本を楽しんでいた。その絵本を題材に劇遊びをした。『ともだちほしいなおおかみくん』では、徐々に自信をもちながらせりふを言うことができるようになっていた。

保育所㉔ X児

幼児期の終わりまでに育ってほしい姿

※各項目の内容等については、別紙に示す「幼児期の終わりまでに育ってほしい姿について」を参照すること。

健康な心と体
自立心
協同性
道徳性・規範意識の芽生え
社会生活との関わり
思考力の芽生え
自然との関わり・生命尊重
数量や図形、標識や文字などへの関心・感覚
言葉による伝え合い
豊かな感性と表現

 **Good!**

子どもの興味・関心もしっかりと
友達との関わりなど、人間関係もしっかり書き表したいものですが、このように本児が何に興味をもち、意欲的に取り組んでいるか示すことも大切です。

認定こども園 ❶

満3歳児 A児 — はじめての認定こども園

データ
第3章 認定こども園 ▶ A児

A児の基本情報

2歳児からの入園で、初めての集団生活のスタートである。一人っ子で今まで大人との関わりの中で生活していた。

ふりがな 氏名	A児	性別	男
平成　年　月　日生			

ねらい（発達を捉える視点）

健康	明るく伸び伸びと行動し、充実感を味わう。
	自分の体を十分に動かし、進んで運動しようとする。
	健康、安全な生活に必要な習慣や態度を身に付け、見通しをもって行動する。
人間関係	幼保連携型認定こども園の生活を楽しみ、自分の力で行動することの充実感を味わう。
	身近な人と親しみ、関わりを深め、工夫したり、協力したりして一緒に活動する楽しさを味わい、愛情や信頼感をもつ。
	社会生活における望ましい習慣や態度を身に付ける。
環境	身近な環境に親しみ、自然と触れ合う中で様々な事象に興味や関心をもつ。
	身近な環境に自分から関わり、発見を楽しんだり、考えたりし、それを生活に取り入れようとする。
	身近な事象を見たり、考えたり、扱ったりする中で、物の性質や数量、文字などに対する感覚を豊かにする。
言葉	自分の気持ちを言葉で表現する楽しさを味わう。
	人の言葉や話などをよく聞き、自分の経験したことや考えたことを話し、伝え合う喜びを味わう。
	日常生活に必要な言葉が分かるようになるとともに、絵本や物語などに親しみ、言葉に対する感覚を豊かにし、保育教諭等や友達と心を通わせる。
表現	いろいろなものの美しさなどに対する豊かな感性をもつ。
	感じたことや考えたことを自分なりに表現して楽しむ。
	生活の中でイメージを豊かにし、様々な表現を楽しむ。

出欠状況	年度	年度	年度
教育日数			
出席日数			

指導の重点等

（学年の重点）
生活や遊びを通して友達とふれあう中で、自分の思いを表す。

（個人の重点）
自分の要求や感じたことを自分なりに言葉で伝えたり、表現したりする。

指導上参考となる事項

○周りの友達のことが気になり、積極的に関わりに行こうとするのだが思いを言葉で表現することが苦手で、言葉よりも手が出て、引っかいたり、押したりすることがある。そんなときは、保育教諭がそばで、気持ちを代弁したり、言葉を知らせたりしている。
○基本的生活習慣はだいたい身につき、排せつの成功が多くなってきているが、遊びに夢中になり失敗してしまうことがある。1時間程度の感覚での声掛けが必要である。
○食事は偏食はあるが楽しい雰囲気で食べることで意欲につながった。
○集団生活が初めてでみんなと同じ活動をすることに消極的なので、保育教諭が一対一で関わりながら無理なくルールを伝えていくことで、少しずつ活動に入り楽しさも感じるようになった。

（特に配慮すべき事項）
特記事項なし

🌸 Good! 個人の重点を踏まえて記述する

人間関係を中心とした、トラブルが起きたときの関わりを記述していますが、これは個人の重点を踏まえたものです。本児に対する配慮を分かりやすく伝えています。

より良く マイナス表現の後の成長過程を伝える

「失敗してしまう」といったマイナスの表現で終わらせず、成長過程であることを伝えましょう。
🌸（例）1時間程度の間隔で声を掛けることで、成功につながった。

より良く 抽象的な表現を避け、具体的な記述で

「楽しい雰囲気」など抽象的な表現は、具体的にどんな場面なのか具体的に記述するように心掛けましょう。
🌸（例）興味を示すように、献立の説明をしたり、友人の食べている様子に気付かせたり、褒めたりして

🌸 Good! 学年の重点に対応して書く

学年の重点を踏まえ、保育教諭の援助によって見られた本児の成長が読み取れるように記述しましょう。

126

こども園❷ 満3歳児 B児

関わりをもとうとしている

第3章　実際の子どもを見てみよう

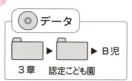

B児の基本情報
父、母、兄（小1）、本児、妹（8か月）の6人家族。思い通りにならない時はぐずることもあるが、立ち直りも早い。好きな遊びはひとりでも遊び続ける。

ふりがな		性別		平成　　年度
氏名	B児	男	指導の重点等	（学年の重点）保育教諭との安定した関わりを通して、日常生活に必要なおおよそのことを、自分でしようという気持ちをもつ。
平成　年　月　日生				（個人の重点）保育教諭の仲立ちで友達と一緒に遊ぶ楽しさを味わう。
ねらい（発達を捉える視点）				

		指導上参考となる事項
健康	明るく伸び伸びと行動し、充実感を味わう。	○失敗することもあるが、尿意を知らせトイレで排せつすることが多くなってきた。○竹ぽっくりをやってみようとするが、バランスが取れずに転倒していた。何度も繰り返すうちに1、2歩あるけるようになった。○友達が遊んでいる様子が気になり一緒に遊ぼうとするが、うまく言葉で伝えられず、遊んでいる邪魔をすることになってトラブルになることがある。○車が好きで、「赤い車」「タイヤ」と指をさして楽しむ姿が見られ、友達がブロックで作った車にも興味をもって見ている。○友達と一緒に遊びたくて「Qくん…」と呼び掛けるが、相手に理解してもらえるまで時間が掛かる。○保育教諭や友達と一緒に楽しんでいる歌のフレーズを覚え、口ずさんでいる。○友達のまねをして、一緒に音楽に合わせて体を動かすことを楽しんでいる。
	自分の体を十分に動かし、進んで運動しようとする。	
	健康、安全な生活に必要な習慣や態度を身に付け、見通しをもって行動する。	
人間関係	幼保連携型認定こども園の生活を楽しみ、自分の力で行動することの充実感を味わう。	
	身近な人と親しみ、関わりを深め、工夫したり、協力したりして一緒に活動する楽しさを味わい、愛情や信頼感をもつ。	
	社会生活における望ましい習慣や態度を身に付ける。	
環境	身近な環境に親しみ、自然と触れ合う中で様々な事象に興味や関心をもつ。	
	身近な環境に自分から関わり、発見を楽しんだり、考えたり、それを生活に取り入れようとする。	
	身近な事象を見たり、考えたり、扱ったりする中で、物の性質や数量、文字などに対する感覚を豊かにする。	
言葉	自分の気持ちを言葉で表現する楽しさを味わう。	
	人の言葉や話などをよく聞き、自分の経験したことや考えたことを話し、伝え合う喜びを味わう。	
	日常生活に必要な言葉が分かるようになるとともに、絵本や物語などに親しみ、言葉に対する感覚を豊かにし、保育教諭等や友達と心を通わせる。	
表現	いろいろなものの美しさなどに対する豊かな感性をもつ。	（特に配慮すべき事項）特記事項なし
	感じたことや考えたことを自分なりに表現して楽しむ。	
	生活の中でイメージを豊かにし、様々な表現を楽しむ。	
出欠状況	年度 / 年度 / 年度　教育日数／出席日数	

特記事項なし

Good!　本児らしさや意欲的な姿を伝える
「何度も繰り返すうちに1・2歩あるけるように～」という表現は、竹ぽっくりで上手に歩けるようになりたい、という本児の意欲的に取り組もうとする姿が伝わってきます。

元の記録は…　記録から保育者の援助を考える
友達が追いかけっこをして遊んでいるのを見て一緒に遊ぼうとそばに寄っていくが、追いかけられるのが嫌で、泣いて友達をたたいてしまう。保育教諭と手をつないで追いかけられっこをしたときは段々嫌がらなくなってきた。回数を重ねて友達と手をつないで追いかけっこにも挑戦していきたい。

より良く　意欲や育ちの様子を総合的に
歌をうたったり、簡単な手遊びや全身を使った遊びを楽しんだりしている様子は伝わってきますが、友達のまねをして楽しんでいるのか、支援が必要なのか伝わりにくいです。自分なりの工夫をして表現を楽しんでいる姿も記せるといいですね。

より良く　援助を必要とする部分をはっきりと記入する
言葉の表現をする力がまだ未熟なことを伝えたい場合は、友達との関わりの関係について、もう少し具体的な状況を記すと分かりやすいでしょう。

認定こども園❷　B児（満3歳児）

127

認定こども園 ③

3歳児 C児 — 友達との関わりがうまくいかない

データ ▶ 第3章 認定こども園 ▶ C児

C児の基本情報

母、兄（年長児）、本児の3人家族。体はやや小さいが、兄もいるため、年長児から気に掛けられ、遊んでもらっている。

ふりがな		性別		平成　　年度
氏名	C児	女	指導の重点等	(学年の重点) 好きな遊びを通して友達との関わりを楽しむ。 (個人の重点) 友達と様々な活動に参加し、見通しをもって集団生活を楽しむ。
平成　年　月　日生				

	ねらい （発達を捉える視点）	指導上参考となる事項
健康	明るく伸び伸びと行動し、充実感を味わう。 自分の体を十分に動かし、進んで運動しようとする。 健康、安全な生活に必要な習慣や態度を身に付け、見通しをもって行動する。	○体を動かすことが好きで三輪車やかけっこなどで遊んでいる姿が見られる。しかし歩き方が不安定なこともあり、バランスを崩して転びやすいので、安全面に配慮しながら見守ってきた。イヤイヤ期に入りトイレに誘っても嫌がる様子が見られるので、無理強いせずに気持ちの切り替えをしながら誘うようにした。 ○初めは手先を使った遊びに興味をもち、一人で遊ぶことが多かった。徐々に友達がいるテーブルに誘うなど声掛けをするうちに次第に友達と関わって遊びたい、という気持ちも見られるようになった。友達と遊ぶときの言葉を通した関わり方がうまくいかず、教諭が間に入りながら代弁したり伝え方を知らせたりしていくようにした。 ○園庭の自然物に興味をもち、落ち葉や水や土を混ぜてごちそうを作るのに夢中になっていた。 ○言葉が豊かになり自分の言葉で保育教諭に経験したことや関わったことを話すようになってきたが、自分の思い通りにいかないことがあると「ばか」などの言葉を使う様子が見られた。あまりそのことには触れず楽しく言葉を使えるように、違うことに気持ちをそらせるように配慮した。 ○絵画や製作に興味をもち「やりたい」と言って楽しんで参加していた。イメージしやすいように初めに見本を見せるなどし、安心して表現できるように援助すると、友達の姿に興味をもちながらやってみようとする姿が見られた。作った物で遊びながら「かわいいね」「おかあさんにみせる」などできたことを喜んでいた。
人間関係	幼保連携型認定こども園の生活を楽しみ、自分の力で行動することの充実感を味わう。 身近な人と親しみ、関わりを深め、工夫したり、協力したりして一緒に活動する楽しさを味わい、愛情や信頼感をもつ。 社会生活における望ましい習慣や態度を身に付ける。	
環境	身近な環境に親しみ、自然と触れ合う中で様々な事象に興味や関心をもつ。 身近な環境に自分から関わり、発見を楽しんだり、考えたり、それを生活に取り入れようとする。 身近な事象を見たり、考えたり、扱ったりする中で、物の性質や数量、文字などに対する感覚を豊かにする。	
言葉	自分の気持ちを言葉で表現する楽しさを味わう。 人の言葉や話などをよく聞き、自分の経験したことや考えたことを話し、伝え合う喜びを味わう。 日常生活に必要な言葉が分かるようになるとともに、絵本や物語などに親しみ、言葉に対する感覚を豊かにし、保育教諭や友達と心を通わせる。	
表現	いろいろなものの美しさなどに対する豊かな感性をもつ。 感じたことや考えたことを自分なりに表現して楽しむ。 生活の中でイメージを豊かにし、様々な表現を楽しむ。	
		(特に配慮すべき事項) 特記事項なし
出欠状況	年度	年度
教育日数		
出席日数		

Good! 具体的な事例を用いて、育ちの保障を説明する

ゆっくりとした成長の中で、本児のやりたい遊びを安全面に配慮しながら経験させることで、可能性を引き出そうと関わってきた保育教諭の思いがくみ取れます。新年度も継続して指導してほしい担任の姿が伝わってきます。

Good! 本児らしさを伸ばすための援助につなげる

一人遊びを保障し、興味のある遊びを十分に経験させながら、次第に友達と関わる遊びへと無理強いせずに誘導してきた内容が具体的に記録され、分かりやすいです。

記録から要録へ！ 記録から友達との関わりを通しての育ちを伝える

一人遊びから友達や保育教諭と関わって遊ぶ機会が増えてくると、遊びの内容や語彙数が増えてきた。汚れることが苦手だったが、友達が遊んでいるのを見て、砂や泥をこねて団子やケーキなども作って楽しめるようになってきた。また言葉も増え、「ばか!」などわざとまねをして使い困らせることもあるが、あまり神経質にはならずに、正しい言葉に置き換えて代弁していくようにしていった。

より良く 日々の育ちの中で、繰り返し必要なことを伝えよう

一時的な姿を記すよりも、豊かになってきた言葉の表出を楽しんでいる様子を示しましょう。保育教諭や友達との関わりがおもしろくなってきた本質的な姿を記した方が本児の成長が読み取りやすいです。

こども園❹

3歳児 D児

自信をもって生活している

📁 データ
第3章 ▶ 認定こども園 ▶ D児

D児の基本情報
父、母、兄（小2）、兄（5歳児）、本児の5人家族。戸外で遊ぶことが好きな元気な男児。温和で、友達や保育者に優しく関わりながら遊ぶことができる。

ふりがな		性別		平成　　年度
氏名	D児	男	指導の重点等	（学年の重点） 友達や保育教諭と関わりながら遊ぶ楽しさを味わう。 （個人の重点） 友達や保育教諭に、自分の思いを伝えながら一緒に遊ぶことを楽しむ。
平成25年2月27日生				
ねらい （発達を捉える視点）				

		指導上参考となる事項
健康	明るく伸び伸びと行動し、充実感を味わう。 自分の体を十分に動かし、進んで運動しようとする。 健康、安全な生活に必要な習慣や態度を身に付け、見通しをもって行動する。	○明るく活発で、園庭で体を動かす遊びを楽しんだ。簡単なルールの鬼ごっこが好きで、鬼役の保育教諭の動きをよく見ていて、最後まで逃げ切ることが多かった。またボールを蹴る遊びが好きで、秋以降、年上の友達の遊びに加わってボール蹴りを楽しみ、満足感を味わった。 ○衣服の着脱に少し時間を要するが生活習慣は身についており、自信をもって安定して生活している。 ○同年齢の友達と友好的に関わってごっこ遊びや積み木遊びなどを楽しんだ。自分の思いが相手にうまく伝わらないと涙ぐむこともあったが、困ったときは保育教諭に伝えてこられるようになった。保育教諭が仲立ちになると、自分の気持ちを調整して、泣かずに自分なりの言葉で思いを伝えた。引き続き、言葉で伝えることには見守りと援助が必要である。 ○水遊びや砂遊びが好きで、好奇心をもって様々に遊びを楽しんだ。水や砂の感触を感じ取ったり、その性質に気付いたりする中で、驚きや発見を自分なりの言葉や身振りで表現して友達や保育教諭に共感を求め、一緒に楽しさを味わうことを喜んでいた。 ○絵を描くことにはやや自信がないのか、消極的な面があった。様々な画材や素材に触れて自由に遊ぶことを積み重ねることで、楽しんで描くようになってきた。生活発表会の壁面作りでは、登場人物のカラスの絵を自分なりの表現で一人で何枚も描いて貼り付けることができた。
人間関係	幼保連携型認定こども園の生活を楽しみ、自分の力で行動することの充実感を味わう。 身近な人と親しみ、関わりを深め、工夫したり、協力したりして一緒に活動する楽しさを味わい、愛情や信頼感をもつ。 社会生活における望ましい習慣や態度を身に付ける。	
環境	身近な環境に親しみ、自然と触れ合う中で様々な事象に興味や関心をもつ。 身近な環境に自分から関わり、発見を楽しんだり、考えたり、それを生活に取り入れようとする。 身近な事象を見たり、考えたり、扱ったりする中で、物の性質や数量、文字などに対する感覚を豊かにする。	
言葉	自分の気持ちを言葉で表現する楽しさを味わう。 人の言葉や話などをよく聞き、自分の経験したことや考えたことを話し、伝え合う喜びを味わう。 日常生活に必要な言葉が分かるようになるとともに、絵本や物語などに親しみ、言葉に対する感覚を豊かにし、保育教諭や友達と心を通わせる。	
表現	いろいろなものの美しさなどに対する豊かな感性をもつ。 感じたことや考えたことを自分なりに表現して楽しむ。 生活の中でイメージを豊かにし、様々な表現を楽しむ。	（特に配慮すべき事項） 健康状態は良好
出欠状況	年度／年度／年度 教育日数 出席日数	

Good! 3歳児なりの姿を丁寧に記す
戸外遊びが好きで、3歳児なりによく見てよく考えながら主体的に遊ぶ姿が表現されています。年上の友達の遊びに加わる姿から、異年齢児の遊びへの興味・関心と、仲間に入っていく意欲も丁寧に表現されていますね。

より良く 生活習慣を細やかに記述する
3歳児はその一年間を通して、より細やかで高度な生活習慣を身につける時期です。具体的な記述があると良いでしょう。
🌸（例）2学期からはお箸を使って食べるようになり、学年末では箸使いに慣れてきた。大便の始末もできるようになったが確認は必要である。

より良く 育ちを具体的な姿から見えるように
「様々に」という表現では、どのレベルで水や砂の遊びを楽しんだか分かりにくいでしょう。具体的な姿があると本児の育ちが分かるようになります。
🌸（例）友達と、シャベルで穴を掘って水を流し込んで遊んだ。

記録から要録へ！ 記録を基に具体的な姿を記述する
一年間の記録を基にして、言葉で伝える力の育ちを具体的な姿から記述しています。4歳児に進級した後も見守りや援助が必要なことの記述もあり、担任が変わった後も成長を支えるための引継ぎができる文章になっています。

Good! 苦手意識の克服を書く
不得意なことを要録に記述することは基本的にはNGです。しかし、一年間で、どのような体験を通して苦手意識を克服していったか、成長の過程が読み取れるように書くと良いでしょう。元来苦手であることへの配慮もできますね。

認定こども園 ⑤

4歳児 E児 — 思いを言葉にするのが難しい

データ
第3章 認定こども園 ▶ ▶ E児

E児の基本情報

父、母、姉（短大2年）、本児の4人家族。家では年上の姉に甘えることも多い。集団の中での自信がついてきて、積極的に参加しようとする姿も見られる。

ふりがな 氏名	E児	性別	男	指導の重点等	平成　年度 （学年の重点）自分の思いや考えを出しながら友達と一緒に生活する楽しさを感じる。 （個人の重点）自分の興味のあること以外のことでも見通しをもって取り組もうとする。
平成　年　月　日生					

	ねらい （発達を捉える視点）		指導上参考となる事項
健康	明るく伸び伸びと行動し、充実感を味わう。 自分の体を十分に動かし、進んで運動しようとする。 健康、安全な生活に必要な習慣や態度を身に付け、見通しをもって行動する。		○食事中、姿勢が崩れてしまうこともあるが保育教諭のことばがけにより楽しく食べている。 ○自分の思いがなかなか言葉にならず、トラブルの際に手が出てしまったり気持ちに折り合いをつけることが難しかったりするところがある。しかし、友達に気に掛けてもらったり保育教諭の声掛けにより友達の気持ちや周りの状況が分かると気持ちを切り替えて活動を楽しんでいる。 ○様々な事象に興味をもって自ら関わろうとする姿が見られるようになってきている。保育教諭からの個別にことばがけや友達からの誘い掛けにより、集団活動に参加し集中して楽しもうとする。 ○話をすることが好きで一生懸命に自分の気持ちを伝えようとしている。語彙力が少し気になるが、しりとり、言葉遊び、絵本を通して言葉で表すことを楽しんでいる。 ○豊かな感性をもち、自分なりのイメージをしっかりともち、造形活動を楽しんでいる。
人間関係	幼稚園生活を楽しみ、自分の力で行動することの充実感を味わう。 身近な人と親しみ、関わりを深め、工夫したり、協力したりして一緒に活動する楽しさを味わい、愛情や信頼感をもつ。 社会生活における望ましい習慣や態度を身に付ける。		
環境	身近な環境に親しみ、自然と触れ合う中で様々な事象に興味や関心をもつ。 身近な環境に自分から関わり、発見を楽しんだり、考えたり、それを生活に取り入れようとする。 身近な事象を見たり、考えたり、扱ったりする中で、物の性質や数量、文字などに対する感覚を豊かにする。		
言葉	自分の気持ちを言葉で表現する楽しさを味わう。 人の言葉や話などをよく聞き、自分の経験したことや考えたことを話し、伝え合う喜びを味わう。 日常生活に必要な言葉が分かるようになるとともに、絵本や物語などに親しみ、言葉に対する感覚を豊かにし、保育教諭や友達と心を通わせる。		
表現	いろいろなものの美しさなどに対する豊かな感性をもつ。 感じたことや考えたことを自分なりに表現して楽しむ。 生活の中でイメージを豊かにし、様々な表現を楽しむ。		

出欠状況	年度	年度	年度
教育日数			
出席日数			

（特に配慮すべき事項）特記事項なし

より良く：食事中の具体的な説明を書こう
苦手な食材のため姿勢が崩れているのか、食事以外のときも興味がないと同じように崩れるのか伝わりにくい表現です。姿勢が崩れたときとは、どのような姿なのか具体的に記すことによって次年度へ申し送る指導の方法が変わります。

Good！　援助により成長していく姿が、次年度につながる
教諭の援助から、周囲の友達も本児の気持ちを受け入れてくれることにより、安心して自分の思いを出しつつ、折り合いをつけていくことができるようになった成長が読み取れます。

記録から要録へ！　記録から見えてくる総合的な育ち
乳幼児期は領域ごとではなく、様々な活動を通して総合的な育ちが表れてくる、と言われていますが、本児が興味をもって意欲的に取り組み成長してきた姿はの記録から、5領域を通した総合的な育ちの内容を読み取れます。

より良く：具体的な事例から伝える
「様々な事象から」という表現を使わず、小動物なのか、草花なのかという実際に興味をもって遊んでいる物を具体的に挙げた方がイメージしやすいです。またどのように遊びに取り入れているのか記しておくことで、意欲や探究心などの育ちの様子も分かりやすくなります。

4歳児 F児 こども園⑥

思いやりのある

■ 第3章 実際の子どもを見てみよう

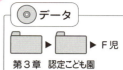

データ
第3章 認定こども園 ▶ F児

F児の基本情報

父、母、兄（小1）、本児、祖母の5人家族。誰にでも公平に関わることができ、社会性が育っている。遊びのアイディアが豊富で描いたり作ったりすることが得意。

ふりがな 氏名	F児	性別 女		平成　年度
平成　年　月　日生			指導の重点等	（学年の重点）思い通りにならないことを経験しながら、友達と遊ぶ楽しさを感じる。
ねらい（発達を捉える視点）				（個人の重点）イメージを広げながら友達と関わって遊ぶおもしろさを味わう。

		指導上参考となる事項
健康	明るく伸び伸びと行動し、充実感を味わう。	○入園前、園庭開放日に親子でよく遊びに来ていたこともあり、入園当初から安心して好きな遊びを楽しんでいた。基本的生活習慣はほぼ自立しており、園での生活にも早くなじみ、何でも自分からやってみようとする姿が見られた。 ○戸外でブランコやすべり台で遊ぶことを好み、友達と誘い合って楽しんだ。集団遊びが楽しくなると、渦巻きじゃんけんゲームや転がしドッジボールなど、ルールを理解して心と体を十分に働かせながら友達や保育教諭と意欲的に楽しんだ。 ○困っている友達がいると声を掛けたり手伝ったりして、優しく関わることができる。保育教諭や友達に思いやりのある行為を認められたことで、自分の良さに気付いたり、他児へのお手本にもなっていったりした。 ○夏季休業中は2号認定に変更したため、夏中存分に水遊びを楽しんだ。色水作りやせっけん遊びでは、水やせっけんの性質を感じ取ったり気付いたりする中で、予想したり工夫したりしながら友達と繰り返し遊び込んだ。不思議さや美しさなど、気付いたことや感動したことを友達や保育教諭にも伝えていた。 ○絵を描いたり作ったりすることが好きで、自由な発想で試行錯誤や工夫をして楽しい作品を作っていった。自分なりに目的をもって遊びに使う物を作り始め、そこに2～3人の友達が関わって目的を共有しながら広がった遊びが、お店屋さんごっこなどクラスへと発展することもあった。
	自分の体を十分に動かし、進んで運動しようとする。	
	健康、安全な生活に必要な習慣や態度を身に付け、見通しをもって行動する。	
人間関係	幼保連携型認定こども園の生活を楽しみ、自分の力で行動することの充実感を味わう。	
	身近な人と親しみ、関わりを深め、工夫したり、協力したりして一緒に活動する楽しさを味わい、愛情や信頼感をもつ。	
	社会生活における望ましい習慣や態度を身に付ける。	
環境	身近な環境に親しみ、自然と触れ合う中で様々な事象に興味や関心をもつ。	
	身近な環境に自分から関わり、発見を楽しんだり、考えたり、それを生活に取り入れようとする。	
	身近な事象を見たり、考えたり、扱ったりする中で、物の性質や数量、文字などに対する感覚を豊かにする。	
言葉	自分の気持ちを言葉で表現する楽しさを味わう。	
	人の言葉や話などをよく聞き、自分の経験したことや考えたことを話し、伝え合う喜びを味わう。	
	日常生活に必要な言葉が分かるようになるとともに、絵本や物語などに親しみ、言葉に対する感覚を豊かにし、保育教諭や友達と心を通わせる。	
表現	いろいろなものの美しさなどに対する豊かな感性をもつ。	（特に配慮すべき事項）健康状態は良好
	感じたことや考えたことを自分なりに表現して楽しむ。	
	生活の中でイメージを豊かにし、様々な表現を楽しむ。	
出欠状況	年度　年度　年度 教育日数 出席日数	

より良く

獲得した技能も記述する

生活習慣について、入園当初の姿が記入されていますが、学年末の姿についてはふれられていません。獲得した技能を入れて3学期末の姿を記述しましょう。

🌸（例）3学期末には、服を丁寧にたたむ、感染病予防を理解して手洗い・うがいを真面目に励行するなどしている。

🌸 Good!

遊びの質の変化を表現する

入園当初の、気の合う友達との遊びから、特定しないクラスの友達とのルールのある遊びへ、興味が広がってきている様子が理解できます。こども園の集団で遊ぶ良さ（意義）と、4歳児にふさわしい遊びの質の変化が上手に表現されていますね。

記録から要録へ！

具体的な姿を記録から拾い上げて

思いやりのある本児の持ち味は感じ取れますが、具体的な姿が分かりにくく感じます。「製作で難しいところを手伝う、支度が遅くなっている友達を気遣い、声を掛けて待つ」など、本児らしい姿を記録から拾い上げて記述するとより分かりやすくなります。

🌸 Good!

資質・能力の姿を読み取って

本児のアイディアから始まった遊びの経過の記述から、主体性や得意なことへの自信、友達との目的の共有、他の幼児の考えに触れ新しい考えを生み出す喜びや楽しさなどの育ち（資質・能力）が読み取れます。

🌸 Good!

認定による保育の違いを表現して

1号認定児と2号認定児では、長期休業中の過ごし方が異なります。本児は認定変更により、夏季に友達と貴重な体験をし、気付きや発見の喜びがあったことが分かります。また、言葉で表現する力も記述されています。

認定こども園⑥ F児（4歳児）

131

認定こども園 ❼

満3～4歳児 G児 — 虫が大好き

データ
第3章 認定こども園 ▶ ▶ G児

Good!

具体的な手立てを記入して

体の動きで得意なことと不得意なことを挙げ、保育教諭の配慮により、本児にとっては難しいことができるようになっていった様子が書かれています。具体的な手立てが記入されると分かりやすいですね。

より良く

肯定的な表現を心掛けよう

語彙の豊富さ、標準語で話すことなど、発達障害を疑うような表現になってしまっています。肯定的な表現を心掛けましょう。

❀（例）話をすることが好きで、特に興味のあることは、言葉を豊かに使って話すことができる。

より良く

一年間の育ちを忘れずに

本児の特徴的な姿（持ち味）は具体的に書かれていますが、一年間の育ちは記述されていません。保育教諭や友達との関わりの中で、資質・能力が育っていった内容を選択し、記述するようにしましょう。

ふりがな		性別		平成　　年度	
氏名	G児	男	指導の重点等	（学年の重点）保育教諭に見守られながら、安心して好きな遊びを楽しむ。	
平成　年　月　日生				（個人の重点）保育教諭の見守りのもと、好きな遊びを一定の時間楽しむ。	
ねらい（発達を捉える視点）					
健康	明るく伸び伸びと行動し、充実感を味わう。		指導上参考となる事項	○11月、3歳1か月で3歳児クラスに入園する。室内にある遊具に興味津々で、次々に出して遊んだ。汽車積み木が気に入り、自分のイメージで独り言を言いながら線路を組み立て、汽車を走らせて遊びを楽しんだ。クラスでは一人の世界で遊んでいるが、延長保育の時間になると、特定の5歳児と関わりながら汽車積み木を楽しむ姿が見られた。 ○走ったりジャンプしたりして体を大きく動かす遊びが好きで、楽しんだ。ゆっくり動く、小さく動くといった調整は難しいので、本児の好きな生き物になってごっこ遊びを楽しみながら調整することを体験していった。**イメージしやすい言葉を掛けると、動きを調節できるようになった。** ○食欲は旺盛で好き嫌いはなく、短時間で食べ終える。よく噛んで食べるように、そばについて声掛けをしていった。昼食中眠気がさすと、一瞬で眠り込んでしまうことがしばしばあったので、保護者から睡眠と目覚めの様子を聞き、食事時間の配慮をすることで、日々の食事を楽しむことができた。 ○生き物が好きでカエルやダンゴムシ探しを楽しんだ。捕まえた生き物を観察ケースに入れて持ち歩いては、保育教諭や他児に見せて喜んでいた。保育教諭が仲立ちすると、同年齢の友達とも生き物の話題でやり取りできるようになっていった。 ○**語彙が豊富で標準語で話をしている。どこまで難しい言葉の意味を理解しているか確かめてみると、かなり理解できていると感じた。家庭ではテレビやDVDを視聴する時間が多く、情報機器等から言葉を獲得してきたと思われる。**本児発信の話題が会話になるよう、対話することに心掛けた。	
	自分の体を十分に動かし、進んで運動しようとする。				
	健康、安全な生活に必要な習慣や態度を身に付け、見通しをもって行動する。				
人間関係	幼保連携型認定こども園の生活を楽しみ、自分の力で行動することの充実感を味わう。				
	身近な人と親しみ、関わりを深め、工夫したり、協力したりして一緒に活動する楽しさを味わい、愛情や信頼感をもつ。				
	社会生活における望ましい習慣や態度を身に付ける。				
環境	身近な環境に親しみ、自然と触れ合う中で様々な事象に興味や関心をもつ。				
	身近な環境に自分から関わり、発見を楽しんだり、考えたり、それを生活に取り入れようとする。				
	身近な事象を見たり、考えたり、扱ったりする中で、物の性質や数量、文字などに対する感覚を豊かにする。				
言葉	自分の気持ちを言葉で表現する楽しさを味わう。				
	人の言葉や話などをよく聞き、自分の経験したことや考えたことを話し、伝え合う喜びを味わう。				
	日常生活に必要な言葉が分かるようになるとともに、絵本や物語などに親しみ、言葉に対する感覚を豊かにし、保育教諭や友達と心を通わせる。				
表現	いろいろなものの美しさなどに対する豊かな感性をもつ。				
	感じたことや考えたことを自分なりに表現して楽しむ。				
	生活の中でイメージを豊かにし、様々な表現を楽しむ。				
出欠状況		年度	年度	年度	
	教育日数				
	出席日数				
				（特に配慮すべき事項）健康状態は良好	

第3章 実際の子どもを見てみよう

G児の基本情報
父、母、本児、妹（3歳児）の4人家族。温和で人懐こく、誰にでも親しく関わる。昆虫が大好きで、知識も広く深い。好奇心が旺盛で行動力がある。

認定こども園⑦　G児（満3～4歳児）

平成　　年度	平成　　年度
（学年の重点） 友達や保育教諭と関わりながら遊ぶ楽しさを味わう。	（学年の重点） 思い通りにならないことを経験しながら、友達と遊ぶ楽しさを感じる。
（個人の重点） 自分の好きな遊びを十分に楽しみながら、他児の遊びにも興味をもつ。	（個人の重点） 友達の遊びや思いに関心をもち、一緒に遊ぶ楽しさを感じる。
○体を動かすことは好きで、伸び伸びと園庭を散策したり、保育教諭と鬼ごっこをしたりして楽しんだ。友達と一緒に体操をしたり巧技台等運動遊具を使った遊びにはあまり興味はないが、保育教諭が誘い一緒に遊ぶと、1回はやってみようとする。 ○食欲は旺盛で好き嫌いなく、おかわりもしてよく食べた。座位が保ちにくく姿勢が崩れることがあるので、座面に配慮をし、保育教諭がその都度声を掛けることで姿勢に気を付けるようになってきている。 ○様々な人に興味があり、散歩で出会った人や来客に自分からよく挨拶をしたり会話をしたりして心通わせる人懐こい面がある。言葉も巧みに話せて、虫やアニメなど自分の興味のある話題で会話を楽しんだ。 ○運動会や発表会など行事のときは、お客様がたくさんいることがうれしくて、その気持ちを体全体で表現することが多かった。伸び伸びとその場の雰囲気を楽しむ姿を見守りつつ、できるようになったことを友達と楽しめるよう援助した。 ○昆虫やカエルなど生き物に興味があり、園庭や散歩先で探したり親しみをもって触れたりすることを楽しんだ。図鑑が好きで、その都度興味をもった生き物のページを繰り返し見て楽しんだ。生き物の知識は豊富で、友達や教諭に知っていることを話し、認められることで喜びを感じている。 ○室内では大きめのブロックや汽車積み木で遊ぶことが好きで、独り言を言いながらイメージを広げて楽しんだ。学年末になって、同じ場所で遊んでいる友達の遊びに興味をもち始めている。	○10月の運動会後より保育教諭が誘うと、鬼ごっこなど簡単なルールのある集団の遊びに1回は参加するようになった。本児と一緒に遊べた楽しさを伝えると「また明日も先生と遊んだるわ」と話し、自分の気持ちで集団の遊びに参加してくることも増えてきた。 ○体操やダンスなど、まねをしながら覚えていく遊びへの興味や意欲は弱く、保育教諭がそばで次の動きを言葉で伝えると、少しやる気を出して取り組んだ。その頑張りを認めると、素直に喜び、自信や意欲につながっていった。 ○自由に遊ぶ時間は、お気に入りのアニメの主人公になり切って決めぜりふを言いながら保育教諭を相手にごっこを仕掛けることが多かった。虫探しや三輪車の乗り物ごっこなど本児の興味のある遊びに誘うと、切り替えることができるようになってきた。友達と言葉を交わしたり関わったりすることで、友達を意識したり葛藤体験もしている。 ○昆虫等生き物への興味は深まり、"○○虫係り"になって進んで飼育観察を楽しんだ。生き物を通して同年齢の友達との会話や関わりも増えていった。昆虫の絵を描いたり保育教諭と一緒に折り紙で昆虫を折ったりすることで、描く・作る遊びも楽しめるようになってきている。 ○絵本が好きで、読み聞かせのときは一番前に座って見ており、最後までお話の世界を楽しんでいる。お話遊び（劇）では自分のお気に入りのせりふの役になって、友達と楽しむことができた。お客様に興味津々で客席に気を取られる場面もあったが、少し配慮をすることで気持ちを調整することができた。
（特に配慮すべき事項） 健康状態は良好 様々な刺激に反応して興味が移り変わるので、その都度安全配慮と行動修正を促すことばがけを行なった。	（特に配慮すべき事項） 健康状態は良好 新たに興味をもったものに注意が移るので、元来の目的が達成できるよう、声掛けや配慮を行なった。

Good! 見通しをもった援助を記述する
保育教諭の見通しをもった援助により、興味関心のある活動を軸にしながら、同年齢児と関わる楽しさや苦手意識をもっていた描く・作る遊びへの興味が育っていった過程がうまく表現できていますね。

記録から要録へ！ 同じ遊びを取り上げて育ちを見取る
前年度と同じ汽車積み木の遊びを取り上げることで、保育教諭の関わりによって、満3歳児のときより「人間関係」や資質・能力の面で成長していることが感じ取れる文章となっています。

認定こども園 ⑧

3～4歳児 H児

こつこつ頑張る

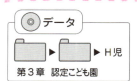

データ
第3章 認定こども園 ▶ ▶ H児

慣れていく過程を丁寧に

入園当初の本児の緊張した姿があり、一年かけて自信をつけていき、園生活に慣れていった様子が分かりやすく書いてあります。引き続き配慮すべき点も書かれているので、次年度の保育の参考になりますね。

ふりがな		性別	指導の重点等	年度	
氏名	H児	女		（学年の重点）	
平成　年　月　日生				（個人の重点）	

ねらい
（発達を捉える視点）

		指導上参考となる事項
健康	明るく伸び伸びと行動し、充実感を味わう。	
	自分の体を十分に動かし、進んで運動しようとする。	
	健康、安全な生活に必要な習慣や態度を身に付け、見通しをもって行動する。	
人間関係	幼稚園生活を楽しみ、自分の力で行動することの充実感を味わう。	
	身近な人と親しみ、関わりを深め、工夫したり、協力したりして一緒に活動する楽しさを味わい、愛情や信頼感をもつ。	
	社会生活における望ましい習慣や態度を身に付ける。	
環境	身近な環境に親しみ、自然と触れ合う中で様々な事象に興味や関心をもつ。	
	身近な環境に自分から関わり、発見を楽しんだり、考えたり、それを生活に取り入れようとする。	
	身近な事象を見たり、考えたり、扱ったりする中で、物の性質や数量、文字などに対する感覚を豊かにする。	
言葉	自分の気持ちを言葉で表現する楽しさを味わう。	
	人の言葉や話などをよく聞き、自分の経験したことや考えたことを話し、伝え合う喜びを味わう。	
	日常生活に必要な言葉が分かるようになるとともに、絵本や物語などに親しみ、言葉に対する感覚を豊かにし、先生や友達と心を通わせる。	
表現	いろいろなものの美しさなどに対する豊かな感性をもつ。	
	感じたことや考えたことを自分なりに表現して楽しむ。	
	生活の中でイメージを豊かにし、様々な表現を楽しむ。	

出欠状況		年度	年度	年度
	教育日数			
	出席日数			

より良く 関わりや成長の様子を

本児の好きな遊びとして、絵を描く様子が書かれていますが、保育教諭の関わり方や成長した様子の記述がありません。加筆するとよいでしょう。

（例）初めはフェルトペンで描画を楽しんでいたが、保育教諭が絵の具を用意して誘うと、絵筆で描くことも楽しめた。

第3章 実際の子どもを見てみよう

H児の基本情報

父、母、姉（小3）、本児、弟（2歳児）の5人家族。周りの様子をよく見て慎重に行動する。同年齢や年下の子にとても優しいが、自己主張はあまりしない。

平成　　年度	平成　　年度
（学年の重点） 友達や保育教諭と関わりながら遊ぶ楽しさを味わう。	（学年の重点） 思い通りにならないことを経験しながら、友達と遊ぶ楽しさを感じる。
（個人の重点） 自分の思いを保育教諭に伝えながら、安心して遊びや生活をする。	（個人の重点） 保育教諭の見守りの中で、友達と関わり、自分の思いを伝えながら遊びを楽しむ。
○体を動かして遊ぶことは好きで、すべり台やサーキット遊びを楽しんだ。体操やダンスはよく覚えているが、みんなと一緒にすることには抵抗があり、秋の運動会までは消極的だった。本児の葛藤や運動会での頑張りを家族や保育教諭に認められたことが自信となり、徐々に友達と一緒の場でもできるようになっていった。 ○入園当初から基本的生活習慣は身についており、身の回りのことは丁寧に行なっている。 ○保育教諭や友達と話をすることに緊張感があった。自由な遊びの場で、保育教諭がそばで見守ることで、少しずつ友達に思いを話せるようになると、クラスの活動の場でも、返事をしたり話をしたりできるようになっていった。友達や保育教諭と心が通い合うようになり、表情も柔らかくなってきている。 ○絵を描くことが好きで、伸び伸びと表現している。思いを巡らせながら家族の絵を描くことが多く、絵のお話はほのぼのとした内容が多かった。 ○人から注目される状況が苦手だったが、生活発表会では、泣かずに参加できた。緊張はしていたが、友達と一緒に舞台に出て、自分の役を楽しむことができた。そばに友達がいる安心感や保育教諭に助けを求められる信頼感でやり遂げることができ、満足感や達成感を味わった。	○6月にフープが回せるようになったことが自信となり、やりたい遊びを見つけて意欲的に取り組んでいった。人前では恥ずかしかった体操やダンスも自信をもって楽しんでいるようになった。 ○こつこつと努力する良い面があり、5歳児を見習いながら縄跳びに取り組んだ。自己アピールはあまりしない方だが、楽しそうに回数を数えながら跳んでいる表情や視線で、できるようになった喜びを保育教諭に伝えている。 ○一日の振り返りの時間に、友達に頑張っているところを認めてもらったことが自信となり、葛藤を乗り越えて自分の思いや考えをみんなの前でも話せるようになってきた。まだ緊張感はあり、精一杯頑張って話しているところはあるので、引き続き温かい見守りや励ましが必要である。 ○身近な草花に興味があり、見たり摘んで保育室に飾ったりして楽しみながら、身近な自然への愛情が育まれていった。花びらで色水を作ることが好きで、四季折々にいろいろな花を使って繰り返し遊び、色の違いや変化に気付き、予想したり工夫したりして新たな色との出会いや発見を楽しんだ。 ○困っている友達がいると保育教諭に伝えてきたり、自分からも声を掛けて手伝ったりする姿が見られた。相手の気持ちを受容しながら気配りをする力が育っている。
（特に配慮すべき事項） 健康状態は良好 人との関係で緊張感が高いので、安心して思いを発揮できるよう配慮した。	（特に配慮すべき事項） 健康状態は良好 温かい見守りと励ましがあれば、苦手なことを乗り越える力が育ってきている。

Good!
努力の様子を具体的に
こつこつと努力する本児の良さ（持ち味）が具体的に書いてあり、分かりやすいですね。日々の記録を拾い上げて書くことで、その時々の心境や成長していく様子が丁寧に表現できています。

Good!
切れ目のない援助を
一年間、本児のそばで温かく見守り支え続けた担任の心からのメッセージを感じる。本児の心境や勇気、一年間の成長を表現し、年度をまたいでも切れ目のない援助が行なえるように書かれています。

認定こども園⑧　H児（3〜4歳児）

認定こども園 ⓘ-1

満3〜4歳児 I児

引っ込み思案

データ
第3章 認定こども園 ▶ I児_1

Good!

好奇心や探求心を具体的な事例から説明

大人のまねっこをして異年齢の友達と楽しんでいるごっこ遊びの具体的な事例が記されています。お客さんに言う「いらっしゃいませ」など聞き覚えのある挨拶の仕方を考え、取り入れている姿が伝わってきます。

ふりがな		性別	指導の重点等	平成　　年度
氏名	I児	女		(学年の重点) 保育教諭との安定した関わりを通して、日常生活に必要なおおよそのことを自分でしようとする意欲をもつ。
平成　年　月　日生				(個人の重点) 自分の気持ちを言語化して伝える中で、少しずつ相手の気持ちに気付けるようにする。
ねらい (発達を捉える視点)			指導上参考となる事項	○体を動かす遊びが大好きで、鉄棒や平均台、両足ジャンプもできるようになった。指先を使った遊びに興味をもち、自分から出してきては遊び出し、細かい指先の動きも上手になってきた。 ○活動中に困っている友達を見つけると優しく声を掛けたり、手伝ってあげようとしたりする姿が見られる。 ○家庭であった出来事や友達と楽しかったことなど保育教諭に伝えることができる。また友達が伝えようとしていることに対しても、代弁してあげることができるようになった。 ○ごっこ遊びを異年齢の友達と一緒に楽しみ、お店屋さんごっこやお家ごっこなど大人のまねをして楽しんでいる。自分の好きなカレーライス屋さんになり、お客さんと「いらっしゃいませ！」とやり取りを楽しんでいる。 ○のりや絵の具などを使った造形遊びに積極的に関わり、楽しんで活動している。家庭や園で経験したことを保育教諭や友達に伝えることができる。音楽に合わせて体を動かしたり、楽器を使って友達と一緒に簡単なリズム打ちを楽しんでいる。
健康	明るく伸び伸びと行動し、充実感を味わう。			
	自分の体を十分に動かし、進んで運動しようとする。			
	健康、安全な生活に必要な習慣や態度を身に付け、見通しをもって行動する。			
人間関係	幼稚園生活を楽しみ、自分の力で行動することの充実感を味わう。			
	身近な人と親しみ、関わりを深め、工夫したり、協力したりして一緒に活動する楽しさを味わい、愛情や信頼感をもつ。			
	社会生活における望ましい習慣や態度を身に付ける。			
環境	身近な環境に親しみ、自然と触れ合う中で様々な事象に興味や関心をもつ。			
	身近な環境に自分から関わり、発見を楽しんだり、考えたり、それを生活に取り入れようとする。			
	身近な事象を見たり、考えたり、扱ったりする中で、物の性質や数量、文字などに対する感覚を豊かにする。			
言葉	自分の気持ちを言葉で表現する楽しさを味わう。			
	人の言葉や話などをよく聞き、自分の経験したことや考えたことを話し、伝え合う喜びを味わう。			
	日常生活に必要な言葉が分かるようになるとともに、絵本や物語などに親しみ、言葉に対する感覚を豊かにし、先生や友達と心を通わせる。			
表現	いろいろなものの美しさなどに対する豊かな感性をもつ。			
	感じたことや考えたことを自分なりに表現して楽しむ。			
	生活の中でイメージを豊かにし、様々な表現を楽しむ。			(特に配慮すべき事項) 特記事項なし
出欠状況		年度	年度	年度
	教育日数			

● 第3章　実際の子どもを見てみよう

I児の基本情報

父、母、本児の3人家族。祖母がお迎えにくる。集団の中で遊ぶことが難しく、トラブルになることもある。

平成　　年度	平成　　年度
(学年の重点) 生活に見通しをもち、身の回りのことを自分でする。	(学年の重点) 自分の思いや考えを出しながら、友達と一緒に生活する楽しさを感じる。
(個人の重点) 自分の思いを友達に伝えながら、より良い関係の中で遊ぶ。	(個人の重点) 友達との関わりの中で、自分の気持ちの伝え方を知ったり、相手の気持ちにも気付いたりする。
○食事などの時間が掛かることもあるが、着替えや排せつなど身の回りのことはほとんど自分ですることができる。 ○好きな友達を自分から誘い掛けることができる。友達同士がトラブルになっているときには間に入りお互いの気持ちを代弁したりすることができる。 ○できないこともできるようになるまで何でも挑戦し、取り組んでいる。運動が少し苦手だが友達が遊んでいると、隣で一緒に鉄棒や縄跳びなどを練習している。 ○友達とのトラブルのときも、きちんと自分の気持ちを伝えることができる。文字に興味があり、よく手紙を書いて遊んでいる。 ○拍子に合わせて体を動かしたり楽器を鳴らしたりすることができる。絵画では、見本を見るとそれをまねながら自分なりに表現をして描くことができる。	○逆上がりや竹馬を始め少しずつ自信がつき、自発的ではないが声を掛けると苦手なことにも挑戦しようとする姿がある。 ○集団での活動が苦手で消極的な部分がある。自由遊びでは特定の友達と仲良くしており、自分から声を掛ける姿もある。 ○栽培している野菜を虫眼鏡で観察したり、虫食いや枯れている場所を見つけると友達や保育教諭に報告したりするなど変化を見逃すことなく世話をしている。 ○したいことや欲しいものを保育教諭や友達に言葉で伝えることが苦手だったが、保育教諭が気持ちを代弁し他の子どもに伝えたり、本児にどうしたいのか尋ねたりすることで、少しずつ言葉で伝えている。 ○リトミックでは、体を大きく動かしたり小さく動かしたりするなど音に合わせて強弱をつけて楽しむ姿が見られた。
(特に配慮すべき事項) 特記事項なし	(特に配慮すべき事項) 特記事項なし

より良く

本児のありのままの姿や可能性などを伝える
全体的な文面で、～ができる、と記していますが、できる・できないの評価の視点にとられがちになります。楽しんでいる、自分でしようとしている、などと締めくくった方が、今できないことでもこれからの可能性を伝えるでしょう。

Good!

援助から新年度への接続をスムーズに
保育教諭が代弁したり、を聞いたりすることで、本児の気持ち受け止めてもらえる、という安心感が行動の表れとなっています。一人ひとりに合った援助の仕方を引き継ぐことで、次年度への接続がスムーズになることが記されています。

認定こども園⑨-1　I児（満3～4歳児）

元の記録は…

興味・関心をもって取り組む姿からイメージしやすく

色水遊びや栽培活動を通して、草花や小動物に関心をもって遊ぶことが多くなってきました。年長児が虫眼鏡で観察しているのを見て、自分も同じように虫眼鏡で観察を楽しみ、自分が最初に見つけた時、保育教諭や友だちにうれしそうに報告していました。

137

認定こども園 ❾-2
5歳児 I児

友達と遊びたい

より良く

援助の中での姿も記入する

友達と力を合わせる経験を通して達成感を味わえるような機会を設けることで、本児の良さが見えてくるのではないかと思います。遊びに誘うための援助も記しておくほうが分かりやすいでしょう。

具体的な内容から本児の成長が見える

本児なりに表現方法のイメージをもち、形にこだわったり、自分の思いを出して遊んだりしている面も見られます。保育教諭の決めた形を強いるのではなく、まずは本児の思いも受け止め認めていく。また友達の作った作品や表現を見せながら、違った形の表現もあることを知らせています。このような援助の方法も大切です。

ふりがな				平成　　年度
氏名	I児	指導の重点等	(学年の重点) 友達と共に過ごす喜びを味わいながら遊びや生活を通して、充実感を味わう。
	平成　年　月　日生		
性別	女		(個人の重点) いろいろな遊びを楽しみながら根気強く取り組み、やり遂げたときの充実感を味わう。
ねらい (発達を捉える視点)			

	ねらい	指導上参考となる事項
健康	明るく伸び伸びと行動し、充実感を味わう。 自分の体を十分に動かし、進んで運動しようとする。 健康、安全な生活に必要な習慣や態度を身に付け、見通しをもって行動する。	○園庭での遊びを喜び、真っ先に出ていこうとするが、ルールのあるゲームなどは友達と長い時間遊べなくて、ウロウロしていることが多い。ボール遊びや鉄棒などは得意で、楽しんでいる。 ○友達と遊びたい気持ちはいっぱいあるが、人と上手に関わることが苦手で、けんかになってしまう。話し合いになると自分の言い分を思い切り伝えているが、相手の話を聞くことがまだできない。 ○遊びの中で、数をかぞえたりゲームで順番を決めたり文字を読んだりすることはできる。積み木で自分のイメージした形を作っては棚に並べて楽しんでいる。友達の作った積み木も並べておくと、時には「これだれがつくったん？」と聞きに来ることもある。 ○楽器遊びやリトミックなどリズムを聞いて音を鳴らしたり、体で表現したりすることに興味をもって楽しんでいる。決められたリズムや体で表現して友達と合わせるのは少し苦手で、自分勝手に鳴らしたり動いたりすることが見られる。交代しながら順番に友達が鳴らしたりするのを聞くことができるようになってきた。
人間関係	幼保連携型認定こども園の生活を楽しみ、自分の力で行動することの充実感を味わう。 身近な人と親しみ、関わりを深め、工夫したり、協力したりして一緒に活動する楽しさを味わい、愛情や信頼感をもつ。 社会生活における望ましい習慣や態度を身に付ける。	
環境	身近な環境に親しみ、自然と触れ合う中で様々な事象に興味や関心をもつ。 身近な環境に自分から関わり、発見を楽しんだり、考えたりし、それを生活に取り入れようとする。 身近な事象を見たり、考えたり、扱ったりする中で、物の性質や数量、文字などに対する感覚を豊かにする。	
言葉	自分の気持ちを言葉で表現する楽しさを味わう。 人の言葉や話などをよく聞き、自分の経験したことや考えたことを話し、伝え合う喜びを味わう。 日常生活に必要な言葉が分かるようになるとともに、絵本や物語などに親しみ、言葉に対する感覚を豊かにし、保育教諭等や友達と心を通わせる。	
表現	いろいろなものの美しさなどに対する豊かな感性をもつ。 感じたことや考えたことを自分なりに表現して楽しむ。 生活の中でイメージを豊かにし、様々な表現を楽しむ。	
出欠状況		年度
	教育日数	
	出席日数	

(特に配慮すべき事項)
特記事項なし

138

第3章 実際の子どもを見てみよう

幼児期の終わりまでに育ってほしい姿

「幼児期の終わりまでに育ってほしい姿」は、幼保連携型認定こども園教育・保育要領第2章に示すねらい及び内容に基づいて、各幼稚園で、幼児期にふさわしい遊びや生活を積み重ねることにより、幼保連携型認定こども園の教育及び保育において育みたい資質・能力が育まれている園児の具体的な姿であり、特に5歳児後半に見られるようになる姿である。「幼児期の終わりまでに育ってほしい姿」は、とりわけ園児の自発的な活動としての遊びを通して、一人一人の発達の特性に応じて、これらの姿が育っていくものであり、全ての園児に同じように見られるものではないことに留意すること。

健康な心と体	幼保連携型認定こども園における生活の中で、充実感をもって自分のやりたいことに向かって心と体を十分に働かせ、見通しをもって行動し、自ら健康で安全な生活をつくり出すようになる。
自立心	身近な環境に主体的に関わり様々な活動を楽しむ中で、しなければならないことを自覚し、自分の力で行うために考えたり、工夫したりしながら、諦めずにやり遂げることで達成感を味わい、自信をもって行動するようになる。
協同性	友達と関わる中で、互いの思いや考えなどを共有し、共通の目的の実現に向けて、考えたり、工夫したり、協力したりし、充実感をもってやり遂げるようになる。
道徳性・規範意識の芽生え	友達と様々な体験を重ねる中で、してよいことや悪いことが分かり、自分の行動を振り返ったり、友達の気持ちに共感したりし、相手の立場に立って行動するようになる。また、きまりを守る必要性が分かり、自分の気持ちを調整し、友達と折り合いを付けながら、きまりをつくったり、守ったりするようになる。
社会生活との関わり	家族を大切にしようとする気持ちをもつとともに、地域の身近な人と触れ合う中で、人との様々な関わり方に気付き、相手の気持ちを考えて関わり、自分が役に立つ喜びを感じ、地域に親しみをもつようになる。また、幼保連携型認定こども園内外の様々な環境に関わる中で、遊びや生活に必要な情報を取り入れ、情報に基づき判断したり、情報を伝え合ったり、活用したりするなど、情報を役立てながら活動するようになるとともに、公共の施設を大切に利用するなどして、社会とのつながりなどを意識するようになる。
思考力の芽生え	身近な事象に積極的に関わる中で、物の性質や仕組みなどを感じ取ったり、気付いたりし、考えたり、予想したり、工夫したりするなど、多様な関わりを楽しむようになる。また、友達の様々な考えに触れる中で、自分と異なる考えがあることに気付き、自ら判断したり、考え直したりするなど、新しい考えを生み出す喜びを味わいながら、自分の考えをよりよいものにするようになる。
自然との関わり・生命尊重	自然に触れて感動する体験を通して、自然の変化などを感じ取り、好奇心や探究心をもって考え言葉などで表現しながら、身近な事象への関心が高まるとともに、自然への愛情や畏敬の念をもつようになる。また、身近な動植物に心を動かされる中で、生命の不思議さや尊さに気付き、身近な動植物への接し方を考え、命あるものとしていたわり、大切にする気持ちをもって関わるようになる。
数量や図形、標識や文字などへの関心・感覚	遊びや生活の中で、数量や図形、標識や文字などに親しむ体験を重ねたり、標識や文字の役割に気付いたりし、自らの必要感に基づきこれらを活用し、興味や関心、感覚をもつようになる。
言葉による伝え合い	保育教諭等や友達と心を通わせる中で、絵本や物語などに親しみながら、豊かな言葉や表現を身に付け、経験したことや考えたことなどを言葉で伝えたり、相手の話を注意して聞いたりし、言葉による伝え合いを楽しむようになる。
豊かな感性と表現	心を動かす出来事などに触れ感性を働かせる中で、様々な素材の特徴や表現の仕方などに気付き、感じたことや考えたことを自分で表現したり、友達同士で表現する過程を楽しんだりし、表現する喜びを味わい、意欲をもつようになる。

元の記録は・・・

記録から育ちにつながる援助を考える

友達が好きで遊びたい気持ちはいっぱいあるが、関わり方が分からず本児の気持ちのもどかしさからトラブルになっている場合が多い。双方の気持ちをゆったりと聞いてあげる保育者の姿勢が子どもの安心感につながるようにしたい。

認定こども園 ⑨-2 ― I 児（5歳児）

認定こども園 ⑩

5歳児 J児

活発で遊ぶの大好き

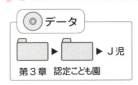

データ ▶ J児
第3章 認定こども園

次年度への課題を記入する

朝の用意などの毎日決まった活動については、確実に育ってほしいことや、忘れないようにする援助や方法を記述しましょう。

❀（例）子ども自身が朝の用意を済ませたことを確認できるようチェック表を使う。

個人の重点を踏まえて

個人の重点を踏まえたうえで、本児の現状と保育教諭の援助によって育っているところが伝わる記述ですね。

保育教諭の支援方法について

保育教諭の具体的な配慮がよく分かり、そのことから子どもがどのようになったか、どのように育ちにつながったかが記述されています。

				平成　　年度
ふりがな				（学年の重点）
氏名	J児		指導の重点等	様々な体験を通して相手の立場を考えたり認め合ったりして、友達との関わりを深める。
	平成　年　月　日生			（個人の重点）
性別	男			聞き手と話し手があることを理解し、少しずつ相手の話を聞くことができる。
	ねらい（発達を捉える視点）			
健康	明るく伸び伸びと行動し、充実感を味わう。		指導上参考となる事項	○基本的生活習慣は身についているので、自分で身の回りのことはできるが、興味のあることに目がいくと朝の用意など忘れるときがある。
	自分の体を十分に動かし、進んで運動しようとする。			○生活の場面で友達が話していると、自分も話したくなり相手の話に割って入ることがあるが、思いを受け止めながら聞き手と話し手があることを伝えると理解できる。
	健康、安全な生活に必要な習慣や態度を身に付け、見通しをもって行動する。			
人間関係	幼保連携型認定こども園の生活を楽しみ、自分の力で行動することの充実感を味わう。			○集団の指示では理解しにくい部分もあるが、事前にルールや約束事を確認しておくことで、集団での活動や遊びの際に気持ちが崩れにくくなってきている。
	身近な人と親しみ、関わりを深め、工夫したり、協力したりして一緒に活動する楽しさを味わい、愛情や信頼感をもつ。			○自分のイメージを造形で表現することが好きで、時間を気にすることなく、細かな部分に取り組む姿が見られる。
	社会生活における望ましい習慣や態度を身に付ける。			○歌やダンスが好きで、気の合う友達と一緒にリズムに合わせて体を動かし人前で表現することを楽しんだり、ごっこ遊びでは友達と話し合って役割を決めて取り組んだりしている。
環境	身近な環境に親しみ、自然と触れ合う中で様々な事象に興味や関心をもつ。			
	身近な環境に自分から関わり、発見を楽しんだり、考えたりし、それを生活に取り入れようとする。			
	身近な事象を見たり、考えたり、扱ったりする中で、物の性質や数量、文字などに対する感覚を豊かにする。			
言葉	自分の気持ちを言葉で表現する楽しさを味わう。			
	人の言葉や話などをよく聞き、自分の経験したことや考えたことを話し、伝え合う喜びを味わう。			
	日常生活に必要な言葉が分かるようになるとともに、絵本や物語などに親しみ、言葉に対する感覚を豊かにし、保育教諭や友達と心を通わせる。			
表現	いろいろなものの美しさなどに対する豊かな感性をもつ。			
	感じたことや考えたことを自分なりに表現して楽しむ。			（特に配慮すべき事項）
	生活の中でイメージを豊かにし、様々な表現を楽しむ。			特記事項なし
出欠状況			年度	
	教育日数			
	出席日数			

140

● 第3章　実際の子どもを見てみよう

J児の基本情報

4歳児から入園した継続の1号認定児。体を動かすことが大好きでリーダー的存在だが、自己主張が強く、思い通りにならないと気持ちが崩れてしまうことがある。

認定こども園⑩　J児（5歳児）

幼児期の終わりまでに育ってほしい姿	
	「幼児期の終わりまでに育ってほしい姿」は、幼保連携型認定こども園教育・保育要領第2章に示すねらい及び内容に基づいて、各幼稚園で、幼児期にふさわしい遊びや生活を積み重ねることにより、幼保連携型認定こども園の教育及び保育において育みたい資質・能力が育まれている園児の具体的な姿であり、特に5歳児後半に見られるようになる姿である。「幼児期の終わりまでに育ってほしい姿」は、とりわけ園児の自発的な活動としての遊びを通して、一人一人の発達の特性に応じて、これらの姿が育っていくものであり、全ての園児に同じように見られるものではないことに留意すること。
健康な心と体	幼保連携型認定こども園における生活の中で、充実感をもって自分のやりたいことに向かって心と体を十分に働かせ、見通しをもって行動し、自ら健康で安全な生活をつくり出すようになる。
自立心	身近な環境に主体的に関わり様々な活動を楽しむ中で、しなければならないことを自覚し、自分の力で行うために考えたり、工夫したりしながら、諦めずにやり遂げることで達成感を味わい、自信をもって行動するようになる。
協同性	友達と関わる中で、互いの思いや考えなどを共有し、共通の目的の実現に向けて、考えたり、工夫したり、協力したりし、充実感をもってやり遂げるようになる。
道徳性・規範意識の芽生え	友達と様々な体験を重ねる中で、してよいことや悪いことが分かり、自分の行動を振り返ったり、友達の気持ちに共感したりし、相手の立場に立って行動するようになる。また、きまりを守る必要性が分かり、自分の気持ちを調整し、友達と折り合いを付けながら、きまりをつくったり、守ったりするようになる。
社会生活との関わり	家族を大切にしようとする気持ちをもつとともに、地域の身近な人と触れ合う中で、人との様々な関わり方に気付き、相手の気持ちを考えて関わり、自分が役に立つ喜びを感じ、地域に親しみをもつようになる。また、幼稚園内外の様々な環境に関わる中で、遊びや生活に必要な情報を取り入れ、情報に基づき判断したり、情報を伝え合ったり、活用したりするなど、情報を役立てながら活動するようになるとともに、公共の施設を大切に利用するなどして、社会とのつながりなどを意識するようになる。
思考力の芽生え	身近な事象に積極的に関わる中で、物の性質や仕組みなどを感じ取ったり、気付いたりし、考えたり、予想したり、工夫したりするなど、多様な関わりを楽しむようになる。また、友達の様々な考えに触れる中で、自分と異なる考えがあることに気付き、自ら判断したり、考え直したりするなど、新しい考えを生み出す喜びを味わいながら、自分の考えをよりよいものにするようになる。
自然との関わり・生命尊重	自然に触れて感動する体験を通して、自然の変化などを感じ取り、好奇心や探究心をもって考え言葉などで表現しながら、身近な事象への関心が高まるとともに、自然への愛情や畏敬の念をもつようになる。また、身近な動植物に心を動かされる中で、生命の不思議さや尊さに気付き、身近な動植物への接し方を考え、命あるものとしていたわり、大切にする気持ちをもって関わるようになる。
数量や図形、標識や文字などへの関心・感覚	遊びや生活の中で、数量や図形、標識や文字などに親しむ体験を重ねたり、標識や文字の役割に気付いたりし、自らの必要感に基づきこれらを活用し、興味や関心、感覚をもつようになる。
言葉による伝え合い	先生や友達と心を通わせる中で、絵本や物語などに親しみながら、豊かな言葉や表現を身に付け、経験したことや考えたことなどを言葉で伝えたり、相手の話を注意して聞いたりし、言葉による伝え合いを楽しむようになる。
豊かな感性と表現	心を動かす出来事などに触れ感性を働かせる中で、様々な素材の特徴や表現の仕方などに気付き、感じたことや考えたことを自分で表現したり、友達同士で表現する過程を楽しんだりし、表現する喜びを味わい、意欲をもつようになる。

具体的な記述を心掛ける

どういうことを表現しているかを具体的に記述することで、本児の優れているところがよりよく伝わります。

（例）描画や製作が得意で、ゲームに登場してくるものや迷路を描いたり、廃材を使って工夫してつくったりしている。

 Good!

学年の重点に対応して

体験の中での子ども同士の関わりを深めていくことを重視した「学年の重点」に対応した記述です。細かな場面での本児の得意なところや育ちが伝わってきます。

141

認定こども園 ⑪

5歳児 K児 — 相手の気持ちを理解しようと頑張る

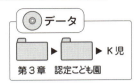

データ
第3章 認定こども園 ▶ ▶ K児

Good! 本児の可能性を引き出す援助

運動遊びが好きな本児にとって、苦手と思っている鉄棒や竹馬に対して個別援助をすることによってできるようになる可能性が広がりました。具体的な援助の内容を記すことによって、今後の援助の仕方につなげていくことができます。

Good! 子ども集団が、子どもを育てる

幼児期では友達との関わり方がより重要になってきます。好ましい子ども集団を育てることによって一人ひとりの子どもの育ちになってきます。そのためには、保育教諭の日々の中での一人ひとりへの配慮や援助が必要です。

ふりがな			平成　　年度
氏名	K児	指導の重点等	（学年の重点）友達と共に過ごす喜びを味わい、自分たちで遊びや生活を通して、充実感を味わう。
	平成　年　月　日生		
性別	女		（個人の重点）いろいろな遊びを楽しみながら根気強く取り組み、やり遂げたときの充実感を味わう。
ねらい（発達を捉える視点）			
健康	明るく伸び伸びと行動し、充実感を味わう。	指導上参考となる事項	○進んで戸外遊びに参加しようとするが、苦手な鉄棒や竹馬は、すぐに練習をやめてしまうので、なかなか上達しなかった。しかし繰り返し練習することで、少しずつできるようになってきた。ボールを使った遊び、ドッジボールやサッカーなどは好きで、数人の友達と遊んでいることが多い。友達との関わり方が分からず、たたいたり蹴ったりしてしまうことがあったが、数人の友達から、「入れて、と言わんと遊ばない」と言われたことによって、友達と一緒に遊びたい、という気持ちが強くなり、遊びに入れてほしいときに「入れて」と声を掛けられるようになってきた。一緒に集団遊びなどをすることに楽しさを感じるようになってきている。 ○生活の中の言葉や文字・記号に関心をもち、数えたり比べたり、組み合わせたりして遊ぶ姿が見られる。 ○友達と共通の目的をもち進めていく中で、相手の思いを理解し認めることが難しくトラブルになることがある。自分の思いや状況の説明は言葉で表現できる。 ○楽器遊びやリトミックでは友達と一緒に楽器を鳴らしたり、歌ったりすることを楽しみながら、全身を使って表現することを楽しんでいる。
	自分の体を十分に動かし、進んで運動しようとする。		
	健康、安全な生活に必要な習慣や態度を身に付け、見通しをもって行動する。		
人間関係	幼保連携型認定こども園の生活を楽しみ、自分の力で行動することの充実感を味わう。		
	身近な人と親しみ、関わりを深め、工夫したり、協力したりして一緒に活動する楽しさを味わい、愛情や信頼感をもつ。		
	社会生活における望ましい習慣や態度を身に付ける。		
環境	身近な環境に親しみ、自然と触れ合う中で様々な事象に興味や関心をもつ。		
	身近な環境に自分から関わり、発見を楽しんだり、考えたり、それを生活に取り入れようとする。		
	身近な事象を見たり、考えたり、扱ったりする中で、物の性質や数量、文字などに対する感覚を豊かにする。		
言葉	自分の気持ちを言葉で表現する楽しさを味わう。		
	人の言葉や話などをよく聞き、自分の経験したことや考えたことを話し、伝え合う喜びを味わう。		
	日常生活に必要な言葉が分かるようになるとともに、絵本や物語などに親しみ、言葉に対する感覚を豊かにし、保育教諭や友達と心を通わせる。		
表現	いろいろなものの美しさなどに対する豊かな感性をもつ。		
	感じたことや考えたことを自分なりに表現して楽しむ。		
	生活の中でイメージを豊かにし、様々な表現を楽しむ。		
出欠状況		年度	（特に配慮すべき事項）特記事項なし
	教育日数		
	出席日数		

● 第3章　実際の子どもを見てみよう

K児の基本情報

父、母、本児、弟（10か月）の4人家族。家庭では一人遊びをすることが多いが、園で友達と関わることが楽しいと思えるようになると、我慢したり、ゆずり合ったりできるようになってきている。

より良く

具体的な事例を用いて説明する

生活の中で、文字や数字、記号などの関する興味をもたせるための具体的な説明が必要です。どんな遊びを通じて興味をもてるようにしたのか、書くようにします。

幼児期の終わりまでに育ってほしい姿	
	「幼児期の終わりまでに育ってほしい姿」は、幼保連携型認定こども園教育・保育要領第2章に示すねらい及び内容に基づいて、各幼稚園で、幼児期にふさわしい遊びや生活を積み重ねることにより、幼保連携型認定こども園の教育及び保育において育みたい資質・能力が育まれている園児の具体的な姿であり、特に5歳児後半に見られるようになる姿である。「幼児期の終わりまでに育ってほしい姿」は、とりわけ園児の自発的な活動としての遊びを通して、一人一人の発達の特性に応じて、これらの姿が育っていくものであり、全ての園児に同じように見られるものではないことに留意すること。
健康な心と体	幼保連携型認定こども園における生活の中で、充実感をもって自分のやりたいことに向かって心と体を十分に働かせ、見通しをもって行動し、自ら健康で安全な生活をつくり出すようになる。
自立心	身近な環境に主体的に関わり様々な活動を楽しむ中で、しなければならないことを自覚し、自分の力で行うために考えたり、工夫したりしながら、諦めずにやり遂げることで達成感を味わい、自信をもって行動するようになる。
協同性	友達と関わる中で、互いの思いや考えなどを共有し、共通の目的の実現に向けて、考えたり、工夫したり、協力したりし、充実感をもってやり遂げるようになる。
道徳性・規範意識の芽生え	友達と様々な体験を重ねる中で、してよいことや悪いことが分かり、自分の行動を振り返ったり、友達の気持ちに共感したりし、相手の立場に立って行動するようになる。また、きまりを守る必要性が分かり、自分の気持ちを調整し、友達と折り合いを付けながら、きまりをつくったり、守ったりするようになる。
社会生活との関わり	家族を大切にしようとする気持ちをもつとともに、地域の身近な人と触れ合う中で、人との様々な関わり方に気付き、相手の気持ちを考えて関わり、自分が役に立つ喜びを感じ、地域に親しみをもつようになる。また、幼稚園内外の様々な環境に関わる中で、遊びや生活に必要な情報を取り入れ、情報に基づき判断したり、情報を伝え合ったり、活用したりするなど、情報を役立てながら活動するようになるとともに、公共の施設を大切に利用するなどして、社会とのつながりなどを意識するようになる。
思考力の芽生え	身近な事象に積極的に関わる中で、物の性質や仕組みなどを感じ取ったり、気付いたりし、考えたり、予想したり、工夫したりするなど、多様な関わりを楽しむようになる。また、友達の様々な考えに触れる中で、自分と異なる考えがあることに気付き、自ら判断したり、考え直したりするなど、新しい考えを生み出す喜びを味わいながら、自分の考えをよりよいものにするようになる。
自然との関わり・生命尊重	自然に触れて感動する体験を通して、自然の変化などを感じ取り、好奇心や探究心をもって考え言葉などで表現しながら、身近な事象への関心が高まるとともに、自然への愛情や畏敬の念をもつようになる。また、身近な動植物に心を動かされる中で、生命の不思議さや尊さに気付き、身近な動植物への接し方を考え、命あるものとしていたわり、大切にする気持ちをもって関わるようになる。
数量や図形、標識や文字などへの関心・感覚	遊びや生活の中で、数量や図形、標識や文字などに親しむ体験を重ねたり、標識や文字の役割に気付いたりし、自らの必要感に基づきこれらを活用し、興味や関心、感覚をもつようになる。
言葉による伝え合い	先生や友達と心を通わせる中で、絵本や物語などに親しみながら、豊かな言葉や表現を身に付け、経験したことや考えたことなどを言葉で伝えたり、相手の話を注意して聞いたりし、言葉による伝え合いを楽しむようになる。
豊かな感性と表現	心を動かす出来事などに触れ感性を働かせる中で、様々な素材の特徴や表現の仕方などに気付き、感じたことや考えたことを自分で表現したり、友達同士で表現する過程を楽しんだりし、表現する喜びを味わい、意欲をもつようになる。

元の記録は・・・

記録から幼児期に育てたい学びを捉える

当番活動を通して、人数をかぞえたりカレンダーを見て今日の日付や曜日などを調べて伝えている。園庭での遊びで草花の種類や葉っぱの数を読んだり、比べたりしている。

より良く

評価するのではなく、育ちの様子を伝える

友達とのやり取りの中で、自分の思いをどのように伝えているのか、友達との関係性について具体的な説明を記載しましょう。なぜ言葉で自分の思いを表現できるのに、トラブルになるのかを理解しやすくなります。

認定こども園

K児（5歳児）

なるほどコラム3

横軸で遊びを見てみよう

秋を見つける

気候の良い秋、戸外で落ち葉やドングリといった秋の自然物を集めて遊ぶなど、たくさんの経験をしました。多くの友達と楽しさを共有する中で、友達の姿に刺激を受けて様々に子どもたちの興味・関心が広がり、多様な遊びが見られました。

身体表現をする
木から落ちてきたドングリになり切って遊びました。

製作活動をする
フロッタージュ（こすり出し）で葉っぱの形を写し出して遊びました。

絵画表現をする
ドングリを探した思い出や落ち葉拾いなど、経験したことを描いて遊びました。

お店屋さんごっこをする
友達と意見を出し合いながら遊び、経験をもとに考えを出し合います。

秋の自然物を使って遊ぶ
ドングリや木の枝を使って遊びます。ドングリ転がしの遊びが、お店屋さんごっこと合流して友達と楽しさを共有しながら遊びます。

言葉遊びをする
柿の収穫から、言葉遊びが始まりました。感じたことや考えたことを、言葉や文字を使って表して遊びました。

★お役立ち資料★

要録を作成するときに
必要な資料をまとめました。
ねらい及び内容など、
確認しながら進めてみましょう。

Contents

- ● 5つの領域　ねらい及び内容 …………………………………… 146
- ● 幼児期の終わりまでに育ってほしい姿 ……………………… 148
- ● 保育所児童保育要録に関する通知と、様式の参考例
  - ● 保育所保育指針の適用に際しての
    留意事項について（通知）（一部抜粋） ……………………… 149
  - ● 保育所児童保育要録（様式の参考例） ……………………… 151
- ● 幼保連携型認定こども園園児指導要録に関する通知と、様式の参考例
  - ● 幼保連携型認定こども園園児指導要録の改善
    及び認定こども園こども要録の作成等に関する
    留意事項等について（通知）（一部抜粋） …………………… 154
  - ● 幼保連携型認定こども園園児指導要録（様式の参考例） ………… 157

5つの領域 ねらい及び内容

保育所保育指針 第3章3(2)、幼保連携型認定こども園教育・保育要領 第2章第3より

健康

健康な心と体を育て、自ら健康で安全な生活をつくり出す力を養う。

1 ねらい

(1) 明るく伸び伸びと行動し、充実感を味わう。
(2) 自分の体を十分に動かし、進んで運動しようとする。
(3) 健康、安全な生活に必要な習慣や態度を身に付け、見通しをもって行動する。

2 内容

(1) (保育士等/保育教諭等)や友達と触れ合い、安定感をもって行動する。
(2) いろいろな遊びの中で十分に体を動かす。
(3) 進んで戸外で遊ぶ。
(4) 様々な活動に親しみ、楽しんで取り組む。
(5) (保育士等/保育教諭等)や友達と食べることを楽しみ、食べ物への興味や関心をもつ。
(6) 健康な生活のリズムを身に付ける。
(7) 身の回りを清潔にし、衣服の着脱、食事、排泄などの生活に必要な活動を自分でする。
(8) (保育所/幼保連携型認定こども園)における生活の仕方を知り、自分たちで生活の場を整えながら見通しをもって行動する。
(9) 自分の健康に関心をもち、病気の予防などに必要な活動を進んで行う。
(10) 危険な場所、危険な遊び方、災害時などの行動の仕方が分かり、安全に気を付けて行動する。

人間関係

他の人々と親しみ、支え合って生活するために、自立心を育て、人と関わる力を養う。

1 ねらい

(1) (保育所/幼保連携型認定こども園)の生活を楽しみ、自分の力で行動することの充実感を味わう。
(2) 身近な人と親しみ、関わりを深め、工夫したり、協力したりして一緒に活動する楽しさを味わい、愛情や信頼感をもつ。
(3) 社会生活における望ましい習慣や態度を身に付ける。

2 内容

(1) (保育士等/保育教諭等)や友達と共に過ごすことの喜びを味わう。
(2) 自分で考え、自分で行動する。
(3) 自分でできることは自分でする。
(4) いろいろな遊びを楽しみながら物事をやり遂げようとする気持ちをもつ。
(5) 友達と積極的に関わりながら喜びや悲しみを共感し合う。
(6) 自分の思ったことを相手に伝え、相手の思っていることに気付く。
(7) 友達のよさに気付き、一緒に活動する楽しさを味わう。
(8) 友達と楽しく活動する中で、共通の目的を見いだし、工夫したり、協力したりなどする。
(9) よいことや悪いことがあることに気付き、考えながら行動する。
(10) 友達との関わりを深め、思いやりをもつ。
(11) 友達と楽しく生活する中できまりの大切さに気付き、守ろうとする。
(12) 共同の遊具や用具を大切にし、皆で使う。
(13) 高齢者をはじめ地域の人々などの自分の生活に関係の深いいろいろな人に親しみをもつ。

環境

周囲の様々な環境に好奇心や探究心をもって関わり、それらを生活に取り入れていこうとする力を養う。

1 ねらい

(1) 身近な環境に親しみ、自然と触れ合う中で様々な事象に興味や関心をもつ。
(2) 身近な環境に自分から関わり、発見を楽しんだり、考えたりし、それを生活に取り入れようとする。
(3) 身近な事象を見たり、考えたり、扱ったりする中で、物の性質や数量、文字などに対する感覚を豊かにする。

2 内容

(1) 自然に触れて生活し、その大きさ、美しさ、不思議さなどに気付く。
(2) 生活の中で、様々な物に触れ、その性質や仕組みに興味や関心をもつ。
(3) 季節により自然や人間の生活に変化のあることに気付く。
(4) 自然などの身近な事象に関心をもち、取り入れて遊ぶ。
(5) 身近な動植物に親しみをもって接し、生命の尊さに気付き、いたわったり、大切にしたりする。
(6) 日常生活の中で、我が国や地域社会における様々な文化や伝統に親しむ。
(7) 身近な物を大切にする。
(8) 身近な物や遊具に興味をもって関わり、自分なりに比べたり、関連付けたりしながら考えたり、試したりして工夫して遊ぶ。
(9) 日常生活の中で数量や図形などに関心をもつ。
(10) 日常生活の中で簡単な標識や文字などに関心をもつ。
(11) 生活に関係の深い情報や施設などに興味や関心をもつ。
(12) (保育所 / 幼保連携型認定こども園) 内外の行事において国旗に親しむ。

言葉

経験したことや考えたことなどを自分なりの言葉で表現し、相手の話す言葉を聞こうとする意欲や態度を育て、言葉に対する感覚や言葉で表現する力を養う。

1 ねらい

(1) 自分の気持ちを言葉で表現する楽しさを味わう。
(2) 人の言葉や話などをよく聞き、自分の経験したことや考えたことを話し、伝え合う喜びを味わう。
(3) 日常生活に必要な言葉が分かるようになるとともに、絵本や物語などに親しみ、言葉に対する感覚を豊かにし、(保育士等 / 保育教諭等) や友達と心を通わせる。

2 内容

(1) (保育士等 / 保育教諭等) や友達の言葉や話に興味や関心をもち、親しみをもって聞いたり、話したりする。
(2) したり、見たり、聞いたり、感じたり、考えたりなどしたことを自分なりに言葉で表現する。
(3) したいこと、してほしいことを言葉で表現したり、分からないことを尋ねたりする。
(4) 人の話を注意して聞き、相手に分かるように話す。
(5) 生活の中で必要な言葉が分かり、使う。
(6) 親しみをもって日常の挨拶をする。
(7) 生活の中で言葉の楽しさや美しさに気付く。
(8) いろいろな体験を通じてイメージや言葉を豊かにする。
(9) 絵本や物語などに親しみ、興味をもって聞き、想像をする楽しさを味わう。
(10) 日常生活の中で、文字などで伝える楽しさを味わう。

表現

感じたことや考えたことを自分なりに表現することを通して、豊かな感性や表現する力を養い、創造性を豊かにする。

1 ねらい

(1) いろいろなものの美しさなどに対する豊かな感性をもつ。
(2) 感じたことや考えたことを自分なりに表現して楽しむ。
(3) 生活の中でイメージを豊かにし、様々な表現を楽しむ。

2 内容

(1) 生活の中で様々な音、形、色、手触り、動きなどに気付いたり、感じたりするなどして楽しむ。
(2) 生活の中で美しいものや心を動かす出来事に触れ、イメージを豊かにする。
(3) 様々な出来事の中で、感動したことを伝え合う楽しさを味わう。
(4) 感じたこと、考えたことなどを音や動きなどで表現したり、自由にかいたり、つくったりなどする。
(5) いろいろな素材に親しみ、工夫して遊ぶ。
(6) 音楽に親しみ、歌を歌ったり、簡単なリズム楽器を使ったりなどする楽しさを味わう。
(7) かいたり、つくったりすることを楽しみ、遊びに使ったり、飾ったりなどする。
(8) 自分のイメージを動きや言葉などで表現したり、演じて遊んだりするなどの楽しさを味わう。

幼児期の終わりまでに育ってほしい姿

保育所保育指針第1章 4 (2)、幼保連携型認定こども園教育・保育要領 第1章 第1 3より

1 健康な心と体

(保育所の／幼保連携型認定こども園における)生活の中で、充実感をもって自分のやりたいことに向かって心と体を十分に働かせ、見通しをもって行動し、自ら健康で安全な生活をつくり出すようになる。

2 自立心

身近な環境に主体的に関わり様々な活動を楽しむ中で、しなければならないことを自覚し、自分の力で行うために考えたり、工夫したりしながら、諦めずにやり遂げることで達成感を味わい、自信をもって行動するようになる。

3 協同性

友達と関わる中で、互いの思いや考えなどを共有し、共通の目的の実現に向けて、考えたり、工夫したり、協力したりし、充実感をもってやり遂げるようになる。

4 道徳性・規範意識の芽生え

友達と様々な体験を重ねる中で、してよいことや悪いことが分かり、自分の行動を振り返ったり、友達の気持ちに共感したりし、相手の立場に立って行動するようになる。また、きまりを守る必要性が分かり、自分の気持ちを調整し、友達と折り合いを付けながら、きまりをつくったり、守ったりするようになる。

5 社会生活との関わり

家族を大切にしようとする気持ちをもつとともに、地域の身近な人と触れ合う中で、人との様々な関わり方に気付き、相手の気持ちを考えて関わり、自分が役に立つ喜びを感じ、地域に親しみをもつようになる。また、(保育所／幼保連携型認定こども園)内外の様々な環境に関わる中で、遊びや生活に必要な情報を取り入れ、情報に基づき判断したり、情報を伝え合ったり、活用したりするなど、情報を役立てながら活動するようになるとともに、公共の施設を大切に利用するなどして、社会とのつながりなどを意識するようになる。

6 思考力の芽生え

身近な事象に積極的に関わる中で、物の性質や仕組みなどを感じ取ったり、気付いたりし、考えたり、予想したり、工夫したりするなど、多様な関わりを楽しむようになる。また、友達の様々な考えに触れる中で、自分と異なる考えがあることに気付き、自ら判断したり、考え直したりするなど、新しい考えを生み出す喜びを味わいながら、自分の考えをよりよいものにするようになる。

7 自然との関わり・生命尊重

自然に触れて感動する体験を通して、自然の変化などを感じ取り、好奇心や探究心をもって考え言葉などで表現しながら、身近な事象への関心が高まるとともに、自然への愛情や畏敬の念をもつようになる。また、身近な動植物に心を動かされる中で、生命の不思議さや尊さに気付き、身近な動植物への接し方を考え、命あるものとしていたわり、大切にする気持ちをもって関わるようになる。

8 数量や図形、標識や文字などへの関心・感覚

遊びや生活の中で、数量や図形、標識や文字などに親しむ体験を重ねたり、標識や文字の役割に気付いたりし、自らの必要感に基づきこれらを活用し、興味や関心、感覚をもつようになる。

9 言葉による伝え合い

(保育士等／保育教諭等)や友達と心を通わせる中で、絵本や物語などに親しみながら、豊かな言葉や表現を身に付け、経験したことや考えたことなどを言葉で伝えたり、相手の話を注意して聞いたりし、言葉による伝え合いを楽しむようになる。

10 豊かな感性と表現

心を動かす出来事などに触れ感性を働かせる中で、様々な素材の特徴や表現の仕方などに気付き、感じたことや考えたことを自分で表現したり、友達同士で表現する過程を楽しんだりし、表現する喜びを味わい、意欲をもつようになる。

保育所児童保育要録に関する通知と、様式の参考例

● 保育所保育指針の適用に際しての留意事項について（通知）（一部抜粋）

子保発 0330 　第 2 号
平成 30 年 3 月 30 日

各都道府県民生主管部（局）長
各指定都市・中核市民生主管部（局）長　　殿

厚生労働省子ども家庭局保育課長
（　公　印　省　略　）

保育所保育指針の適用に際しての留意事項について

　平成 30 年 4 月 1 日より保育所保育指針（平成 29 年厚生労働省告示第 117 号。以下「保育所保育指針」という。）が適用されるが、その適用に際しての留意事項は、下記のとおりであるため、十分御了知の上、貴管内の市区町村、保育関係者等に対して遅滞なく周知し、その運用に遺漏のないよう御配慮願いたい。

　なお、本通知は、地方自治法（昭和 22 年法律第 67 号）第 245 条の 4 第 1 項の規定に基づく技術的助言である。

　また、本通知をもって、「保育所保育指針の施行に際しての留意事項について」（平成 20 年 3 月 28 日付け雇児保発第 0328001 号厚生労働省雇用均等・児童家庭局保育課長通知）を廃止する。

記

1. 保育所保育指針の適用について
（1）保育所保育指針の保育現場等への周知について
　　平成 30 年 4 月 1 日より保育所保育指針が適用されるに当たり、その趣旨及び内容が、自治体の職員、保育所、家庭的保育事業者等及び認可外保育施設の保育関係者、指定保育士養成施設の関係者、子育て中の保護者等に十分理解され、保育現場における保育の実践、保育士養成課程の教授内容等に十分反映されるよう、改めて周知を図られたい。

　　なお、周知に当たっては、保育所保育指針の内容の解説、保育を行う上での留意点等を記載した「保育所保育指針解説」を厚生労働省のホームページに公開しているので、当該解説を活用されたい。

　　○ 保育所保育指針解説

　　http://www.mhlw.go.jp/file/06-Seisakujouhou-11900000-Koyoukintoujidoukateikyoku/kaisetu.pdf

（2）保育所保育指針に関する指導監査について
　　「児童福祉行政指導監査の実施について」（平成 12 年 4 月 25 日付け児発第 471 号厚生省児童家庭局長通知）に基づき、保育所保育指針に関する保育所の指導監査を実施する際には、以下①から③までの内容に留意されたい。
　　①保育所保育指針において、具体的に義務や努力義務が課せられている事項を中心に実施すること。
　　②他の事項に関する指導監査とは異なり、保育の内容及び運営体制について、各保育所の創意工夫や取組を尊重しつつ、取組の結果のみではなく、取組の過程（※1）に着目して

実施すること。
　　（※1. 保育所保育指針第 1 章の 3（1）から（5）までに示す、全体的な計画の作成、指導計画の作成、指導計画の展開、保育の内容等の評価及び評価を踏まえた計画の改善等）
　　③保育所保育指針の参考資料として取りまとめた「保育所保育指針解説」のみを根拠とした指導等を行うことのないよう留意すること。

2. 小学校との連携について
　　保育所においては、保育所保育指針に示すとおり、保育士等が、自らの保育実践の過程を振り返り、子どもの心の育ち、意欲等について理解を深め、専門性の向上及び保育実践の改善に努めることが求められる。また、その内容が小学校（義務教育学校の前期課程及び特別支援学校の小学部を含む。以下同じ。）に適切に引き継がれ、保育所保育において育まれた資質・能力を踏まえて小学校教育が円滑に行われるよう、保育所と小学校との間で「幼児期の終わりまでに育ってほしい姿」を共有するなど、小学校との連携を図ることが重要である。

　　このような認識の下、保育所と小学校との連携を確保するという観点から、保育所から小学校に子どもの育ちを支えるための資料として、従前より保育所児童保育要録が送付されるよう求めているが、保育所保育指針第 2 章の 4（2）「小学校との連携」に示す内容を踏まえ、今般、保育所児童保育要録について、

　　・養護及び教育が一体的に行われるという保育所保育の特性を踏まえた記載事項
　　・「幼児期の終わりまでに育ってほしい姿」の活用、特別な配慮を要する子どもに関する記載内容等の取扱い上の注意事項

等について見直し（※2）を行った。見直し後の保育所児童保育要録の取扱い等については、以下（1）及び（2）に示すとおりであるので留意されたい。
　　（※2. 見直しの趣旨等については、別添2「保育所児童保育要録の見直し等について（検討の整理）（2018（平成 30）年 2 月 7 日保育所児童保育要録の見直し検討会）」参照）

（1）保育所児童保育要録の取扱いについて
　ア　記載事項
　　　保育所児童保育要録には、別添1「保育所児童保育要録に記載する事項」に示す事項を記載すること。
　　　なお、各市区町村においては、地域の実情等を踏まえ、別紙資料を参考として様式を作成し、管内の保育所に配布すること。

　イ　実施時期
　　　本通知を踏まえた保育所児童保育要録の作成は、平成 30 年度から実施すること。
　　　なお、平成 30 年度の保育所児童保育要録の様式を既に用意している場合には、必ずしも新たな様式により保育所児童保育要録を作成する必要はないこと。

ウ　取扱い上の注意
(ア)　保育所児童保育要録の作成、送付及び保存については、以下①から③までの取扱いに留意すること。また、各市区町村においては、保育所児童保育要録が小学校に送付されることについて市区町村教育委員会にあらかじめ周知を行うなど、市区町村教育委員会との連携を図ること。
①　保育所児童保育要録は、最終年度の子どもについて作成すること。作成に当たっては、施設長の責任の下、担当の保育士が記載すること。
②　子どもの就学に際して、作成した保育所児童保育要録の抄本又は写しを就学先の小学校の校長に送付すること。
③　保育所においては、作成した保育所児童保育要録の原本等について、その子どもが小学校を卒業するまでの間保存することが望ましいこと。
(イ)　保育所児童保育要録の作成に当たっては、保護者との信頼関係を基盤として、保護者の思いを踏まえつつ記載するとともに、その送付について、入所時や懇談会等を通して、保護者に周知しておくことが望ましいこと。その際には、個人情報保護及び情報開示の在り方に留意すること。
(ウ)　障害や発達上の課題があるなど特別な配慮を要する子どもについて「保育の過程と子どもの育ちに関する事項」及び「最終年度に至るまでの育ちに関する事項」を記載する際には、診断名及び障害の特性のみではなく、その子どもが育ってきた過程について、その子どもの抱える生活上の課題、人との関わりにおける困難等に応じて行われてきた保育における工夫及び配慮を考慮した上で記載すること。
　　なお、地域の身近な場所で一貫して効果的に支援する体制を構築する観点から、保育所、児童発達支援センター等の関係機関で行われてきた支援が就学以降も継続するように、保護者の意向及び個人情報の取扱いに留意しながら、必要に応じて、保育所における支援の情報を小学校と共有することが考えられること。
(エ)　配偶者からの暴力の被害者と同居する子どもについては、保育児童保育要録の記述を通じて就学先の小学校名や所在地等の情報が配偶者(加害者)に伝わることが懸念される場合がある。このような特別の事情がある場合には、「配偶者からの暴力の被害者の子どもの就学について(通知)」(平成21年7月13日付け21生参学第7号文部科学省生涯学習政策局男女共同参画学習課長・文部科学省初等中等教育局初等中等教育企画課長連名通知)を参考に、関係機関等との連携を図りながら、適切に情報を取り扱うこと。
(オ)　保育士等の専門性の向上や負担感の軽減を図る観点から、情報の適切な管理を図りつつ、情報通信技術の活用により保育所児童保育要録に係る事務の改善を検討することも重要であること。なお、保育所児童保育要録について、情報通信技術を活用して書面の作成、送付及び保存を行うことは、現行の制度上も可能であること。
(カ)　保育所児童保育要録は、児童の氏名、生年月日等の個人情報を含むものであるため、個人情報の保護に関する法律(平成15年法律第57号)等を踏まえて適切に個人情報を取り扱うこと。なお、個人情報の保護に関する法令上の取扱いは以下の①及び②のとおりである。
①　公立の保育所については、各市区町村が定める個人情報保護条例に準じた取扱いとすること。
②　私立の保育所については、個人情報の保護に関する法律第2条第5項に規定する個人情報取扱事業者に該当し、原則として個人情報を第三者に提供する際には本人の同意が必要となるが、保育所保育指針第2章の4(2)ウに基づいて保育所児童保育要録を送付する場合においては、同法第23条第1項第1号に掲げる法令に基づく場合に該当するため、第三者提供について本人(保護者)の同意は不要であること。

エ　保育所型認定こども園における取扱い
　　保育所型認定こども園においては、「幼保連携型認定こども園園児指導要録の改善及び認定こども園こども要録の作成等に関する留意事項等について(通知)」(平成30年3月30日付け府子本第315号・29初幼教第17号・子保発0330第3号内閣府子ども・子育て本部参事官(認定こども園担当)・文部科学省初等中等教育局幼児教育課長・厚生労働省子ども家庭局保育課長連名通知)を参考にして、各市区町村と相談しつつ、各設置者等の創意工夫の下、同通知に基づく認定こども園こども要録(以下「認定こども園こども要録」という。)を作成することも可能であること。その際、送付及び保存についても同通知に準じて取り扱うこと。また、認定こども園こども要録を作成した場合には、同一の子どもについて、保育所児童保育要録を作成する必要はないこと。

(2)　保育所と小学校との間の連携の促進体制について
　　保育所と小学校との間の連携を一層促進するためには、地域における就学前後の子どもの育ち等について、地域の関係者が理解を共有することが重要であり、
・保育所、幼稚園、認定こども園、小学校等の関係者が参加する合同研修会、連絡協議会等を設置するなど、関係者の交流の機会を確保すること、
・保育所、幼稚園、認定こども園、小学校等の管理職が連携及び交流の意義及び重要性を理解し、組織として取組を進めること
等が有効と考えられるため、各自治体において、関係部局と連携し、これらの取組を積極的に支援・推進すること。

保育所児童保育要録に記載する事項　別添1

別添資料 1

保育所児童保育要録（入所に関する記録）

児童	ふりがな 氏　名				性　別	
		年　　　月　　　日生				
	現住所					
保護者	ふりがな 氏　名					
	現住所					
入　所	年　　　月　　　日		卒　所	年　　　月　　　日		
就学先						
保育所名 及び所在地						
施　設　長 氏　名						
担当保育士 氏　名						

151

保育所児童保育要録（保育に関する記録）

本資料は、就学に際して保育所と小学校（義務教育学校の前期課程及び特別支援学校の小学部を含む。）が子どもに関する情報を共有し、子どもの育ちを支えるための資料である。

●様式の参考例

ふりがな		保育の過程と子どもの育ちに関する事項	最終年度に至るまでの育ちに関する事項
氏名		（最終年度の重点）	
生年月日	年　月　日		
性別		（個人の重点）	

	ねらい（発達を捉える視点）	（保育の展開と子どもの育ち）	
健康	明るく伸び伸びと行動し、充実感を味わう。		
	自分の体を十分に動かし、進んで運動しようとする。		
	健康、安全な生活に必要な習慣や態度を身に付け、見通しをもって行動する。		
人間関係	保育所の生活を楽しみ、自分の力で行動することの充実感を味わう。		
	身近な人と親しみ、関わりを深め、工夫したり、協力したりして一緒に活動する楽しさを味わい、愛情や信頼感をもつ。		
	社会生活における望ましい習慣や態度を身に付ける。		
環境	身近な環境に親しみ、自然と触れ合う中で様々な事象に興味や関心をもつ。		幼児期の終わりまでに育ってほしい姿
	身近な環境に自分から関わり、発見を楽しんだり、考えたり、それを生活に取り入れようとする。		※各項目の内容等については、別紙に示す「幼児期の終わりまでに育ってほしい姿について」を参照すること。
	身近な事象を見たり、考えたり、扱ったりする中で、物の性質や数量、文字などに対する感覚を豊かにする。		健康な心と体
言葉	自分の気持ちを言葉で表現する楽しさを味わう。		自立心
	人の言葉や話などをよく聞き、自分の経験したことや考えたことを話し、伝え合う喜びを味わう。		協同性
			道徳性・規範意識の芽生え
	日常生活に必要な言葉が分かるようになるとともに、絵本や物語などに親しみ、言葉に対する感覚を豊かにし、保育士等や友達と心を通わせる。		社会生活との関わり
			思考力の芽生え
表現	いろいろなものの美しさなどに対する豊かな感性をもつ。		自然との関わり・生命尊重
	感じたことや考えたことを自分なりに表現して楽しむ。	（特に配慮すべき事項）	数量や図形、標識や文字などへの関心・感覚
			言葉による伝え合い
	生活の中でイメージを豊かにし、様々な表現を楽しむ。		豊かな感性と表現

保育所における保育は、養護及び教育を一体的に行うことをその特性とするものであり、保育所における保育全体を通じて、養護に関するねらい及び内容を踏まえた保育が展開されることを念頭に置き、次の各事項を記入すること。
○保育の過程と子どもの育ちに関する事項
＊最終年度の重点：年度当初に、全体的な計画に基づき長期の見通しとして設定したものを記入すること。
＊個人の重点：1年間を振り返って、子どもの指導について特に重視してきた点を記入すること。
＊保育の展開と子どもの育ち：最終年度の1年間の保育における指導の過程と子どもの発達の姿（保育所保育指針第2章「保育の内容」に示された各領域のねらいを視点として、子どもの発達の実情から向上が著しいと思われるもの）を、保育所の生活を通して全体的、総合的に捉えて記入すること。その際、他の子どもとの比較や一定の基準に対する達成度についての評定によって捉えるものではないことに留意すること。あわせて、就学後の指導に必要と考えられる配慮事項等について記入すること。別紙を参照し、「幼児期の終わりまでに育ってほしい姿」を活用して子どもに育まれている資質・能力を捉え、指導の過程と育ちつつある姿をわかりやすく記入するように留意すること。
＊特に配慮すべき事項：子どもの健康の状況等、就学後の指導において配慮が必要なこととして、特記すべき事項がある場合に記入すること。
○最終年度に至るまでの育ちに関する事項
　子どもの入所時から最終年度に至るまでの育ちに関し、最終年度における保育の過程と子どもの育ちの姿を理解する上で、特に重要と考えられることを記入すること。

● 様式の参考例

幼児期の終わりまでに育ってほしい姿について

> 保育所保育指針第1章「総則」に示された「幼児期の終わりまでに育ってほしい姿」は、保育所保育指針第2章「保育の内容」に示されたねらい及び内容に基づいて、各保育所で、乳幼児期にふさわしい生活や遊びを積み重ねることにより、保育所保育において育みたい資質・能力が育まれている子どもの具体的な姿であり、特に小学校就学の始期に達する直前の年度の後半に見られるようになる姿である。「幼児期の終わりまでに育ってほしい姿」は、とりわけ子どもの自発的な活動としての遊びを通して、一人一人の発達の特性に応じて、これらの姿が育っていくものであり、全ての子どもに同じように見られるものではないことに留意すること。

健康な心と体	保育所の生活の中で、充実感をもって自分のやりたいことに向かって心と体を十分に働かせ、見通しをもって行動し、自ら健康で安全な生活をつくり出すようになる。
自立心	身近な環境に主体的に関わり様々な活動を楽しむ中で、しなければならないことを自覚し、自分の力で行うために考えたり、工夫したりしながら、諦めずにやり遂げることで達成感を味わい、自信をもって行動するようになる。
協同性	友達と関わる中で、互いの思いや考えなどを共有し、共通の目的の実現に向けて、考えたり、工夫したり、協力したりし、充実感をもってやり遂げるようになる。
道徳性・規範意識の芽生え	友達と様々な体験を重ねる中で、してよいことや悪いことが分かり、自分の行動を振り返ったり、友達の気持ちに共感したりし、相手の立場に立って行動するようになる。また、きまりを守る必要性が分かり、自分の気持ちを調整し、友達と折り合いを付けながら、きまりをつくったり、守ったりするようになる。
社会生活との関わり	家族を大切にしようとする気持ちをもつとともに、地域の身近な人と触れ合う中で、人との様々な関わり方に気付き、相手の気持ちを考えて関わり、自分が役に立つ喜びを感じ、地域に親しみをもつようになる。また、保育所内外の様々な環境に関わる中で、遊びや生活に必要な情報を取り入れ、情報に基づき判断したり、情報を伝え合ったり、活用したりするなど、情報を役立てながら活動するようになるとともに、公共の施設を大切に利用するなどして、社会とのつながりなどを意識するようになる。
思考力の芽生え	身近な事象に積極的に関わる中で、物の性質や仕組みなどを感じ取ったり、気付いたりし、考えたり、予想したり、工夫したりするなど、多様な関わりを楽しむようになる。また、友達の様々な考えに触れる中で、自分と異なる考えがあることに気付き、自ら判断したり、考え直したりするなど、新しい考えを生み出す喜びを味わいながら、自分の考えをよりよいものにするようになる。
自然との関わり・生命尊重	自然に触れて感動する体験を通して、自然の変化などを感じ取り、好奇心や探究心をもって考え言葉などで表現しながら、身近な事象への関心が高まるとともに、自然への愛情や畏敬の念をもつようになる。また、身近な動植物に心を動かされる中で、生命の不思議さや尊さに気付き、身近な動植物への接し方を考え、命あるものとしていたわり、大切にする気持ちをもって関わるようになる。
数量や図形、標識や文字などへの関心・感覚	遊びや生活の中で、数量や図形、標識や文字などに親しむ体験を重ねたり、標識や文字の役割に気付いたりし、自らの必要感に基づきこれらを活用し、興味や関心、感覚をもつようになる。
言葉による伝え合い	保育士等や友達と心を通わせる中で、絵本や物語などに親しみながら、豊かな言葉や表現を身に付け、経験したことや考えたことなどを言葉で伝えたり、相手の話を注意して聞いたりし、言葉による伝え合いを楽しむようになる。
豊かな感性と表現	心を動かす出来事などに触れ感性を働かせる中で、様々な素材の特徴や表現の仕方などに気付き、感じたことや考えたことを自分で表現したり、友達同士で表現する過程を楽しんだりし、表現する喜びを味わい、意欲をもつようになる。

　保育所児童保育要録（保育に関する記録）の記入に当たっては、特に小学校における子どもの指導に生かされるよう、「幼児期の終わりまでに育ってほしい姿」を活用して子どもに育まれている資質・能力を捉え、指導の過程と育ちつつある姿をわかりやすく記入するように留意すること。
　また、「幼児期の終わりまでに育ってほしい姿」が到達すべき目標ではないことに留意し、項目別に子どもの育ちつつある姿を記入するのではなく、全体的、総合的に捉えて記入すること。

幼保連携型認定こども園園児指導要録の改善に関する通知と、様式の参考例

● 幼保連携型認定こども園園児指導要録改善及び認定こども園こども要録の作成等に関する留意事項等について（通知）〔一部抜粋〕

府 子 本 第 315 号
29 初幼教第 17 号
子保発 0330 第 3 号
平成 30 年 3 月 30 日

各都道府県認定こども園担当部局
各都道府県私立学校主管部（局）
各 都 道 府 県 教 育 委 員 会
各指定都市、中核市子ども・子育て支援新制度担当部局
各指定都市、中核市教育委員会　　　の長殿
附属幼稚園、小学校及び特別支援学校を置く
各国公立大学法人

内閣府子ども・子育て本部参事官（認定こども園担当）

（　公　印　省　略　）

文部科学省初等中等教育局幼児教育課長

（　公　印　省　略　）

厚生労働省子ども家庭局保育課長

（　公　印　省　略　）

幼保連携型認定こども園園児指導要録の改善及び認
定こども園こども要録の作成等に関する留意事項等
について（通知）

　幼保連携型認定こども園園児指導要録（以下「園児
指導要録」という。）は、園児の学籍並びに指導の過程及
びその結果の要約を記録し、その後の指導及び外部に対
する証明等に役立たせるための原簿となるものです。
　今般の幼保連携型認定こども園教育・保育要領（平成
29 年内閣府・文部科学省・厚生労働省告示第 1 号）の
改訂に伴い、各幼保連携型認定こども園において園児の
理解に基づいた評価が適切に行われるとともに、地域に
根ざした主体的かつ積極的な教育及び保育の展開の観点
から、各設置者等において園児指導要録の様式が創意工
夫の下決定され、また、各幼保連携型認定こども園によ
り園児指導要録が作成されるよう、園児指導要録に記載

する事項や様式の参考例についてとりまとめましたので
お知らせします。
　また、幼保連携型以外の認定こども園における、園児
指導要録に相当する資料（以下「認定こども園こども要
録」という。）の作成等に関しての留意事項も示しまし
たのでお知らせします。
　つきましては、下記に示す幼保連携型認定こども園に
おける評価の基本的な考え方及び園児指導要録の改善の
要旨等並びに別紙及び別添資料（様式の参考例）に関し
て十分御了知の上、管内・域内の関係部局並びに幼保連
携型認定こども園及び幼保連携型認定こども園以外の認
定こども園の関係者に対して、この通知の趣旨を十分周
知されるようお願いします。
　また、幼保連携型認定こども園等と小学校、義務教育
学校の前期課程及び特別支援学校の小学部（以下「小学
校等」という。）との緊密な連携を図る観点から、小学
校等においてもこの通知の趣旨の理解が図られるようお
願いします。
　なお、この通知により、「認定こども園こども要録に
ついて（通知）」（平成 21 年 1 月 29 日付け 20 初幼教第 9 号・
雇児保発第 0129001 号文部科学省初等中等教育局幼児教
育課長・厚生労働省雇用均等・児童家庭局保育課長連名
通知）及び「幼保連携型認定こども園園児指導要録につ
いて（通知）」（平成 27 年 1 月 27 日付け府政共生第 73 号・
26 初幼教第 29 号・雇児保発 0127 第 1 号内閣府政策統
括官（共生社会政策担当）付参事官（少子化対策担当）・
文部科学省初等中等教育局幼児教育課長・厚生労働省雇
用均等・児童家庭局保育課長連名通知）は廃止します。
　本通知は、地方自治法（昭和 22 年法律第 67 号）第
245 条の 4 第 1 項の規定に基づく技術的助言であること
を申し添えます。

記

1 幼保連携型認定こども園における評価の基本的な考え方
　　園児一人一人の発達の理解に基づいた評価の実施に
　当たっては、次の事項に配慮すること。
(1)　指導の過程を振り返りながら園児の理解を進め、
　　園児一人一人のよさや可能性などを把握し、指導の
　　改善に生かすようにすること。その際、他の園児と
　　の比較や一定の基準に対する達成度についての評定

によって捉えるものではないことに留意すること。
(2) 評価の妥当性や信頼性が高められるよう創意工夫を行い、組織的かつ計画的な取組を推進するとともに、次年度又は小学校等にその内容が適切に引き継がれるようにすること。

2 園児指導要録の改善の要旨

　幼保連携型認定こども園における養護は教育及び保育を行う上での基盤となるものであるということを踏まえ、満3歳以上の園児に関する記録として、従前の「養護」に関わる事項は、「指導上参考となる事項」に、また、「園児の健康状態等」については、「特に配慮すべき事項」に記入するように見直したこと。さらに、従前の「園児の育ちに関わる事項」については、満3歳未満の園児に関する記録として、各年度ごとに、「養護（園児の健康の状態等も含む）」に関する事項も含め、「園児の育ちに関する事項」に記入するように見直したこと。最終学年の記入に当たっては、これまでの記入の考え方を引き継ぐとともに、特に小学校等における児童の指導に生かされるよう、「幼児期の終わりまでに育ってほしい姿」を活用して園児に育まれている資質・能力を捉え、指導の過程と育ちつつある姿を分かりやすく記入することに留意するよう追記したこと。
　以上のことなどを踏まえ、様式の参考例を見直したこと。

3 実施時期

　この通知を踏まえた園児指導要録の作成は、平成30年度から実施すること。なお、平成30年度に新たに入園（転入園含む。）、進級する園児のために園児指導要録の様式を用意している場合には様式についてはこの限りではないこと。
　この通知を踏まえた園児指導要録を作成する場合、既に在園している園児の園児指導要録については、従前の園児指導要録に記載された事項を転記する必要はなく、この通知を踏まえて作成された園児指導要録と併せて保存すること。

4 取扱い上の注意
(1) 園児指導要録の作成、送付及び保存については、就学前の子どもに関する教育、保育等の総合的な提供の推進に関する法律施行規則（平成26年内閣府・文部科学省・厚生労働省令第2号。以下「認定こども園法施行規則」という。）第30条並びに認定こども園法施行規則第26条の規定により準用する学校教育法施行規則（昭和22年文部省令第11号）第28条第1項及び第2項前段の規定によること。なお、認定こども園法施行規則第30条第2項により小学校等の進学先に園児指導要録の抄本又は写しを送付しなければならないことに留意すること。
(2) 園児指導要録の記載事項に基づいて外部への証明等を作成する場合には、その目的に応じて必要な事項だけを記載するよう注意すること。
(3) 配偶者からの暴力の被害者と同居する園児については、転園した園児の園児指導要録の記述を通じて転園先の園名や所在地等の情報が配偶者（加害者）に伝わることが懸念される場合がある。このような特別の事情がある場合には、「配偶者からの暴力の被害者の子どもの就学について（通知）」（平成21年7月13日付け21生参学第7号文部科学省生涯学習政策局男女共同参画学習課長・文部科学省初等中等教育局初等中等教育企画課長連名通知）を参考に、関係機関等との連携を図りながら、適切に情報を取り扱うこと。
(4) 評価の妥当性や信頼性を高めるとともに、保育教諭等の負担感の軽減を図るため、情報の適切な管理を図りつつ、情報通信技術の活用により園児指導要録等に係る事務の改善を検討することも重要であること。なお、法令に基づく文書である園児指導要録について、書面の作成、保存、送付を情報通信技術を活用して行うことは、現行の制度上も可能であること。
(5) 別添資料（様式の参考例）の用紙や文字の大きさ等については、各設置者等の判断で適宜工夫できること。
(6) 個人情報については、「個人情報の保護に関する法律」（平成15年法律第57号）等を踏まえて適切に個人情報を取り扱うこと。なお、個人情報の保護に関する法令上の取扱いは以下の①及び②のとおりである。
　① 公立の幼保連携型認定こども園については、各地方公共団体が定める個人情報保護条例に準じた取扱いとすること。
　② 私立の幼保連携型認定こども園については、当

該施設が個人情報の保護に関する法律第2条第5項に規定する個人情報取扱事業者に該当し、原則として個人情報を第三者に提供する際には本人の同意が必要となるが、認定こども園法施行規則第30条第2項及び第3項の規定に基づいて提供する場合においては、同法第23条第1項第1号に掲げる法令に基づく場合に該当するため、第三者提供について本人（保護者）の同意は不要であること。

5 幼保連携型認定こども園以外の認定こども園における認定こども園こども要録の作成等の留意事項

(1) 幼保連携型認定こども園以外の認定こども園（以下「認定こども園」という。）においては、本通知「1 幼保連携型認定こども園における評価の基本的な考え方」及び「2 園児指導要録の改善の要旨」を踏まえ、別紙及び別添資料を参考に、適宜「幼保連携型認定こども園園児指導要録」を「認定こども園こども要録」に読み替える等して、各設置者等の創意工夫の下、認定こども園こども要録を作成すること。

なお、幼稚園型認定こども園以外の認定こども園において認定こども園こども要録を作成する場合には、保育所では各市区町村が保育所児童保育要録（「保育所保育指針の適用に際しての留意事項について」（平成30年3月30日付け子保発0330第2号厚生労働省子ども家庭局保育課長通知）に基づく保育所児童保育要録をいう。以下同じ。）の様式を作成することとされていることを踏まえ、各市区町村と相談しつつ、その様式を各設置者等において定めることが可能であること。

(2) 5(1)に関わらず、幼稚園型認定こども園においては「幼稚園及び特別支援学校幼稚部における幼児指導要録の改善等について（通知）」（平成30年3月30日付け29文科初第1814号文部科学省初等中等教育局長通知）に基づく幼稚園幼児指導要録を作成することが、また、保育所型認定こども園においては保育所児童保育要録を作成することが可能であること。その際、送付及び保存等についても、それぞれの通知に準じて取り扱うこと。

また、認定こども園こども要録を作成した場合には、同一の子どもについて、幼稚園幼児指導要録又は保育所児童保育要録を作成する必要はないこと。

(3) 認定こども園こども要録は、学級を編制している満3歳以上の子どもについて作成すること。なお、これは、満3歳未満に関する記録を残すことを妨げるものではないこと。

(4) 子どもの進学・就学に際して、作成した認定こども園こども要録の抄本又は写しを進学・就学先の小学校等の校長に送付すること。

(5) 認定こども園においては、作成した認定こども園こども要録の原本等について、その子どもが小学校等を卒業するまでの間保存することが望ましいこと。ただし、学籍等に関する記録については、20年間保存することが望ましいこと。

(6) 「3 実施時期」並びに「4 取扱い上の注意」の（2）、（3）及び（4）について、認定こども園においても同様の取扱いであること。

(7) 個人情報については、個人情報の保護に関する法律等を踏まえて適切に個人情報を取り扱うこと。なお、個人情報の保護に関する法令上の取扱いは以下の①及び②のとおりである。

① 公立の認定こども園については、各地方公共団体が定める個人情報保護条例に準じた取扱いとすること。

② 私立の認定こども園については、当該施設が個人情報の保護に関する法律第2条第5項に規定する個人情報取扱事業者に該当し、原則として個人情報を第三者に提供する際には本人の同意が必要となるが、学校教育法施行規則第24条第2項及び第3項又は保育所保育指針第2章の4(2)ウの規定に基づいて提供する場合においては、同法第23条第1項第1号に掲げる法令に基づく場合に該当するため、第三者提供について本人（保護者）の同意は不要であること。

● 様式の参考例

別添資料

幼保連携型認定こども園園児指導要録（学籍等に関する記録）

区分＼年度	平成　年度	平成　年度	平成　年度	平成　年度
学　級				
整理番号				

園児	ふりがな／氏　名		性　別	
	平成　年　月　日生			
	現住所			

保護者	ふりがな／氏　名	
	現住所	

入　園	平成　年　月　日	入園前の状況	
転入園	平成　年　月　日		
転・退園	平成　年　月　日	進学・就学先等	
修　了	平成　年　月　日		

園名及び所在地	

年度及び入園(転入園)・進級時等の園児の年齢	平成　年度　歳　か月	平成　年度　歳　か月	平成　年度　歳　か月	平成　年度　歳　か月
園　長氏名　　印				
担当者氏名　　印				
年度及び入園(転入園)・進級時等の園児の年齢	平成　年度　歳　か月	平成　年度　歳　か月	平成　年度　歳　か月	平成　年度　歳　か月
園　長氏名　　印				
学級担任者氏名　　印				

幼保連携型認定こども園園児指導要録（指導等に関する記録）

ふりがな		性別		指導の重点等	平成　年度	平成　年度	平成　年度
氏名					（学年の重点）	（学年の重点）	（学年の重点）
平成　年　月　日生					（個人の重点）	（個人の重点）	（個人の重点）

ねらい（発達を捉える視点）

領域	ねらい
健康	明るく伸び伸びと行動し、充実感を味わう。
	自分の体を十分に動かし、進んで運動しようとする。
	健康、安全な生活に必要な習慣や態度を身に付け、見通しをもって行動する。
人間関係	幼保連携型認定こども園の生活を楽しみ、自分の力で行動することの充実感を味わう。
	身近な人と親しみ、関わりを深め、工夫したり、協力したりして一緒に活動する楽しさを味わい、愛情や信頼感をもつ。
	社会生活における望ましい習慣や態度を身に付ける。
環境	身近な環境に親しみ、自然と触れ合う中で様々な事象に興味や関心をもつ。
	身近な環境に自分から関わり、発見を楽しんだり、考えたり、それを生活に取り入れようとする。
	身近な事象を見たり、考えたり、扱ったりする中で、物の性質や数量、文字などに対する感覚を豊かにする。
言葉	自分の気持ちを言葉で表現する楽しさを味わう。
	人の言葉や話などをよく聞き、自分の経験したことや考えたことを話し、伝え合う喜びを味わう。
	日常生活に必要な言葉が分かるようになるとともに、絵本や物語などに親しみ、言葉に対する感覚を豊かにし、保育教諭等や友達と心を通わせる。
表現	いろいろなものの美しさなどに対する豊かな感性をもつ。
	感じたことや考えたことを自分なりに表現して楽しむ。
	生活の中でイメージを豊かにし、様々な表現を楽しむ。

（指導上参考となる事項）

（特に配慮すべき事項）

出欠状況

	年度	年度	年度
教育日数			
出席日数			

【満3歳未満の園児に関する記録】

園児の育ちに関する事項	平成　年度	平成　年度	平成　年度

学年の重点：年度当初に、教育課程に基づき長期の見通しとして設定したものを記入
個人の重点：1年間を振り返って、当該園児の指導について特に重視してきた点を記入
指導上参考となる事項：
(1) 次の事項について記入
　① 1年間の指導の過程と園児の発達の姿について以下の事項を踏まえ記入すること。
　　・幼保連携型認定こども園教育・保育要領に示された養護に関する事項を踏まえ、第2章第3の「ねらい及び内容」に示された各領域のねらいを視点として、当該園児の発達の実情から向上が著しいと思われるもの。
　　　その際、他の園児との比較や一定の基準に対する達成度についての評定によって捉えるものではないことに留意すること。
　　・園生活を通して全体的、総合的に捉えた園児の発達の姿。
　② 次の年度の指導に必要と考えられる配慮事項等について記入すること。
(2)「特に配慮すべき事項」には、園児の健康の状況等、指導上特記すべき事項がある場合に記入
園児の育ちに関する事項：当該園児の、次の年度の指導に特に必要と考えられる育ちに関する事項や配慮事項、健康の状況等の留意事項等について記入

●様式の参考例

幼保連携型認定こども園園児指導要録（最終学年の指導に関する記録）

ふりがな		指導の重点等	平成　　年度		幼児期の終わりまでに育ってほしい姿
氏名			（学年の重点）		「幼児期の終わりまでに育ってほしい姿」は、幼保連携型認定こども園教育・保育要領第2章に示すねらい及び内容に基づいて、各園で、幼児期にふさわしい遊びや生活を積み重ねることにより、幼保連携型認定こども園の教育及び保育において育みたい資質・能力が育まれている園児の具体的な姿であり、特に5歳児後半に見られるようになる姿である。「幼児期の終わりまでに育ってほしい姿」は、とりわけ園児の自発的な活動としての遊びを通して、一人一人の発達の特性に応じて、これらの姿が育っていくものであり、全ての園児に同じように見られるものではないことに留意すること。
平成　年　月　日生					
性別			（個人の重点）		

ねらい（発達を捉える視点）

		指導上参考となる事項		
健康	明るく伸び伸びと行動し、充実感を味わう。		健康な心と体	幼保連携型認定こども園における生活の中で、充実感をもって自分のやりたいことに向かって心と体を十分に働かせ、見通しをもって行動し、自ら健康で安全な生活をつくり出すようになる。
	自分の体を十分に動かし、進んで運動しようとする。		自立心	身近な環境に主体的に関わり様々な活動を楽しむ中で、しなければならないことを自覚し、自分の力で行うために考えたり、工夫したりしながら、諦めずにやり遂げることで達成感を味わい、自信をもって行動するようになる。
	健康、安全な生活に必要な習慣や態度を身に付け、見通しをもって行動する。			
人間関係	幼保連携型認定子ども園の生活を楽しみ、自分の力で行動することの充実感を味わう。		協同性	友達と関わる中で、互いの思いや考えなどを共有し、共通の目的の実現に向けて、考えたり、工夫したり、協力したりし、充実感をもってやり遂げるようになる。
	身近な人と親しみ、関わりを深め、工夫したり、協力したりして、一緒に活動する楽しさを味わい、愛情や信頼感をもつ。		道徳性・規範意識の芽生え	友達と様々な体験を重ねる中で、してよいことや悪いことが分かり、自分の行動を振り返ったり、友達の気持ちに共感したりし、相手の立場に立って行動するようになる。また、きまりを守る必要性が分かり、自分の気持ちを調整し、友達と折り合いを付けながら、きまりをつくったり、守ったりするようになる。
	社会生活における望ましい習慣や態度を身に付ける。			
環境	身近な環境に親しみ、自然と触れ合う中で様々な事象に興味や関心をもつ。		社会生活との関わり	家族を大切にしようとする気持ちをもつとともに、地域の身近な人と触れ合う中で、人との様々な関わり方に気付き、相手の気持ちを考えて関わり、自分が役に立つ喜びを感じ、地域に親しみをもつようになる。また、幼保連携型認定こども園内外の様々な環境に関わる中で、遊びや生活に必要な情報を取り入れ、情報に基づき判断したり、情報を伝え合ったり、活用したりするなど、情報を役立てながら活動するようになるとともに、公共の施設を大切に利用するなどして、社会とのつながりなどを意識するようになる。
	身近な環境に自分から関わり、発見を楽しんだり、考えたり、それを生活に取り入れようとする。			
	身近な事象を見たり、考えたり、扱ったりする中で、物の性質や数量、文字などに対する感覚を豊かにする。			
言葉	自分の気持ちを言葉で表現する楽しさを味わう。		思考力の芽生え	身近な事象に積極的に関わる中で、物の性質や仕組みなどを感じ取ったり、気付いたりし、考えたり、予想したり、工夫したりするなど、多様な関わりを楽しむようになる。また、友達の様々な考えに触れる中で、自分と異なる考えがあることに気付き、自ら判断したり、考え直したりするなど、新しい考えを生み出す喜びを味わいながら、自分の考えをよりよいものにするようになる。
	人の言葉や話などをよく聞き、自分の経験したことや考えたことを話し、伝え合う喜びを味わう。			
	日常生活に必要な言葉が分かるようになるとともに、絵本や物語などに親しみ、言葉に対する感覚を豊かにし、保育教諭等や友達と心を通わせる。		自然との関わり・生命尊重	自然に触れて感動する体験を通して、自然の変化などを感じ取り、好奇心や探究心をもって考え言葉などで表現しながら、身近な事象への関心が高まるとともに、自然への愛情や畏敬の念を持つようになる。また、身近な動植物に心を動かされる中で、生命の不思議さや尊さに気付き、身近な動植物への接し方を考え、命あるものとしていたわり、大切にする気持ちをもって関わるようになる。
表現	いろいろなものの美しさなどに対する豊かな感性をもつ。			
	感じたことや考えたことを自分なりに表現して楽しむ。		数量や図形、標識や文字などへの関心・感覚	遊びや生活の中で、数量や図形、標識や文字などに親しむ体験を重ねたり、標識や文字の役割に気付いたりし、自らの必要感に基づきこれらを活用し、興味や関心、感覚をもつようになる。
	生活の中でイメージを豊かにし、様々な表現を楽しむ。		言葉による伝え合い	保育教諭等や友達と心を通わせる中で、絵本や物語などに親しみながら、豊かな言葉や表現を身に付け、経験したことや考えたことなどを言葉で伝えたり、相手の話を注意して聞いたりし、言葉による伝え合いを楽しむようになる。
			（特に配慮すべき事項）	
出欠状況		年度		豊かな感性と表現	心を動かす出来事などに触れ感性を働かせる中で、様々な素材の特徴や表現の仕方などに気付き、感じたことや考えたことを自分で表現したり、友達同士で表現する過程を楽しんだりし、表現する喜びを味わい、意欲をもつようになる。
	教育日数				
	出席日数				

学年の重点：年度当初に、教育課程に基づき長期の見通しとして設定したものを記入
個人の重点：1年間を振り返って、当該園児の指導について特に重視してきた点を記入
指導上参考となる事項：
　(1) 次の事項について記入
　　①1年間の指導の過程と園児の発達の姿について以下の事項を踏まえ記入すること。
　　　・幼保連携型認定こども園教育・保育要領に示された養護に関する事項を踏まえ、第2章第3の「ねらい及び内容」に示された各領域のねらいを視点として、当該園児の発達の実情から向上が著しいと思われるもの。
　　　　その際、他の園児との比較や一定の基準に対する達成度についての評定によって捉えるものではないことに留意すること。
　　　・園生活を通して全体的、総合的に捉えた園児の発達の姿。
　　②次の年度の指導に必要と考えられる配慮事項等について記入すること。
　　③最終年度の記入に当たっては、特に小学校等における児童の指導に生かされるよう、幼保連携型認定こども園教育・保育要領第1章総則に示された「幼児期の終わりまでに育ってほしい姿」を活用して園児に育まれている資質・能力を捉え、指導の過程と育ちつつある姿を分かりやすく記入するように留意すること。その際、「幼児期の終わりまでに育ってほしい姿」が到達すべき目標ではないことに留意し、項目別に園児の育ちつつある姿を記入するのではなく、全体的、総合的に捉えて記入すること。
　(2) 「特に配慮すべき事項」には、園児の健康の状況等、指導上特記すべき事項がある場合に記入すること。

159

CD-ROMの使い方

ここからのページで、CD-ROM内のデータの使い方を学びましょう。

⚠ CD-ROM をお使いになる前に必ずお読みください

付属のCD-ROMは、「Microsoft Word 2010」で作成、保存したWord文書（ファイル）を収録しています。
お手持ちのパソコンに「Microsoft Word 2010」以上がインストールされているかご確認ください。
付属CD-ROMを開封された場合、以下の事項に合意いただいたものとします。

●動作環境について

本書付属のCD-ROMを使用するには、下記の環境が必要となります。CD-ROMに収録されているWordデータは、本書では、文字を入れるなど、加工するにあたり、Microsoft Office Word 2010を使って紹介しています。処理速度が遅いパソコンではデータを開きにくい場合があります。
○ハードウェア
　Microsoft Windows 10 以上推奨
○ソフトウェア
　Microsoft Word 2010 以上
○CD-ROMを再生するにはCD-ROMドライブが必要です。
※Mac OSでご使用の場合はレイアウトが崩れる場合があります。

●ご注意

○本書掲載の操作方法や操作画面は、『Microsoft Windows 10』上で動く、『Microsoft Word 2010』を使った場合のものを中心に紹介しています。
　お使いの環境によって操作方法や操作画面が異なる場合がありますので、ご了承ください。
○データはWord 2010に最適化されています。お使いのパソコン環境やアプリケーションのバージョンによっては、レイアウトが崩れる可能性があります。
○お客様が本書付属CD-ROMのデータを使用したことにより生じた損害、障害、その他いかなる事態にも、弊社は一切責任を負いません。
○本書に記載されている内容に関するご質問は、弊社までご連絡ください。ただし、付属CD-ROMに収録されているデータについてのサポートは行なっておりません。
※Microsoft Windows、Microsoft Wordは、米国マイクロソフト社の登録商標です。
※その他記載されている、会社名、製品名は、各社の登録商標および商標です。
※本書では、TM、®、©マークの表示を省略しています。

●CD-ROM 収録の要録データ使用の許諾と禁止事項

CD-ROM収録のデータは、ご購入された個人または法人・団体が、営利を目的としない要録や園内での書類の作成の際に自由に使用することができます。ただし、以下のことを遵守してください。
○他の出版物、企業のPR広告、商品広告などへの使用や、インターネットのホームページ（個人的なものも含む）などに使用はできません。無断で使用することは、法律で禁じられています。なお、CD-ROM収録のデータを変形、または加工して上記内容に使用する場合も同様です。
○CD-ROM収録のデータを複製し、第三者に譲渡・販売・頒布（インターネットを通じた提供も含む）・賃貸することはできません。
○本書に付属のCD-ROMは、図書館などの施設において、館外に貸し出すことはできません。
（弊社は、CD-ROM収録のデータすべての著作権を管理しています）

●CD-ROM 取り扱い上の注意

○付属のディスクは「CD-ROM」です。一般オーディオプレーヤーでは絶対に再生しないでください。パソコンのCD-ROMドライブでのみお使いください。
○CD-ROMの表面・裏面ともに傷を付けたり、裏面に指紋をつけたりするとデータが読み取れなくなる場合があります。CD-ROMを扱う際には、細心の注意を払ってお使いください。
○CD-ROMドライブにCD-ROMを入れる際には、無理な力を加えないでください。CD-ROMドライブのトレイに正しくセットし、トレイを軽く押してください。トレイにCD-ROMを正しく乗せなかったり、強い力で押し込んだりすると、CD-ROMドライブが壊れるおそれがあります。その場合も一切責任は負いませんので、ご注意ください。

CD-ROM 収録データ一覧

付属の CD-ROM には、以下のデータが収録されています。

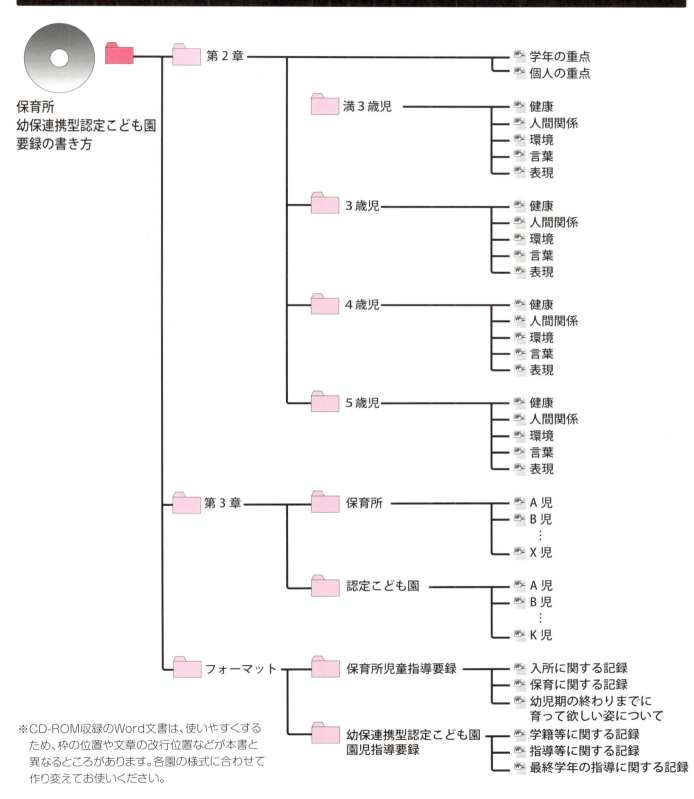

※CD-ROM収録のWord文書は、使いやすくするため、枠の位置や文章の改行位置などが本書と異なるところがあります。各園の様式に合わせて作り変えてお使いください。

付属のCD-ROMのデータを使って
要録を作ろう

『Word』を使って、要録を作ってみましょう。付属のCD-ROMのWord文書はMicrosoft Word 2010で作成されています。ここでは、Windows 10上で、Microsoft Word 2010を使った操作手順を中心に紹介しています。

（動作環境についてはP.160を再度ご確認ください）
※掲載されている操作画面は、お使いの環境によって異なる場合があります。ご了承ください。

CONTENTS

Ⅰ ファイルの基本操作 ……………… P.163
1. ファイルを開く
2. 文字を入力する
3. 名前を付けて保存する
4. 印刷する

Ⅱ 文章を変更する ……………… P.164
1. 文章を変更する
2. 書体や大きさ、文字列の方向、行間、文字の配置を変える

Ⅲ 枠表の罫線を調整する ……………… P.166
1. セルを広げる・狭める
2. セルを結合する・分割する

基本操作

マウス

マウスは、ボタンを上にして、右手ひとさし指が左ボタン、中指が右ボタンの上にくるように軽く持ちます。手のひら全体で包み込むようにして、机の上を滑らせるように上下左右に動かします。

クリック カチッ

左ボタンを1回押します。ファイルやフォルダ、またはメニューを選択する場合などに使用します。

ダブルクリック カチカチッ

左ボタンをすばやく2回押す操作です。プログラムなどの起動や、ファイルやフォルダを開く場合に使用します。

右クリック カチッ

右ボタンを1回押す操作です。右クリックすると、操作可能なメニューが表示されます。

ドラッグ カチッ…ズー

左ボタンを押しながらマウスを動かし、移動先でボタンを離す一連の操作をいいます。文章を選択する場合などに使用します。

元に戻る・進む

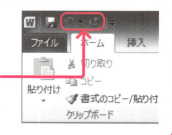
操作を間違えたら ↩(元に戻す)をクリックすると、ひとつ前の状態に戻ります。戻した操作をやり直す場合は、↪(やり直し)をクリックします。

Ⅰ ファイルの基本操作

1 ファイルを開く

① CD-ROMをパソコンにセットする

② 「自動再生」画面の「フォルダを開いてファイルを表示」をクリック

③ フォルダを順次開き、Wordのファイルをダブルクリック

〈テンプレートの文書構成〉
収録されているWordテンプレートは、A4縦の表で構成されています。
表内にカーソルがあるので、リボンには「表ツール」が表示されています。

リボン：ツールが並んでいる領域
タブ：操作の種類によって、クリックしてリボンを切り替えます
表ツール

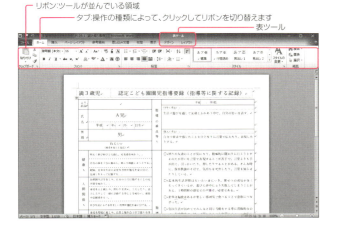

2 文字を入力する

表の各枠をセルといいます。文字を入力するには、セル内をクリックします。各セルには、左揃え、中央揃えなどの配置があらかじめ設定されています。年度、組名、担任名など、セル内に文字を入力します。

→セル内の文章を変更するには、P.164「Ⅲ 文章を変更する」へ。
→セル内の文字列の配置を変更するにはP.165「Ⅲ 文章を変更する 2.文字列の方向・配置を変更する」へ。
→これで作成完了の場合は、次の「3 名前を付けて保存する」「4 印刷する」へ。

3 名前を付けて保存する

① タブの「ファイル」をクリック

② 「情報」の「名前を付けて保存」か左メニューの「名前を付けて保存」をクリック

③ 「参照」をクリックすると「名前を付けて保存」ダイアログボックスが表示され、保存するフォルダを選ぶことができます。

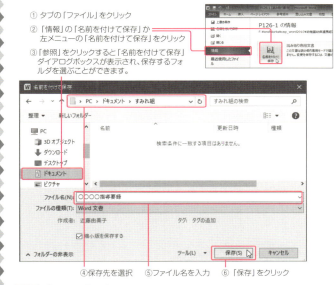

④ 保存先を選択　⑤ ファイル名を入力　⑥ 「保存」をクリック

4 印刷する

① 「ファイル」をクリック
② 「印刷」をクリック
③ プレビュー画面で確認
④ 枚数を入力
⑤ 「印刷」をクリック

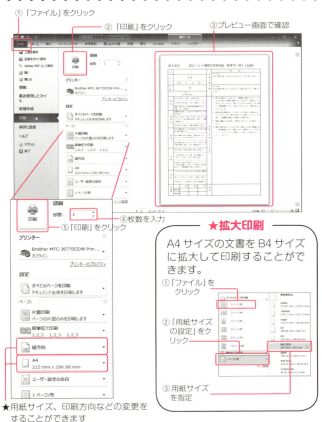

★用紙サイズ、印刷方向などの変更をすることができます

★拡大印刷

A4サイズの文書をB4サイズに拡大して印刷することができます。

① 「ファイル」をクリック
② 「用紙サイズの設定」をクリック
③ 用紙サイズを指定

Ⅱ 文章を変更する

子どもたちに合わせて文章を変更しましょう。
場合によっては、文字の書体や大きさを変えてみてもいいでしょう。

1 文章を変更する

1. 変更したい文章を選択する

変更したい文章の最初の文字の前にカーソルを合わせてクリックし、ドラッグして変更したい文章の範囲を選択します。

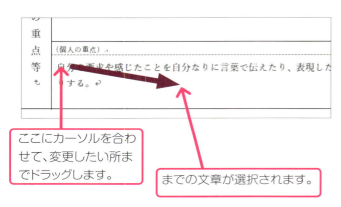

選択された文字の背景の色が変わります。

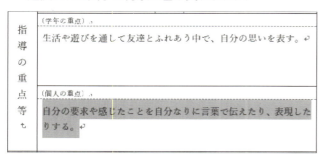

2. 新しい文章を入力する

そのまま新しい文章を入力します。

2 書体や大きさ、文字列の方向、行間、文字の配置を変える

1. 文字の「書体」や「大きさ」を変える

文字を好きな書体（フォント）に変えたり、大きさ（フォントサイズ）を変えたりしてみましょう。
まず、「1.変更したい文章を選択する」の方法で、変更したい文章の範囲を選択します。
次に、「ホーム」タブのフォントやフォントサイズの右側「▼」をクリックし、書体とサイズを選びます。
※フォントサイズ横の「フォントの拡大」「フォントの縮小」ボタンをクリックすると少しずつサイズを変更できます。

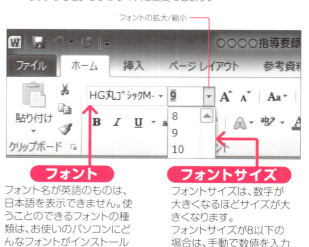

フォント
フォント名が英語のものは、日本語を表示できません。使うことのできるフォントの種類は、お使いのパソコンにどんなフォントがインストールされているかによって異なります。

フォントサイズ
フォントサイズは、数字が大きくなるほどサイズが大きくなります。
フォントサイズが8以下の場合は、手動で数値を入力します。

下の例のように、文章が新しい書体と大きさに変わりました。

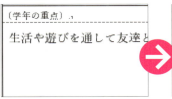

3.「行間」を調整する

行と行の間隔を変更したい段落を選択して、「ホーム」タブ「段落」にある「行と段落の間隔」ボタンをクリックして、数値にマウスポインターを移動させると、ライブプレビュー機能により、結果を確認することができます。行間の数値をクリックすると決定します。

行間1

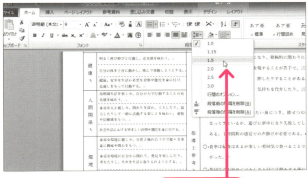

行間・間隔

2. 文字列の方向・配置を変更する

変更したいセルを選択し、【表ツール】の「レイアウト」タブの「配置」から文字列の配置や方向を設定します。

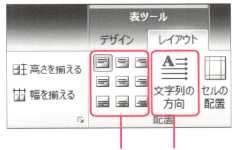

文字の配置　横書き/縦書きの切り替え

左端揃え（上）

中央揃え（中央）
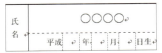

両端揃え（下）

縦書き

横書きのセルを選択し、「文字の方向」ボタンをクリックすると、縦書きの「両端揃え（右）」の配置になります。

下図は、文字の配置を「両端揃え（中央）」に設定しました。

ヒント

行間などの段落書式を詳細に設定する場合は、「ホーム」タブ「段落」の右下の▼ボタンをクリックして、下図の「段落」の設定画面を表示します。インデント（行の始まる位置）や段落前後の空きなども設定できます。

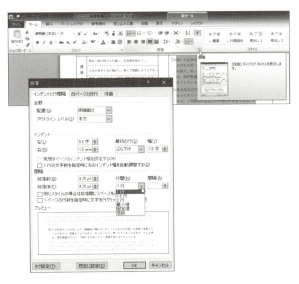

165

Ⅲ 枠表の罫線を調整する

枠表の罫線を動かしてセルを広げたり狭めたりして調整してみましょう。
自分で罫線を引いたり消したりすることもできます。

1 セルを広げる・狭める

表の罫線上にマウスを移動すると、マウスポインターが ÷ や ↔ に変化します。そのままドラッグして上下または左右に動かすと、セルの高さや幅を変更することができます。

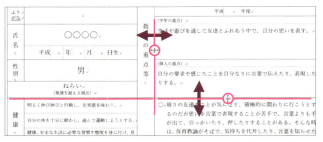

※特定のセルの幅を変更する場合は、そのセルを選択し、【表ツール】「レイアウト」タブ「表」にある「選択→セルの選択」をクリックしてから左右の罫線をドラッグします。

2 セルを結合する・分割する

1. 複数のセルを選択して、結合する

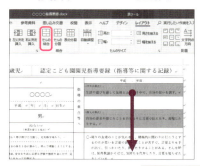

結合したいセルをドラッグして選択し、【表ツール】の「レイアウト」タブ「結合」の「セルの結合」ボタンをクリックします。

右図のように2つのセルが結合されて1つになります。

ヒント

「複写（コピー&ペースト）」、「移動（カット&ペースト）」の2つの操作をマスターすると、より簡単に文字の編集ができます。

複写（コピー&ペースト）

複写したい文章の範囲を選択し、「ホーム」の、「クリップボード」グループの「コピー」をクリックします。
キーボードの「Ctrl」キー＋「C」キーを同時に押してもよい。

貼り付けたい文章の位置を選択して、カーソルを移動します。「ホーム」の「クリップボード」グループの「貼り付け」をクリックすると、文章が複写されます。
キーボードの「Ctrl」キー＋「V」キーを同時に押してもよい。
※貼り付けた先と書体や大きさが違う場合は、P.164-165を参考に、調整しましょう。

移動（カット&ペースト）

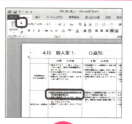

移動したい文章の範囲を選択し、「ホーム」で、「クリップボード」グループの「切り取り」をクリックします。
キーボードの「Ctrl」キー＋「X」キーを同時に押してもよい。

移動したい位置をクリックして、カーソルを移動します。「クリップボード」グループの「貼り付け」をクリックすると、文章が移動されます。
キーボードの「Ctrl」キー＋「V」キーを同時に押してもよい。

2. 1つのセルを複数のセルに分割する

表の行数や列数を変更したい場合、一旦、セルを結合してから分割します。

①行数と列数を変更したいセルをすべて選択します。

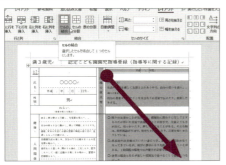

②「Delete」キーを押して文字を消去します。

③もう一度、行数と列数を変更したいセルをすべて選択します。

④【表ツール】「レイアウト」タブ「結合」の「セルの結合」ボタンをクリックすると、下図のように大きな1つのセルになります。

⑤【表ツール】「レイアウト」タブ「結合」の「セルの分割」ボタンをクリックして表示された画面で、列と行を設定して「OK」をクリックします。

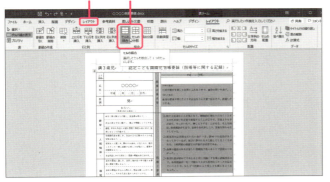

列数を「2」、行数を「3」に設定してみます。

2列3行に分割されました。

編著 無藤 隆

白梅学園大学大学院　特任教授・子ども学研究所長

東京大学教育学部教育心理学科卒業。聖心女子大学文学部講師、お茶の水女子大学生活科学部教授、白梅学園短期大学学長、白梅学園大学大学院子ども学研究科長を経て、現職。

平成29年告示に際しては、文部科学省中央教育審議会委員・初等中等教育分科会教育課程部会会長として『幼稚園教育要領』の改訂に携わる。また、幼保連携型認定こども園教育・保育要領の改訂に関する検討会座長として『幼保連携型認定こども園教育・保育要領』の改訂に携わる。

文部科学省 幼児理解に基づいた評価に関する検討会　委員として要録の改訂に携わる。

大方 美香

大阪総合保育大学大学院　教授

聖和大学教育学部卒業後、曽根幼稚園に勤務する。

自宅を開放した地域の子育てサロン、城南学園子ども総合保育センターを立ち上げる。大阪城南女子短期大学教授を経て、現職。現在、大阪総合保育大学学長も務める。博士（教育学）。

平成29年告示に際しては、文部科学省中央教育審議会教育課程部会幼児教育部会委員として改訂に携わる。また、厚生労働省社会保障審議会児童部会保育専門委員会委員として改定に携わる。文部科学省 幼児理解に基づいた評価に関する検討会　委員、厚生労働省 保育所児童保育要録の見直し検討会　委員として改訂に携わる。

執筆

【第1章】
嶋田弘之（草加市教育委員会・埼玉）
宮旦暁美（文京区立お茶の水女子大学こども園・東京）
村松幹子（たかくさ保育園・静岡）

【第2・3章】
池川正セ（伊丹ひまわり保育園・兵庫）
大久保めぐみ（あいのそのこども園・奈良）
北島孝通、岩崎巧、有友順子（庄内こどもの杜幼稚園・大阪）
阪本好美（泉南市・大阪）
澤ひとみ（大阪千代田短期大学）
鈴木恵（せいかだい保育所・京都）
中田純子（ひいらぎこども園・京都）
溝端文子（深井こども園・大阪）
棟安奈保美（姫路市立船津こども園・兵庫）
山本淳子（河内長野市立千代田台保育所・大阪）
（50音順・所属は執筆時）

▼ダウンロードはこちら

CD-ROM 収録のデータは、下記URLより本書のページへとお進みいただけますと、ダウンロードできます。

https://www.merupao.jp/front/category/K/1/

※ダウンロードの際は、会員登録が必要です。

STAFF

本文デザイン／太田吉子
本文イラスト／Igloo* dining*、石川元子、いとうみき、たかぎ＊のぶこ、にしださとこ、Meriko、やまざきかおり（50音順）
校正／株式会社文字工房 燦光
企画・編集／安部鷹彦、北山文雄
CD-ROM 制作／NISSHA 株式会社

本書のコピー、スキャン、デジタル化等の無断複製は著作権法上での例外を除き禁じられています。本書を代行業者等の第三者に依頼してスキャンやデジタル化することは、たとえ個人や家庭内の利用であっても著作権法上認められておりません。

保育所　幼保連携型認定こども園　要録の書き方

2018年12月　初版発行
2024年11月　第8版発行

編著者　無藤 隆・大方美香
発行人　岡本 功
発行所　ひかりのくに株式会社
　〒543-0001　大阪市天王寺区上本町3-2-14
　TEL06-6768-1155　郵便振替00920-2-118855
　〒175-0082　東京都板橋区高島平6-1-1
　TEL03-3979-3112　郵便振替00150-0-30666
　ホームページアドレス　https://www.hikarinokuni.co.jp
印刷所　NISSHA株式会社

©2018 Takashi Muto, Mika Oogata
乱丁、落丁はお取り替えいたします。

Printed in Japan
ISBN978-4-564-60919-0
NDC376　168P　26×21cm